MANUEL VÁZQUEZ MONTALBÁN

Contra los gourmets

ENSAYO

altamarea

Primera edición en esta colección: septiembre de 2023
Segunda edición: octubre de 2024

altamarea.es
altamarea@altamarea.es

Diseño de la colección: Ricardo Juárez
Diseño de cubierta: Sara Maroto Hebrero

Corrección: Andrea Jiménez
Maquetación: Barba Fernández

ISBN: 978-84-19583-32-1
DL: M-15943-2023

Impreso por KS Printing en junio de 2024

MANUEL VÁZQUEZ MONTALBÁN

Contra los gourmets

Contra los gourmets

Una antiquísima tribu, los yanomamis, que habitan la selva amazónica, lugar de sudor y moscas, practican un extraño canibalismo: se comen entre todos a sus propios muertos, pero tras reducirlos a ceniza, en una fogata que consume no sólo el cuerpo del muerto sino cuanto le pertenecía, desde el arco al sucinto taparrabos. Mezclan las cenizas con plátano y se las van tragando, a la vez que procuran olvidar el nombre del muerto, que jamás debe ser pronunciado por nadie; hay que borrar todo rastro de su ser y toda memoria de su persona, para que «el olvidado» pueda traspasar el umbral de «La casa del Trueno», es decir, el cielo, el Paraíso.

María del Carmen Soler,
Gracia y justicia en los manjares

El gourmet jamás olvida el nombre del muerto. Es más, mientras se lo come hace expresa mención de él, sea jabalí o alcachofa, y recuerda otros asesinatos y devoraciones anteriores, porque el placer de comer suele ir acompañado del de la memoria de pasados festines. Entre la arbitraria e hiperbólica adjetivación del gourmet abunda el término «memorable». El gourmet devora dos veces al mismo tiempo, lo que come y lo que ha comido. La cocina es una metáfora ejemplar de la hipocresía de la cultura. El llamado arte culinario se basa en un asesinato previo, con toda clase de alevosías. Si ese mal salvaje que es el hombre civilizado arrebatara la vida de un animal o de una planta y se comiera los cadáveres crudos, sería señalado con el dedo como un monstruo capaz de bestialidades estremecedoras. Pero si ese mal salvaje trocea el cadáver, lo marina, lo adereza, lo guisa y se lo come, su crimen se convierte en cultura y merece memoria, libros, disquisiciones, teoría, casi una ciencia de la conducta alimentaria. No hay vida sin crueldad. No hay historia sin dolor.

Nacido como intermediario entre la necesidad y el placer de comer, el gourmet fue siempre un crítico cultural *in pectore,* formó, pues, una vanguardia orientadora del gusto en la parcela que precisamente da sentido a la palabra gusto. Como institución, nace y se instala en los siglos XVIII y XIX, paralelamente a la institución de la crítica en todas las manifestaciones de la creatividad. El crítico era y es un orientador del gusto que vendía su propia necesidad, que se autolegitimaba como un «gurú» indispensable, situado por encima del paladar común. La divulgación del saber, la socialización del patrimonio han relativizado el papel del crítico en todos los territorios de creatividad. Pero donde el crítico de la cultura sigue al parecer ejerciendo de intermediario indispensable es en el territorio de la gastronomía, tal vez porque el saber gastronómico se ha masificado más tardíamente que el literario o el artístico, tal vez porque en gastronomía es casi imposible la buena obra reproducida en serie y en cambio la reproducción en serie ha afectado ya a las artes plásticas, divulgando códigos y goces que en un inmediato pasado solo estaban al alcance de los coleccionistas y los sibaritas. Todavía a comienzos de este siglo buena parte de la convulsión reformadora de las artes fue posible porque ricos coleccionistas abrían sus salones a los artistas prometedores, antes de convertir sus trofeos en piezas socializadas de museo. Ni la industria conservera ni la de la congelación han conseguido crear una cocina de calidad masificada y tal vez por eso el gourmet puede seguir investido de su sacerdocio.

No diré yo que el sacerdocio del gourmet sea tan peligroso como otros sacerdocios. Evidentemente, es menos peligroso que el sacerdocio político o religioso, pero es sacerdocio al fin y al cabo, y nuestro tiempo, aunque a fines del segundo milenio finja una dirección contraria, se caracteriza por la constatación de la inutilidad de las religiones y sus profesionales, por la apología de una cultura de la participación frente a una cultura escindida entre la prepotencia del emisor y la sumisión del receptor. El gourmet ha creado mitos gastronómicos, deificado cocinas nacionales, introducido modas que a veces se convierten en hábitos no replanteados y fomentado, tal vez en su aportación más positiva, una curiosidad del paladar, tan necesaria como la curiosidad de la retina que ha hecho posible que el mismo ojo degustador de Goya pueda degustar un Bacon o un Henry Moore. Dado que el rito gastronómico se basa en el fuego, conserva, como la cerámica, algún parentesco con la magia y la imprevisibilidad del resultado, aunque se produzca a partir de ingredientes fijos y programados: dos bacalaos al pilpil jamás son exactamente iguales entre sí, ni dos *oreillers à la belle Aurore.* En nombre de un ritual aparentemente inocente, el gourmet convierte en delicadeza actos de crueldad que puedan extremar la futura sensación de placer en el paladar. Bastará una breve enumeración de crueldades normalmente admitidas en cocina: cocer vivos a los caracoles después de haberlos lavado con agresivos vinagres; mutilar langostas y echarlas vivas a la olla llena de agua hirviendo; ahogar pajaritos en vino para que todas sus células se emborrachen, así como el breve aire que almacenan sus pechos asfixiados. Hastiado de carnes convencionales, el gourmet se jacta del gusto fuerte de los animales cazados, no sacrificados, porque la muerte en huida endurece el músculo y solo mediante la maceración posterior las carnes atemorizadas acuerdan un justo punto. También se glosa la gloria de la matanza del cerdo, acto bárbaro en el que el animal es conducido al degüello mediante un garfio clavado en su hocico, sin que sus alaridos aterrorizados provoquen otra cosa que la urgencia crispada del matarife, muchas veces inexperto, *amateur*.

Brillat-Savarin, padre espiritual de tan bárbaros cultos, sostenía que el papafigo o becafigo es el más delicioso de los pajarillos. Pero no le extasiaban sus trinos o sus graciosos ladeamientos de cabeza, sino sus suaves carnes, que proponía comer sólo apenas saladas y con maneras sumamente expeditivas: «Pocos saben comer estos pajarillos; he aquí el método, tal como me ha sido transmitido, confidencialmente, por el canónigo Charcot, *gourmand* por estado y gastrónomo perfecto, treinta años antes de que se conociera su nombre. Tómese por el pico uno de estos pajarillos gordos y espolvoréese con un poco de sal; quítesele el buche; métase diestramente en la boca; muérdase y córtese diestramente con los dientes muy cerca de los dedos, y mastíquese con rapidez. Se obtiene así un jugo tan abundante que envuelve todo el órgano y se obtiene así un placer desconocido por el vulgo». Mejor connotación de la miseria y grandeza de un gourmet, imposible. Complicidad confesional de secta entre el canónigo y el gastrósofo y conciencia de paladar exquisito, por encima del vulgo. Excepto el canibalismo y la utilización del hombre como manjar de bestias, Brillat, y cualquier gourmet, lo acepta todo. Aquel gran cínico ilustrado reprochó en su *Fisiología del gusto* que un gourmet romano, Vadio Polión, cebara a sus lampreas de vivero con los cuerpos de algunos de sus esclavos, extremo que le reprochó el emperador Domiciano. «Debería haberlo castigado», opina, muy humanistamente, Brillat-Savarin; sin atender a que también las ostras, las almejas, los mejillones tienen sentido del dolor y que cualquier buen comedor de marisco se jacta de «comerlos vivos». En cualquier caso, por lo leído, se me antoja que la cultura burguesa, de la que proceden los gourmets contemporáneos, jamás consiguió ni conseguirá crear gourmets tan exhibicionistas e insoportables como los romanos. No hablemos ya del cretino de Apicio —tendrá su capítulo—, capaz de guisar talones de hipopótamos, y limítese mi contenida indignación a citar a Jean-François Revel, que en *Festín en palabras* cuenta que los gourmets romanos, según testimonio de Juvenal, «... al primer bocado distinguían una ostra de Circeo de Ikas de la roca de Lucrina, o de los fondos de Rutupia, y eran capaces de dictaminar, al primer golpe de vista, en qué orilla había sido capturado un erizo».

Pero ¿qué es un gourmet? La Real Academia Española solo acepta el término «gastrónomo» y lo define como «persona aficionada a comer bien», definición generalizadora e inútil que no precisa qué quiere decir «comer bien». ¿Mucho? ¿Sanamente? ¿Con buenos modales? En el pasado se utilizaron términos como gastrosofía o gastrósofo, que etimológicamente quiere decir ciencia del estómago y sabio en estómago. Un experto en gastronomía como Carlos Delgado, en su diccionario sobre la materia, connota mejor que la Real Academia la significación de gastronomía: «Arte de preparar y apreciar una buena comida», cerca del concepto englobador de «anfitrión» con el que Grimod de La Reynière definía al «organizador» de una buena comida. El copríncipe de la gastronomía, junto a Brillat, desdeña el concepto «gastronomía» y reivindica el de «anfitrión»: «Un especialista ante todo —matiza Xavier Domingo en su prólogo a *Manual de anfitriones y guía de golosos* de Grimod—. A la cabeza de un pequeño ejército de profesionales a su servicio, cocineros, *maîtres,* pinches y mayordomos, posee a la perfección el arte combinatorio de la comida, da la norma, reúne a la sociedad y en definitiva mueve todo el tinglado del "circuito nutritivo", al que aporta hallazgos, añade productos y reforma constantemente gracias a su comedido afán de novedades golosas y a su voluntad de que las cosas de la cocina adelanten y progresen, siempre dentro de un orden, claro está. El anfitrión, políticamente, pertenece a la rara especie de los "conservadores progresistas". Su casa es un centro social, y el centro de su casa es la cocina y el comedor. Un laboratorio y un gabinete de trabajo y placer».

El *Larousse gastronomique* dice que el gastrónomo es aquel «... gourmet que sabe analizar sus sensaciones gustativas», según la definición clásica de Simon Arbellot. Pero luego la voz gourmet se convierte en una nebulosa de negaciones más que de afirmaciones y reduce el concepto a «experto en degustaciones de vinos y aguardientes». Un *gourmand,* en cambio, sería originalmente un glotón, aunque Brillat, al que recurre el *Larousse* como cita de autoridad, reaccionara contra esta concepción y la acerca explicativamente a la definición de gastrónomo que hemos tomado de Carlos Delgado. Gourmet sería, pues, un experto que aprecia una buena comida, puede descodificarla y proponer nuevos códigos de conducta gastronómica.

Grimod prefiere emplear la palabra goloso, no reducida a la acepción castellana de partidario de los dulces, sino como «... aquel que tiene un gusto refinado cuyo origen reside en un paladar exquisitamente delicado, logrado tras larga experiencia. En él todos los sentidos deben acoplarse al gusto, pues tiene que saborear los bocados antes incluso de llevárselos a la boca. Es decir, que su mirada debe ser penetrante, su oído alerta, su tacto fino y su lengua hábil. Así, el goloso que la Academia nos pinta como un ser grosero es por el contrario un ser dotado de una extraordinaria delicadeza y de vigorosa salud». Grimod de La Reynière utiliza todos los sentidos para la operación golosa, pero evidentemente la fisiología del gusto se basa en el gusto y el olfato, aunque la vista intervenga como instrumento de propuesta. Brillat-Savarin constata que el sentido del gusto es tan importante como el genésico o el del amor físico, el que nos lleva hacia el otro como objeto del deseo sexual y como pulsión hacia la reproducción. El gusto nos ayuda a sobrevivir mediante la combinación de la nutrición y el placer y acaba siendo, tanto en Brillat como en Grimod, la clave de una filosofía total sobre la vida y el mundo y los otros. Influido por el cientifismo naturalista, Brillat busca los fundamentos científicos del gusto mediante la descripción de los órganos que lo hacen posible y cómo se combinan lengua, cavidad bucal y narices para conseguir el resultado feliz del paladear y apreciar la textura y el aroma de los alimentos manipulados por la cultura culinaria. Más fríamente, el científico Goudot Perrot en *Los órganos de los sentidos* nos dice que el gusto se basa en la quimiorreceptividad y la quimioselección de las sustancias disueltas, divididas en sípidas e insípidas. Las que nos interesan son las sípidas, y no hay mucho donde elegir: ácidas, saladas, dulces, amargas.

Cualquier excelente plato puede explicarse mediante la siguiente jerga: holósidos, heterósidos, halógenos, sulfurados, alcaloides, etcétera, etcétera, y una combinación de pH 2, 63 con Mg + 2 y Ag + 2 igual sabe como para chuparse los dedos.

El lenguaje científico, cuando deja de ser ambiguo, arruina la poesía; al fin y al cabo, cualquier alimento se descompone en proteínas, lípidos y glúcidos; y el ajo, tan presente en la cocina española, no es otra cosa que una combinación afortunada de aromas sulfurosos. *Sic transit gloria mundi.*

Si una aproximación cientifista a la operación de «comer bien» te deja por los suelos la moral de gourmet que puedas conservar, cuando en esta juerga se mete el antropólogo te hunde en la más negra miseria de las creencias; y si aún te quedan fuerzas para enfrentarte a una sociología de la cocina es ya casi *in articulo mortis* y solo te queda el recurso de hacer tuya la máxima de Mika Waltari:

> La vida es una borrachera
> y la muerte su resaca.

«En el cuerpo a cuerpo culinario se expresan miles de cuerpos, mil bocas que tragan, mil anos que excretan, mil vientres que gruñen y millares de alimentos preparados, socializados, soñados que nos asaltan de uno a uno, burlándose de la institución, estallando en lo imaginario alternativa y simultáneamente.» Socióloga tenía que ser Noëlle Châtelet para sostener tal visión de *La aventura de comer,* en el polo opuesto del anfitrión, el gourmet, el *gourmand,* el gastrónomo. Entre el estructuralismo y el psicologismo, la señora Châtelet ve la cocina como el vientre de la casa, el lugar de donde viene «la cosa absorbida», sea el pan con mantequilla o el más complejo «salmis» de pato y, en definitiva, «lo absorbido» se limita a pasar de la «máquina boca» a la «máquina ano» por una distancia no tan corta como la línea recta, porque el recorrido se complica en la «máquina intestinal». El dilema del comedor actual, agrede cruelmente madame Châtelet, se centra en elegir entre la obsesión médica por la maquinaria orgánica y el proceso de identificación buco-anal, sin que le sirva la síntesis de Feuerbach de que «el hombre es lo que come». Tan dramática es esta tensión, experimentada por el gourmet filósofo, sobre todo si es estructuralista y respeta a Deleuze, quien sueña en un «sí mismo» sin órganos que se opongan al placer espontáneo de la relación feliz entre la máquina boca y la máquina ano. ¿Defecar no será, acaso, la confirmación de que nuestras vidas son los ríos que van a la mar, que es el morir, metáfora fija en el tratamiento del *ubi sunt* de la poesía medieval? Hasta los más líricos poetas de lo gastronómico, como Curnonsky, abastecen a madame Châtelet de ejemplos que confirman su tesis. Se come y al hacerlo se hace el amor e, invirtiendo la relación, hacer el amor siempre tiene algo de ejercicio caníbal, porque la boca es un órgano vivo que se rige por su propia conciencia de avidez, de «absorber», como una pulsión original de todo lo vivo para sobrevivir. La socióloga antropóloga nos reserva una sorpresa hispanista para el final de su alucinante análisis de la operación de comer: «El huevo nos ha conducido hasta el ojo y el ojo hasta el culo: ahí tenemos como, de forma inesperada, cerramos el círculo con el texto ya citado de Quevedo, *Gracias y desgracias del ojo del culo,* en el que el culo se compara constantemente con el sol por el lugar central que ocupa geográfica y simbólicamente en la escala corporal. ¿No es la prueba que buscábamos?». Es una respuesta que solo la señora Châtelet está en condiciones de darse a sí misma.

Una reflexión sobre la cocina solo puede hacerse desde el desenfado, aunque esta declaración de principios implique el riesgo de analistas al modo chateleriano que descubran el complejo de culpa que subyace en todo partidario de la felicidad. Ser partidario de la felicidad implica un ejercicio de desalienación constante ejercido incluso contra una excesiva toma de partido en pro de la felicidad. La gastronomía es un saber gratuito donde los haya, porque modifica artificialmente la relación saber-necesidad de la alimentación. Solo se puede reivindicar desde un espíritu lúdico que implique la misma toma de posición gastronómica, y en cuanto el gourmet cae en la tentación del sectarismo y el dogma, se convierte en un pedante árbitro de la nada. Afortunadamente, los comentaristas de cocina modernos —y los españoles se incluyen entre ellos— han rechazado el modelo del gourmet selectivo y dictador, codificador de conductas, y lo han sustituido por el orientador irónico que propone un conocimiento cómplice a través del filtro de la ironía condescendiente con un vicio inocente. La gravedad sobre el conocimiento gastronómico se la reservan gourmets advenedizos refugiados en el penúltimo territorio de singularidad que le queda a la obra única y fugaz, o bien científicos que desde la antropología o la sociología convierten la gastronomía, cuando no la simple alimentación, en la prueba de esquemas cientifistas que tratan de hacer coincidir con un conocimiento sistemático de la conducta humana, individual y socialmente. No es que no pueda o no deba realizarse esta aproximación cientifista, pero, al igual que la aproximación del gourmet, tiende a ser mutiladora de una relación libre y placentera con el comer como goce en el que participan el espontaneísmo y la cultura, el azar y la necesidad.

El conocimiento antropológico clarifica sobre todo el origen de la alimentación y sus rituales. El social-histórico explica la evolución de los usos alimentarios ligados a la evolución del conocimiento aplicado a la explotación del medio ambiente considerado como fuente de alimento en relación con el trabajo humano. Finalmente, el conocimiento estrictamente gastronómico implica memoria arqueológica de situaciones gastronómicas reconstruidas con la ayuda de la imaginación y la propia experiencia del comentarista, convertido en cronista de un instante de la evolución del gusto. El gourmet es otra cosa. Es un sacerdote ensimismado, esclavo de la drogadicción del sabor singular y envilecido a partir del momento en que se socializa, desde la dimensión del grupo de iniciados hasta la de la sabiduría convencional de una mesocracia del paladar. Normalizar el conocimiento gastronómico me parece una tarea menor, pero por eso me apetece, en un contexto en que todo saber menor se esfuerza por ponerse tacones postizos que aumenten su estatura. La gastronomía tiene una lógica histórica y una estructura sociológica que refleja la sociedad que la contempla.

Contra los gourmets, la búsqueda de un saber normalizado e irónicamente socializado. Contra los gourmets como aprendices de teólogo, aunque no sea la suya la única ni la peor teología que se cierne sobre la operación de comer.

Cocina, medio, historia

Cualquier producto alimenticio susceptible de ser llevado a la boca sigue respondiendo a los dos polos opuestos de la cultura del comer: el instinto depredador que impulsa los dedos hacia el fruto que cuelga del árbol, o el sofisticado proceso agrario, industrial y comercial que conduce a una aceituna rellena. A veces, ante el aspecto de un bacalao salado y seco, surge la pregunta de cómo se ha podido convertir ese cartón gris y cristalino en el esplendor de una buena cazuela de bacalao al pilpil o en la coquetería del aprovechamiento que hay en toda brandada. ¿A quién se le ocurrió conservar el bacalao en sal? ¿A quién desalarlo y luego someterlo a la alquimia del hervor hasta el temple, el aceite tibio, los ajos, el pimiento choricero, la cazuela, el vaivén de la cazuela…? ¿A quién? ¿A quiénes? ¿Por qué? Cualquier antropólogo o biólogo dirá que al hombre le basta un aprovisionamiento determinado de proteínas, vitaminas, sales minerales, independientemente de su guiso; pero la cocina como arte de guisar al servicio de la bondad del gusto ha llegado a toda clase de sutilezas. Y en ese hallazgo, o cadena de hallazgos, tal vez haya operado una vez más esa relación dialéctica entre azar y necesidad que mueve la acción y la cultura del hombre.

Sea cual fuere la tendencia evolucionista en la que figure, cualquier antropólogo parte de la evidencia de que el hombre primitivo era depredador y saciaba el hambre con lo que tuviera a su alcance. Los hay que avalan el origen herbívoro del hombre y su progresiva conversión en omnívoro bajo el rativo de la escasez. Los hay que ya nos suponen un indiscriminador paladar original e igual preferencia por comernos los frutos del árbol de la ciencia del Bien y del Mal o a la serpiente o a los mismísimos Adán y Eva si apretaba el hambre. Pero lo que nadie pone en duda es que el fuego fue el primer elemento que transformó cualitativamente la operación de comer. Un evolucionista rigurosamente materialista como Faustino Cordón, en *Cocinar hizo al hombre,* sitúa el nacimiento de la cocina en una diáspora prehistórica del mono ancestro del hombre. El primer mono prehomínido vivía en los árboles y se alimentaba de lo que encontraba en los árboles: «Por su vida plena y normalmente arborícola, tenía, pues, los caracteres somáticos de los monos típicos: patas posteriores bien desarrolladas, pulgares bien oponibles en pies y manos, y, de acuerdo con la ayuda que prestaba la mano para asir, desprender y mondar el alimento (predominantemente vegetal), debió de tener incisivos poco especializados y caninos no excesivamente desarrollados (de un desarrollo intermedio entre el que presentan los grandes monos actuales y el propio de los homínidos primitivos)».

Cualesquiera que fueran los motivos, el mono arbóreo tuvo que adaptar su anatomía a la conquista del suelo, tal vez impuesta por factores de presión de crecimiento de la especie o por catástrofes zonales que limitaron los bosques. De esa adaptación al suelo surgen modificaciones anatómicas y nuevos descubrimientos alimentarios. El suelo permite que la anatomía, en un esfuerzo adaptador de miles de años, llegue a la erección y con ella a la liberación de las extremidades superiores de la servidumbre de secundar el esfuerzo de traslación de todo el cuerpo. El mono que pudo ponerse en pie podía mirar el mundo de frente y tratar de asirlo y manipularlo, es decir, aprehenderlo y modificarlo con las manos. Por eso Cordón insiste en que la postura erecta lo predispone al empleo de los útiles, al uso de herramientas, de instrumentos extracorporales con los que estuvo en condiciones de defenderse, atacar y modificar la naturaleza. «Provisto permanentemente de útiles rudimentarios que maneja atléticamente (aplicando todo el cuerpo más bien que la mano sola) y que le proporcionan un complemento somático que antes no tenía, el homínido parece que puede ampliar su provisión de alimento con alimentos nuevos. Por ejemplo, imitando al jabalí, puede escarbar en busca de tubérculos y de raíces comestibles, lo que no está al alcance de su mano desnuda. Pero a la vista salta que esta posibilidad de ampliar los recursos tropieza con un fuerte obstáculo: lo que otro animal normalmente coge y come, el homínido, aunque pudiera ya cogerlo, en general no lo podría comer, porque le resultaba imposible de masticar, de ingerir y, en fin, de digerir». Imitando a la pantera, prosigue Faustino Cordón, podía matar a un mono o a un jabalí, pero no se lo podía comer porque tenía que desollarlo y carecía de uñas, y sus dientes no eran adecuados para triturar toda clase de comida. Fue, pues, imprescindible buscar por una parte instrumentos más punzantes y por otra hallar un proceso de transformación que convirtiese lo duro en blando, en masticable, en digerible.

Estaba todo preparado para que el fuego hiciera posible el cocinar, el paso de «lo crudo a lo cocido», en palabras de Claude Lévi-Strauss, aunque el antropólogo francés añada una cualidad a la materia alimentaria que hacía comestible cualquier alimento, independientemente de su dureza: «lo podrido». Alimentándose con «lo crudo» y «lo podrido», el hombre primitivo podía sobrevivir, aunque con todas las insuficiencias derivadas de lo crudo y las bacterias que acumulaba lo podrido. La cocina, de hecho, se origina en «lo cocido»; ahí se produce la modificación cultural que convierte una raíz en un guiso o un pedazo de carne en materia masticable y digerible. Lévi-Strauss opina que no todas las culturas tienen el mismo concepto de «lo crudo», «lo cocido» o «lo podrido», y que incluso es difícil distinguir los umbrales que separan las barreras entre una y otra cualidad; pero lo cierto es que dentro de la convención cultural de lo cocinado sólo lo que ha pasado por el fuego tiene esa plena significación.

El hombre descubrió el fuego como un elemento natural y tuvo que aprender a conservarlo primero y a producirlo después. Lo utilizó para calentarse y azarosamente descubrió que servía para transformar otros materiales: tierra, metales, alimentos, y, según Cordón, completamente convencido de que cocinar hizo al hombre, fue el cocinar lo que condicionó previamente el destino de lo humano, haciendo del homínido un animal autótrofo (que obtiene y prepara su alimento a partir de una serie de materias primas), actividad que lo separa de todas las demás especies animales, que son heterótrofas, es decir, tienen que adaptarse al alimento prefigurado, al alimento tal como está y es. La cocina dio también origen a la palabra porque forzó a la organización y la intercomunicación de la horda primitiva en busca de alimento, y obligó a convivir en torno del fuego que daba calor y luz y protegía de los otros animales. «… Se nos impone intuitivamente que la vertiente oral de la comunicación entre los homínidos (el esbozo de la palabra futura) iría adquiriendo una importancia creciente a medida que su actividad cooperante fuese sometiendo a su voluntad nuevos campos o aspectos de la realidad con los que se enfrentaban. Me inclino decididamente a pensar que no fue posible que la comunicación oral entre los homínidos encontrara ocasión de superar dicho esquema durante todo el período en el que los homínidos, entregados exclusivamente a la búsqueda de alimento crudo (natural), permanecían durante todas sus horas de actividad inmersos en su medio animal (esto es, en relación constante con otros animales, con cuya voluntad, astucia e iniciativa habían de contar tanto como con las propias). Los homínidos, o iban en silencio, o se alertaban con gritos para acciones apremiantes, concretadas, en último término, por lo que veían hacer a otros animales tan activos como ellos mismos. Y, en mi opinión, las cosas no pudieron cambiar hasta que los homínidos encontraron el nuevo modo de hacerse con más alimento aplicando el fuego, y, en consecuencia, acamparon para cocinar».

La palabra transforma la actividad culinaria, porque transmite su conocimiento y sirve para enunciar propuestas de elaboración y expresión de toda clase de necesidades en torno a la operación de cocinar.

Hambre, experimentación y memoria

«Todos los animales se alimentan, pero sólo el hombre cocina», se plantean Peter Farb y George Armelagos como reflexión de apertura de su obra sobre las costumbres alimentarias *(The Anthropology of Eating).* La observación de las costumbres alimentarias «civilizadas» aporta información sobre lejanas raíces y las modificaciones que en el pasado y en el presente introducen la industria de la alimentación, en ocasiones multinacional, y un mercado alimentario universal, prácticamente sin fronteras.

Parecería, pues, difícil llegar a saber qué y cómo comían los pueblos prehistóricos, como si fuera una arqueología demasiado intrincada para poderse descifrar porque no ha quedado de ella otra representación que unas escenas de caza de la pintura rupestre o algunos utensilios utilizados para cocer los alimentos. Los antropólogos han estudiado los usos alimentarios de los pueblos más primitivos hoy sobrevivientes, y han podido hacerse una idea de cómo fue y es una cocina basada en los productos obtenidos de la caza o de una agricultura y ganadería rudimentarias y de procedimientos de cocción con agua o grasas animales. Depredador vegetal o cazador, el hombre primitivo primero asa y luego cuece, cuando incorpora a la manipulación culinaria la vasija. Cada gran período prehistórico marca la incorporación de nuevos procedimientos alimentarios que no se sustituyen, sino que se acumulan y coexisten: primero fue la caza, luego la pesca en el mesolítico (como lo prueban los almacenamientos prehistóricos de valvas de molusco en las costas de Dinamarca y Portugal, los *kjökkenmödings*) y una posible ganadería incipiente en el Neolítico, comprobable por los restos de animales jóvenes sacrificados junto a huellas de hábitats humanos. Finalmente, caza, pesca, ganadería, agricultura, conformarían en el Paleolítico un cuadro alimentario, origen de la evolución de la alimentación tal como hoy la entendemos.

Al parecer, ya en el Neolítico se conocían procesos modificadores de la transformación de «lo crudo» en «lo cocido», y suficientemente importantes como para hablar de «cocina». Pueblos que han vivido en pleno Neolítico a fines del siglo XIX o en el XX, y han podido ser observados por etnólogos y antropólogos, permitieron verificar la hipótesis de que en el Neolítico se cocía, se conocía una incipiente agricultura de los cereales, se molía para obtener la harina, se sabía extraer las grasas de los animales, utilizar la sal natural, la miel para endulzar, incluso elaborar el hidromiel (mezcla de agua y miel). Posiblemente, de la fermentación azarosa de los cereales surgieron el descubrimiento de primitivas cervezas y la explicación mágica de las primeras borracheras. No puede hablarse de un saber culinario universalizado en todas las zonas pobladas por el hombre. Las culturas culinarias avanzaban a impulsos del hambre, forzaban a la experimentación y conformaban una memoria que se transmitía oralmente, sin rebasar el ámbito espacial frecuentado por la tribu o la horda. En situaciones objetivas equiparables, la evolución del conocimiento de hordas o tribus alejadas entre sí podía avanzar paralelamente. Pero la distancia implicaba falta de información y el desarrollo de culturas alimentarias diferenciadas, condicionadas por el medio y el sistema de relaciones y transmisión de conocimientos. Por eso los antropólogos pueden, en la actualidad, contemplar tamaña variedad de actitudes culinarias y alimentarias en culturas gastronómicas primitivas que han permanecido ancladas en el viejo saber, sin relacionarse con otras culturas más evolucionadas.

Por otra parte, la comprensión de lo fundamental de la alimentación para la supervivencia ha suscitado todo tipo de explicaciones religiosas sobre sus causas y efectos, así como desarrollado un variado muestrario de religiosidad alimentaria y modalidades éticas de la alimentación. Todavía en pleno siglo xx, Julio Camba podía decir que la cocina española estaba llena «de ajo y de prejuicios religiosos», y antropólogos tan serios como Farb y Armelagos previenen contra la tentación de sonreírnos ante las arbitrariedades que religión o magia instalaban en la conducta alimentaria de las sociedades primitivas: «... Sería preferible recordar que todavía algunos de nosotros tiramos sal por encima del hombro para conjurar la mala suerte, comemos pescado creyendo que es un alimento excelente para el cerebro o pedimos ostras para aumentar los récords sexuales». Todas las grandes religiones, prosiguen los autores citados, continúan dando una significación simbólica a la alimentación y a la bebida, como demuestra la utilización por los católicos del pan y el vino en la comunión, o el hecho de que los judíos mantengan el tabú de comer carne y productos lácteos en la misma comida, o los hindúes sacralicen a las vacas y no puedan comérselas. En ocasiones, este «prejuicio religioso» se debe a razones de lógica alimentaria sorprendente: por ejemplo, a los hindúes les resulta más rentable utilizar la leche y los excrementos de las vacas que sacrificarlas para obtener carne. Pero lo indudable es que, desde la prehistoria, la religión ha tratado de explicar el milagro de la alimentación y encerrarlo dentro de un ritual. Habrá que llegar al hipermercado y a la charcutería supersofisticada del siglo XX para superar casi definitivamente códigos alimentarios atávicos, condicionados por el triple factor del hambre, el experimento y la memoria colectiva.

La alimentación es un hecho sociocultural que implica organización social y conocimiento específico, pero históricamente se ha basado en productos inmediatos al hábitat humano y concertados con las posibilidades de ese medio natural. Luego los mercados han complicado y modificado esas demandas naturales derivadas de la estricta necesidad de sobrevivir, pero aun hoy es posible establecer un mapa de cultivos fundamentales que caracterizan la alimentación básica de distintas zonas de la tierra desde el origen mismo de las cocinas regionales. «La cocina de China meridional —escriben Farb y Armelagos— sería inimaginable sin el arroz blanco del que destacan sus distintos aromas, del mismo modo que son inimaginables un supermercado norteamericano sin alimentos fabricados a partir del maíz o un régimen de alimentación europeo sin pan. De estos elementos salen las fuentes principales de calorías y a ellos se dedica la mayor parte del tiempo de la producción alimentaria. Mantienen siempre relaciones estrechas con la religión, la mitología y la historia. La alimentación más exaltada por cada cual es sinónimo de seguridad psicológica. Cuando, hace algunos años, Hawái vivió la amenaza de una huelga de transportes marítimos, la población de origen chino y japonés hizo acopio de provisiones de arroz más que de cualquier otro producto alimenticio. Para los americanos del norte, el equivalente del arroz es la leche fresca. Los soldados que regresaban a casa al término de la Segunda Guerra Mundial a menudo pedían leche fresca nada más desembarcar».

Una alimentación atávica dictada por las posibilidades del medio conforma una memoria del gusto, del mismo modo que los alimentos de la infancia serán puntos de referencia durante el resto de la vida. Precaria o generosamente transmitida, la memoria ha sido a la vez impulso y obstáculo para el desarrollo del saber culinario. Ha permitido acumular el saber, predisponer un patrimonio, pero ha tendido a rechazar lo desconocido, lo nuevo, precisamente en una dimensión, la del comer, la de lo que entraba por la boca para garantizar la vida, en la que los seres humanos se jugaban eso: la vida.

Un animal omnívoro

Se dice que el hombre es el animal más omnívoro de la creación; aunque, en condiciones de precaria supervivencia, son muchos los animales que traicionan un determinado código alimentario. Hay animales herbívoros que pueden ser ocasionalmente carnívoros ante la amenaza de morirse de hambre.

También el hombre en peligro de muerte por inanición puede ser caníbal, aunque culturalmente haya abandonado las prácticas antropofágicas en casi todos los rincones del planeta. «Omnívoro o casi —escribe en *Les Hommes et leurs aliments* Jacques Barrau—, el hombre es a la vez consumidor primario herbívoro, consumidor secundario carnívoro, en ocasiones consumidor terciario antropófago». Según los ecólogos, el ser humano puede insertarse en un gran número de medios naturales diferentes debido a su capacidad de modificar la relación espontánea con esos medios. Mamífero homeotérmico, y perdonen la expresión, tiene una temperatura corporal constante y, por lo tanto, un control fisiológico interno que puede adecuar al medio gracias a la tecnología: puede procurarse abrigo local, abrigo físico, o sus contrarios, y ajustarse de esta manera a sistemas naturales muy diferentes: litoral, montaña, desierto, selva tropical, sabana, estepa. Las hordas herbívoras del Neolítico aprenden a cultivar y a domesticar animales y pueden controlar y ordenar el aparente caos alimentario de la naturaleza. Cabe pensar en conflictos de hordas cuya alimentación se basara en el cultivo o en la ganadería, según refleja el mito de la oposición entre Caín y Abel. Pero el destino omnívoro estaba escrito en la memoria humana que había asimilado todo lo nocivo y estaba dispuesta a mezclarlo en los primeros cocidos, los primeros *pot-au-feu* que aún hoy constituyen el plato universal omnívoro ajustado a las variantes de los productos de cada lugar. Según la cultura hebrea, Yahvé miraba con más aprecio al pastor Abel que al campesino Caín, en una curiosa y primera decantación de la divinidad hacia lo carnívoro: «Y aconteció andando el tiempo que Caín trajo del fruto de la tierra una ofrenda a Yahvé. Y Abel trajo también de los primogénitos de sus ovejas y de su grosura. Y miró Yahvé con agrado a Abel y a su ofrenda. Mas no miró propicio a Caín y a la ofrenda suya. Y ensañóse Caín en gran manera y decayó su semblante». El mal final de esta historia no evitó la ineludible síntesis que las cazuelas humanas establecieron entre los animales y los productos de la tierra, aunque los vegetarianos hayan tratado constantemente de ligar el consumo de carne al impulso violento de la conducta humana.

Comúnmente admitida la «teoría de las tres etapas» en la relación alimentaria del ser humano con el medio (caza, pastoreo y cultivo), corrientes vegetarianas la han interpretado como un proceso progresivo de humanización: la caza o el enfrentamiento animal con otro animal es una lucha a veces a vida o muerte; el pastoreo que implica la domesticación de los otros animales y la violencia del sacrificio; la agricultura o posibilidad de una alimentación exenta de violencia, aunque se especule actualmente sobre el dolor de los vegetales cuando la mano humana los corta o los arranca de la tierra. De todos modos, el sacrificio del animal doméstico generó, desde las primeras civilizaciones, reglas de conducta en los matarifes que el gran Maimónides transcribiría tiernamente en su *Guía de perplejos:* «Como la necesidad de tener una buena alimentación exige que se mate al animal, se precisa que muera de la manera más fácil y se prohíbe que sea atormentado, bien porque se le degüelle mal, bien porque se le pinche en la base del cuello o porque se le corte un miembro. Está prohibido degollar el mismo día a la madre y su cría, con el fin de que tengamos cuidado en no sacrificar a la cría ante los ojos de su madre, porque el animal experimentaría en este caso un excesivo gran dolor».

Algún valor de excepción tenía el sacrificio de la vida ajena, animal o humana, cuando formó parte de los más primitivos rituales de agradecimiento a las divinidades, que ya vimos en tiempos de Caín y Abel cómo no le hacían ascos a la carne. Los *pot-au-feu* neolíticos llevaban carne y vegetales, aunque algunos vegetarianos urdan una prehistoria abocada al vegetarianismo incluso en los cocidos primitivos. Fanatiza en este sentido el botánico suizo Maurizio, quien en los años treinta escribiera en *Histoire de l'alimentation végétale, depuis la préhistoire jusqu'à nos jours:* «No nos es difícil citar sopas y caldos, dulces o ácidos, que puedan ser considerados ciertamente como muy antiguos. La poesía acerca en muchas lenguas las palabras familiares que designan el caldo con las que designan a los niños. Las sopas, los caldos, son alimentos que conoce el universo entero, que gustan por igual a los salvajes y a los campesinos». En sentido inverso a las inclinaciones del Yahvé bíblico, Maurizio toma partido por Caín y por los caldos vegetales.

Asimilación y síntesis de productos variados y utensilios para guisarlos en un ámbito presidido por el fuego. Fuego y ámbito dan lugar al «hogar» humano, que de las acampadas a la vivienda campesina tradicional, pasando por la caverna rupestre, se organiza en torno de la cocina y, por lo tanto, del fuego. El siguiente paso será el receptáculo para cocer, la cerámica, hallazgo evolutivo a partir del empleo de masas terrosas susceptibles de ser trabajadas hasta conseguir el vacío del cuenco en el que depositar las viandas. Todas las culturas neolíticas, allí donde se den, son ricas en utillaje culinario, y cabe pensar en una doble cocina basada en el asado directo del animal en el fuego o las brasas y el cocido como forma superior, culturalmente más compleja, que va a dar lugar a los tres «primeros platos» humanos: el caldo, la sopa con cereales o pan y el potaje. Casi podría establecerse un menú neolítico, muy próximo a la teoría de las gradaciones de Escoffier: consomé, sopa de cereales y potaje de carnes y verduras. Se ignora a ciencia cierta cuándo apareció la repostería para poder concederle postre a este menú tan excelente y equilibrado, que aún hoy forma parte de la alimentación de las tribus paleolíticas polinésicas y del sofisticado cliente de La Tour d'Argent.

La cocina como ámbito empieza a prefigurarse con sus características actuales en el Neolítico. «Al comienzo del Neolítico empieza a edificarse una verdadera cabaña: un trazado de base circular, techo cónico, paredes conformadas con palos clavados hasta un metro de profundidad y reforzados con piedras sueltas sin argamasa. Todavía hoy los zulúes construyen cabañas parecidas» (Maria Luisa Migliari-Alida Azzola, *La Gastronomie de la préhistoire à nos jours*). Y esa cabaña neolítica que tanto recuerda a las viviendas actuales de pueblos primitivos que nos son contemporáneos o viviendas memorizables de civilizaciones arcaicas, como las pallozas celtas, sería incomprensible si no la imagináramos dentro de poblados dependientes de fuentes alimentarias: el agua de los ríos, los primeros cultivos, animales domésticos. Los poblados estaban protegidos por empalizadas o se construían en lagunas poco profundas para defender las casas de los depredadores terrestres. El humo domesticado de las cocinas era un lenguaje a distancia: punto de orientación para el retorno e instigación a la alegría de la saciedad.

¿Qué utensilios se utilizan? La alfarería se inventa en el Neolítico, y dará lugar a la morfología original de las cazuelas contemporáneas. Las primeras cazuelas pueden colocarse directamente sobre el fuego y permiten la cocción de la mezcla omnívora, de ese potaje padre de todos los potajes. Pero al mismo tiempo que inventa la cazuela, el cocinero primitivo y su comensal emplean recipientes que les ofrece la naturaleza, depreda recipientes, como las valvas de los moluscos, los cráneos vacíos de los animales, troncos de árboles de madera poco combustible, incluso gruesas hojas de palma con las que envuelve los alimentos antes de dejarlos sobre las brasas, punto de arranque, sin duda, del procedimiento a la papillote. Con los huesos de los animales se fabrican cucharas, y con el sílex o el cuarzo instrumentos más contundentes, premetálicos, con los que desgarra, descuartiza, trocea la musculatura de sus víctimas. También hay que hablar de los morteros, piedras cóncavas y duras que se prestaban a la operación de machacar el grano hasta obtener la harina. Todos estos útiles constituían auténticas baterías de cocina que aún hoy pueden verse en esas chozas neolíticas polinésicas, en donde, en una única habitación, están el fuego, los cacharros, el vestuario, el lecho, en una auténtica prehistoria de la decoración de interiores que no ha sido desaprovechada por interioristas contemporáneos, enemigos de la ocultación de todo cuanto el ser humano utiliza para cubrirse por fuera o llenarse por dentro.

Entre la necesidad y el rito

El instinto de comer para sobrevivir fue pasando por filtros culturales: fuego, cocción, utillaje, modificación del sabor mediante la sal o las sustancias edulcorantes. La lógica mitológica del hombre primitivo diviniza los frutos pasivos o activos de la tierra en busca de esa causa última que da sentido a lo existente. La normalización del comer mediante la garantía de su aprovisionamiento crea líneas a la vez imaginarias y reales que subdividen la existencia cotidiana, y sobre este ritual del comer cotidiano se instala el ritual de la comida de excepción ligada al homenaje a la divinidad, o a lo inesperado placentero, sean hechos o personas. La comida de excepción ya apareció ligada a la fiesta, y esa relación se ha perpetuado hasta nuestros días.

En su impagable estudio sobre el papel del banquete en la historia de la cultura gastronómica, María del Carmen Soler rastrea su función en uno de los textos simbólicos y mitológicos que tratan de reflejar el origen de una civilización. En el Génesis, superada su bíblica indignación, Yahvé promete a Noé y sus descendientes que aunque los deseos del corazón humano, desde la adolescencia, tienden al mal, ya no volverá a maldecir la tierra a causa del hombre: «... ya no volveré a exterminar todo viviente como acabo de hacer». Yahvé promete que mientras dure la tierra habrá sementera y cosechas, frío y calor, verano e invierno, día y noche, y añade algo muy prometedor: «Cuanto vive y se mueve os servirá de comida y así mismo os entrego toda verdura». No hay que ahondar en épocas excesivamente historiadas como las que refleja el Éxodo, sino quedarse en esa confusa prehistoria simbólica subyacente en el Génesis y analizar ese primer banquete de carne y pan que reseña la Biblia y del que se hace eco María del Carmen Soler en *Banquetes de amor y muerte:* «El primer banquete de carne y pan que reseña la Biblia nos viene dado con todo detalle, incluso en las cantidades empleadas y reseñando el lugar o paisaje en que tuvo lugar. Los anfitriones son dos ancianos, Abraham y su mujer, Sara, y los invitados, nada menos que Yahvé y dos ángeles. Sucede en el encinar de Mambré. (Mucho más tarde, Cervantes, de sangre judía, celebrará también un discurseado festín de bellota bajo un encinar de Castilla y sus invitados no serán ángeles, sino humildes cabreros). Apareciose el Señor con otros dos varones —los dos ángeles—, disimulando los tres su intimidad. Pero al verlos, Abraham, que estaba dormitando a la puerta de la tienda, a la hora del calor, les salió al encuentro y se postró en tierra, y ofrecioles la sombra de un árbol, agua para lavarse los pies y un "bocado" (en realidad, un banquete), tal como ordena la ley del desierto. Mientras ellos se refrescaban, urgió a Sara, su mujer, a que pesase tres medidas de flor de harina y cociera en el rescoldo unos panes; corrió al ganado y eligió un ternero muy tierno y muy gordo, y se lo dio a un mozo, que se apresuró a aderezarlo y asarlo. Y tomando leche cuajada (de postre) y leche recién ordeñada (la bebida), puso todo ello debajo del árbol ante los huéspedes, que comieron».

Según el relato bíblico, tras el banquete ocurrió lo que tenía que ocurrir. No hay comensal bien harto que no se sienta generoso y prometa el oro y el moro, y eso hizo el humanizado Yahvé, tan dispendioso y grandilocuente como Stalin o Roosevelt en la Conferencia de Yalta. No fue tacaño Yahvé, sino que prometió a Abraham que sería el jefe de una gran nación, y para que esa nación se perpetuara le prometió descendencia en lo que fue sin duda uno de los primeros casos de *birth control* sometidos a la ética de la paternidad responsable.

Si bien en este banquete prehistórico, a base de carne de ternero, pan, leche y cuajada, el anfitrión participa en la comida, el rito de la ofrenda a la divinidad, previo al sacrificio de los animales, se encuentra subyacente. Farb y Armelagos *(op. cit.)* recuerdan el papel del sacrificio de animales en el Antiguo Testamento y lo relacionan con el que cumple en las ceremonias gastronómico-religiosas de los pueblos prehistóricos relictuales. Y comprueban que los animales ofrecidos en sacrificio siempre son domésticos, nunca salvajes. Se ofrenda a los dioses aquello que se posee, no las piezas de caza cobradas, y la ofrenda es el resultado de una negociación en la que se comprometen protecciones pasadas y futuras: «Para los bantúes, un sacrificio será lo más parecido que haya a las negociaciones habituales en los mercados, hacer peticiones muy concretas a los espíritus, el valor del sacrificio está calculado con precisión, de manera que no exceda el del favor que se espera; finalmente, la aceptación del sacrificio garantiza que los espíritus acordarán el favor. El sacrificio de un animal de gran precio, con motivo de una boda, por ejemplo, obliga a los espíritus a aprobar el matrimonio, así como el nuevo sistema de lazos y obligaciones entre los jóvenes esposos».

Observan los antropólogos que en las actuales prácticas de sacrificio, incluso en los pueblos no contaminados por el mercantilismo del sistema económico mundial, se tiende a inmolar con cierto espíritu de ahorro. No se desperdicia a tontas y a locas una reserva de proteínas indispensable, y mucho menos en época de escasez. No se obsequia a los dioses porque se les quiera, sino porque se les necesita o se les teme como poderes ocultos que disponen de la lógica del universo. Y los códigos de conducta alimentaria provenientes de la religión obedecen, en un importante porcentaje de casos, a necesidades ancestrales que se disfrazaron de precepto religioso, de ley moral. La mayor parte de las religiones prohíben determinados alimentos, y la moderna antropología ha descubierto que esas prohibiciones no suelen ser caprichosas: «Se puede observar que el mandamiento religioso acaba siempre por desaparecer cuando está mal adaptado a la realidad». Y se recurre, como ejemplo, al carácter sagrado de las vacas indias —que no son sacrificadas, a pesar de que su carne podría proporcionar alimento en un país azotado por el hambre— para demostrar que el prejuicio religioso avala una sabia medida económica: en un país en donde hay setenta millones de pequeñas explotaciones agrícolas, son indispensables las vacas para el laboreo, la reproducción, el suministro de leche. «Y en otro orden de cosas, lo que hace de la vaca un animal esencial para el granjero indio no es la carne o la leche que pueda darle, ni la necesidad de un objeto de veneración, sino que sea la única fuente posible de obtener bueyes». Nada hay de sorprendente en el espectáculo de un pequeño agricultor indio que llora la muerte de su vaca u ofrece rogativas para que se salve la que tiene enferma, salvo que de ese animal está pendiente su economía más primaria, y en ocasiones, si lo pierde, se ve obligado a emigrar y proletarizarse definitivamente en los arrabales de las grandes ciudades.

La vaca como eje de un sistema de producción y supervivencia ha sido ratificada por un prejuicio religioso y creado un condicionamiento psicológico que se pierde en lo más antiguo de la memoria de un pueblo. De ahí que los antropólogos observen que, cuando se fuerza a violar el tabú alimentario de una cultura, con frecuencia se producen trastornos psicosomáticos, habitualmente diarreas y vómitos. Comerse el alimento que es tabú moviliza mecanismos de resistencia psíquica y finalmente somática, y solo en condiciones de extrema necesidad la violación del tabú es asumida por la mente como estrictamente necesaria. A pueblos caníbales les puede repugnar el consumo de la carne de algunos animales que forman parte de la zona oscura de su memoria atávica, y cuando se razona que devoran a sus víctimas humanas por razones religiosas, en busca de la apropiación y la fortaleza de sus espíritus, se enmascara con una metáfora una vieja memoria de necesidad proteínica que no respetaba carroñas animales o humanas.

¿Acaso el mismo sacrificio cristiano de la eucaristía está tan alejado de la razón de la memoria del hambre? Esta apropiación simbólica del cuerpo y la sangre de Cristo es un ritual depurado de ancestrales prácticas de revitalización antropofágica, convertidas en símbolos por la cultura. De hecho, no cabe admitir líneas imaginarias que marquen mutaciones en la historia de la cultura culinaria, y desde la casualidad del fuego hasta nuestros días, hallazgos y experiencias se han sucedido superando obstáculos dentro de esta parcela del conocimiento, pero han acarreado el saber y el no saber antiguos, la certeza y el mito, la curiosidad y la prevención. ¿Cuándo y cómo se dan los saltos cualitativos que dan origen a una cocina tan pendiente de la supervivencia como de los valores del sabor? Eso ya nos obliga a meternos en la cocina histórica, en la que existen testimonios documentales derivados del nivel de civilización a que pertenece.

De la cocina del hombre primitivo solo quedan las huellas de sus fuegos, los restos de sus utensilios, la representación de sus animales y plantas. La cocina histórica solo es posible establecerla desde que hay historia. Pero el concepto «cocina de la antigüedad» está forzosamente relativizado por el hecho de que las eras históricas no se dan de forma simultánea en todos los lugares. Tenemos una concepción eurocentrista de la historia, y por esta razón una posible «cocina de la antigüedad europea» poco o nada tiene que ver con una posible «cocina de la antigüedad americana». Pero la cultura culinaria de la antigüedad se encuentra condicionada por el uso fundamental de las materias primas regionales, dando a la palabra «región» un significado más amplio que el que le otorga la organización administrativa de los Estados decimonónicos. Cabe hablar de una región culinaria mediterránea en la antigüedad, fundada en los productos naturales, la flora y la fauna del Mediterráneo, como se puede hablar de una cocina americana precolombina, aún hoy subsistente, como curiosidad gastronómica o como sustrato que da un carácter determinado a la actual cocina criolla o colonial.

Los griegos ya comían

«Hijo mío, aprende a escribir, porque el escriba come a la mesa de los reyes». Así aconsejaba un viejo escriba a su hijo en el antiguo Egipto, y muy impresionantes debían de ser las mesas reales para que la decisión de un oficio pasase por la consideración de la comida.

La cocina tiene historia, memoria documental de sí misma, desde el antiguo Egipto. Hay testimonios plásticos e ideográficos suficientes, así como referencias en otras culturas, que prueban una cocina elaborada y un ritual del comer. Para demostrarlo, se puede utilizar el examen iconográfico de las distintas figuras de la pintura de la necrópolis de Tebas, fechada en el año 1420 antes de Cristo, en la que aparecen esclavos sacrificando aves, desplumándolas, colgándolas para que se desangren, y, a poca distancia, una alacena llena de ánforas. Las escenas de la vida cotidiana reproducen, tanto en pintura como en bajorrelieves, situaciones en las que la alimentación es el tema dominante. La distribución interior de la vivienda de un egipcio respondía a su estatus social: en función del lugar donde comer, las clases más bajas no diferenciaban la zona de cocinar y comer, y, a medida que se ascendía en el escalafón, aparecía la cocina como ámbito, luego el comedor, hasta llegar a los grandes salones para banquetes a disposición de los altos sacerdotes, los nobles y el rey. Historiadores griegos y romanos nos han transmitido parte del ritual empleado por los egipcios en sus comidas: se lavaban manos y pies, los músicos tocaban la lira o el tamboril durante el ágape, las danzarinas regateaban por entre las mesas y, al final, saciados los cinco sentidos, se enseñaba a los comensales un esqueleto para incitarlos a «cortar las rosas de la vida» mientras tuvieran tiempo. Y conocieron el banquete los asirios, los caldeos, y hasta hay memoria histórica de un banquete de Asurbanipal, aunque, tanto en los testimonios sobre egipcios como sobre caldeos o asirios, haya muchas referencias de utensilios y procesos y pocas de lo que contenían los platos. Incluso se llega a concebir la sospecha de que los relatos sobre banquetes de estas civilizaciones, escritos por griegos y romanos, tendían a inspirarse en el propio ritual para reproducir el antiguo.

Los griegos ya nos han dejado testimonios culinarios concretos, como esa *brochette* homérica de distintas carnes. Aquiles recibe a Ulises durante la guerra de Troya, acompañado de Áyax y Fénix, y les ofrece lo mejor que tiene, que es mucho: lomos de cierva y de cabra y un espinazo de cerdo. Con la ayuda de Automedonte, Aquiles trocea las piezas y a continuación las convierte en pequeños pedazos que ensarta con un pincho. No la toquéis más, así es la *brochette* que el divino Aquiles, con la ayuda del cariñoso Patroclo, coloca sobre las brasas. Este dato, protohistórico, ratifica el plato más preciado de una comida basada en estas bestias fundamentales y menos consumidora de pescado, característica que aún puede apreciarse como dominante en la cocina griega actual, a pesar de las inacabables costas de la Grecia continental e insular. En los mercados de las ciudades griegas se vendían los productos más presentes en las cazuelas: lentejas, habas, zanahorias, coles, lechugas silvestres (tenían fama de ser afrodisíacas), setas, trufas e incluso exóticos palmitos, llegados de tierras lejanísimas. La carne preferida era y es el cordero, pero es la cocina griega la que entonces más y mejor partido le saca al cerdo, animal despreciado por los hebreos y los egipcios. Frutas preferenciales eran los higos y a continuación la uva, los dátiles y las manzanas. La grasa fundamental era el aceite, y la aceituna un fruto adorado, mimado, que daba lugar a una riquísima cultura conservera. Todavía hoy la sabiduría de los griegos para conservar las aceitunas y obtener ejemplares notables y diferenciados no tiene rival en todo el Mediterráneo. No hay aceitunas superiores a las de Kalamata.

Cocina conectada con lo que daba el medio, y, por lo tanto, frugal, porque avara era la naturaleza que la propiciaba. No frugal sino espartana, en el doble sentido de la palabra, la cocina de Esparta, pero no tanto por la dictadura de la naturaleza como por el rigor moral de los legisladores. Licurgo, un político con ambiciones de moralizador social, dictó en el siglo IX antes de Cristo durísimas disposiciones sobre la conducta privada y pública que afectaban a los usos culinarios e inventó el plato único obligatorio, la «sopa negra», fantasía proteínica compuesta de sangre y carne de cerdo aderezada con sal y vinagre. Este tipo de comida era único y obligatorio. Quien le hiciera ascos podía ser condenado al exilio, y seguramente más de un espartano debió de ir gustosamente al destierro en busca de las *brochettes* griegas y del gusto por las libaciones previas a la comida que manifestaban los antiguos atenienses. A Aristóteles se deben los primeros estudios conocidos sobre la fisiología de los reinos animal y vegetal, y a Teofrasto o al poeta Arquéstrato de Gela las primeras exaltaciones valorativas de lo bueno y lo mejor, gastronómicamente hablando, de los productos de la tierra y el mar. Fue Arquéstrato el primer autor de una guía gastronómica o alimentaria de Grecia en hexámetros: «Todo lo que he conocido en mis viajes, cada alimento, cada licor, yo lo comunicaré a toda Grecia, precisando dónde se encuentra lo mejor». A pesar de esta precocidad reflexiva y poética, será *El banquete de los doctos (Deipnosophistai),* de Ateneo de Náucratis (siglo III después de Cristo), la obra que compendiará el saber griego sobre la lógica de la alimentación. Por predilección, el alimento fundamental es el pan, a continuación lo que acompaña al pan, sea vegetal o animal, y en tercer lugar el «alimento suntuario», el *tragema,* el capricho, sea servido antes o después de la comida. A esta sabia clasificación sigue otra según el reino natural de producción: mineral (la sal), vegetal (dividido en líquidos y sólidos, por ejemplo, el aceite o la aceituna), animal. Y luego el afán clasificatorio se extiende producto por producto, atendiendo a la descripción física de los alimentos y a las variantes dentro de una misma familia de productos.

Esta voluntad de inventario científico o precientífico poco tiene que ver con el tono de auténtico *gourmand* con el que Arquéstrato, el poeta, se lanza a la descripción de peces y mariscos de Grecia. Gracias a la poética y golosa memoria de Arquéstrato, sabemos que no había en toda Grecia anguilas como las de Rhegion (la Regium latina, actual Reggio di Calabria), «admirablemente grandes y gordas», e igualmente gordos prefiere el dentón y la morena, especialmente del estrecho de Mesina, los mejores de los mares por él conocidos.

No solo de aceitunas vive el hombre

A pesar de la frugalidad de la mesa popular en la Grecia antigua, la mesa de los notables se llenaba de guisos elaborados, obra de profesionales de la cocina que alcanzaban nombradía y gran respeto social. Tal era la importancia de los cocineros que circulaba en Grecia el dicho: «Los errores del cocinero los paga el flautista». No se trata de un dicho enigmático. Los músicos acompañaban a los comensales durante el banquete, y era tanta la autoridad del cocinero que, cuando se equivocaba, el señor pagaba su mal humor con el flautista o el arpista más próximo. La importancia social y cultural del cocinero la refleja el autor cómico Demetrio en su *Areopagita,* cuando un cocinero proclama orgullosamente: «Yo he ganado con mi profesión tanto como haya podido ganar el comediante con la suya: mi arte es un imperio ahumado. Soy yo quien prepara el *arbytaco* en casa de Seleuco. Yo he introducido la "lenteja real" en casa de Agatocles de Sicilia, y aún no he dicho lo más importante». Famosos fueron cocineros como Cadmo, al servicio del rey de Sidón, en Fenicia, y gozaron de reputación literaria escritores destinados a glosar con enjundia o sátira los placeres de la mesa: Numenio de Heraclea, Mitreas de Pinato, poeta paródico, Hegemón de Zosas, apodado «el Lenteja», y así hasta casi veinte nombres que la historia ha sabido memorizar, aunque no conservar sus obras, desaparecidas en el catastrófico incendio que asoló la biblioteca de Alejandría.

El ritual del banquete se parecía al de todas las civilizaciones antiguas: purificación por el lavatorio, libaciones, entrantes, acompañamiento de danza y música, el cuerpo reclinado en un diván y apoyado sobre un codo, tal como muestran las pinturas romanas. El utillaje evoca en arcilla, hierro o bronce toda la variedad actualmente empleada, incluso cazuelas especiales adaptadas a la forma de los pescados para favorecer su cocción. Y en ocasiones, el exceso suntuario llegaba a propiciar cazuelas y ollas total o parcialmente de plata y oro, como las del tesoro de Bosco Reale que se conserva en el Louvre. El banquete era algo más que una comida interesada o afectiva entre notables: era un ámbito para la comunicación, en el que se alcanzaba un especial temple colectivo gracias sobre todo al vino. «El vino humedece el alma y calma nuestras penas adormeciéndolas», decía Sócrates, según su discípulo Platón. En griego, banquete es *symposion,* y quiere decir «beber conjuntamente», casi siempre hasta el amanecer y la entrega a los brazos de Morfeo. No se acostumbraba beber el vino puro, sino mezclado con agua o aromatizado con resinas y varias hierbas aromáticas; todavía hoy, buena parte del pueblo griego consume el vino con resina. «En Grecia —refiere María del Carmen Soler en la obra citada—, la gente comía en familia, las mujeres y los niños sentados ante mesitas bajas y los hombres reclinados en canapés, en general dos en cada uno. Se exigían delicados y bien reglamentados modales a la mesa. No existían los tenedores, usándose a falta de ellos los propios dedos, pero para los líquidos se habían inventado ya las cucharas. No habiendo servilletas, se secaban las manos en esponjosa y absorbente miga de pan, que luego se echaba a los perros, pues la pobreza del país les había enseñado a ser muy ahorrativos y a aprovecharlo todo. Algunos se enjugaban los dedos en su propia cabellera (los que no eran calvos) o en la de algún esclavo que tuviera la desgracia de tenerla crespa y espesa. Todo esto no tenía mucha importancia, porque al terminar se echaban en todo el cuerpo perfumes en profusión. Algunos hasta se daban un baño».

Los banquetes banquetes, los banquetes de verdad, eran cosa de hombres, mientras las mujeres se retiraban al gineceo, posible origen de la ideología de actuales sociedades gastronómicas generalmente masculinistas. Los griegos conocieron incluso clubes o hermandades de bebedores, también exclusivamente masculinistas, aunque las mujeres de alquiler cumplían funciones sexuales cuando el vino conseguía liberar los esfínteres del espíritu. No solo para el amor. También a veces para la más alta reflexión especulativa, como refleja *El banquete,* de Platón, diálogo sobre el amor y sus sombras. Y «sombras» precisamente se llama en griego antiguo a los gorrones que se autoinvitan a los banquetes, aunque los anfitriones solían ser generosos con las «sombras», no en balde

Sócrates había dicho: «Un hombre honrado puede ir a cenar a casa de otro hombre honrado sin que lo hayan invitado», lo que dice mucho sobre cómo conseguía Sócrates llenar frecuentemente su estómago. Pero la «situación escénica» del *Banquete* es muy elocuente acerca del carácter de la comida y la libación como detonadores de otra dimensión temporal y espacial llena de desinhibiciones, de desvelamientos, en los que tanto abunda la trama del *Banquete*.

En cuanto a la operación estricta del comer, el pueblo griego comía lo que tenía. Ante todo aceitunas y aceite, utilizado para guisar, alumbrar, dar masajes, embellecer la piel; no en balde a los vencedores de los Juegos Olímpicos se les regalaba un ánfora llena de aceite de oliva, y Demócrito de Abdera dijo que para llegar a centenario había que «alimentarse con miel y untarse de aceite». Y tras la aceituna y el aceite, el higo, fruto espontáneo y cultivado, base alimenticia sagrada que llegó a requerir la existencia del sicofanta o denunciador de ladrón de higos. Conocían la estrategia de la seta para nacer oculta entre las matas, y toda su bondad, así como toda su capacidad de maldad, descritas por Ateneo: «Las setas nacen bajo la tierra, pero muy pocas son comestibles. La mayor parte son difíciles de consumir, otras producen la muerte por el efecto del veneno que contienen. Para combatir sus efectos hay que tomar hidromiel; después de haber bebido, vomitarlo todo… Así se puede eliminar el veneno mortal». Pero a pesar de las prevenciones, los griegos apreciaban los mízcalos, las colmenillas, las morillas, los *cèpes,* y conocieron técnicas de conservación de setas mediante la desecación, como conocieron también la manera de distinguir las zonas del terreno en donde crecía la seta más apreciada: la trufa. Ateneo llega a describir la tipología de las hierbas que crecen sobre las trufas ocultas, muy buscadas por su capacidad de aromatizar los otros alimentos y por la sospecha de que poseían virtudes afrodisíacas.

Sobre las carnes preferidas ya está casi todo dicho, y habría que detenerse en la hegemonía del pan como alimento básico. La mitología atribuye a Deméter, «la madre de los cereales», la invención del pan, pero los historiadores prefieren suponer que la cultura del pan la toman los griegos de los egipcios, de aquel Egipto que era el granero de trigo de los pueblos de la antigüedad. Los griegos lo ensayaron todo en relación con el pan y consiguieron variedades que aún hoy son objeto de experimento por parte de los panaderos artesanos: el *daratos* o pan sin levadura; la *azunita,* pan fermentado; el *analos,* pan sin sal; panes de lujo como el *adopiros* o la *spodita,* cocidos sobre la ceniza, o el *epantrakido,* cocido con carbón vegetal; y Aristóteles, tan preocupado de los alimentos como de las causas últimas del ser y el existir, glosó el *dipuros,* pan especial rociado con agua antes de ser metido en el horno, lo que producía una corteza más dorada. Se conocían igualmente distintas calidades de harina y zonas concretas famosas por la artesanía de sus panes: Beocia o Tesalia.

El pan y el vino. La magia del hartazgo y del calor. Saberes fundamentales, materias fundamentales que han ligado desde antiguo la operación del comer a la sensación de plenitud.

El nacimiento de la gastronomía

Se atribuye a las decadencias la capacidad de ultimar la maduración de culturas y civilizaciones y llevarlas hasta los límites de la putrefacción y la desintegración. El siglo de oro griego, de Pericles a Alejandro, tuvo su reflexión sobre el alimento: científica, gozosa, paródica, lúdica. Pero fue en la etapa helenística, la de la decadencia, cuando la sofisticación penetra en las cocinas y las cazuelas, se buscan los sabores extranaturales y no solo condicionados por la sal y la miel, por lo salado y lo dulce. Ya algún hedonista, como Aristipo de Cirene, había escrito en el siglo IV antes de Cristo algo que hoy suscribiría Xavier Domingo, el autor de *Cuando solo nos queda la comida:* «Los placeres de la mesa son los grandes placeres de la vida». Los ciudadanos de Sybaris eran tan famosos por su bien comer que acuñaron el adjetivo «sibarita», y la ley permitía a los buenos cocineros patentar sus recetas, retener el secreto y el derecho de propiedad de sus recetas. Los consejos sobre «lo bueno» en cocina no solo son nutritivos o morales o perjudiciales, sino que ya desde el siglo IV antes de Cristo pueden circunscribirse al territorio exacto de la textura y el sabor, como cuando Arquéstrato recomienda comer las carnes poco hechas, casi sangrantes, y exalta el consumo de carne frente a cualquier otro alimento, con su propio sabor, sin adulterarlo con el acompañamiento de demasiado aceite, queso o grasa: «... demasiado queso, aceite o grasa me produce la impresión de una comida para gatos».

¿Recetas? La *myma* es una fórmula sorprendente que recuerda el morteruelo celtibérico y que conecta con la cultura de aprovechar las carnes cocidas en el *pot-au-feu.* Consistía en trinchar las carnes cocidas —la mayor variedad posible— y añadirles las vísceras, igualmente picadas, y un aderezo complejo de sangre de ave, vinagre, queso, tomillo, cilantro, cebolla rallada, pasas, miel y granos de granada borde. La *matia* requiere cocer una pintada bien gorda acompañada de legumbres. A continuación se coloca la pintada sobre una bandeja, se la cubre con las legumbres cocidas y se traba una salsa con el caldo corto que ha resultado de la cocción, por el procedimiento de hervir en él uvas verdes y vinagre. Cuando se reduce el caldo, se echa sobre las legumbres y la pintada. Resulta curioso que en muchas recetas del período clásico o helenístico el queso rallado o desmenuzado se utilice como aderezo, como sabor final, práctica que aún se utiliza en la cocina griega y turca actual: el omnipresente feta en los platos del Mediterráneo oriental.

Y en cuanto a los peces, Arquéstrato recomendaba regarlos con vinagre antes de cocinarlos, porque el vinagre ablandaba la carne, y aconsejaba cocerlos con un chorrito de aceite verde, sal y comino. Luego, una vez cocidos, podía añadírseles una salsa hecha con el fondo de la cocción, todo ello acompañado de hierbas aromáticas. Y también de Arquéstrato es una receta de la caballa que puede ponerse a prueba perfectamente: se adereza la caballa con un poco de orégano y se envuelve en hojas de higuera, que Arquéstrato proponía atar con hojas de junco, pero nosotros podemos sustituir por bramante; la caballa así envuelta hay que situarla sobre la ceniza caliente: «... y deja pasar el tiempo suficiente para que el pescado quede bien cocido, pero vigila que no se queme».

Más allá o más acá de los recetarios helénicos, el simple hecho de que la palabra «sibarita» aún dispute hoy parcelas de significación a *gourmand* o gourmet lo dice todo sobre la curiosidad y el saber de los antiguos griegos en relación con la comida. Sybaris fue una ciudad fundada por los aqueos en el siglo VII antes de Cristo en el sur de Italia. La riqueza de sus campos y ganados propició el arte del guisar variado y especulativo, famoso en la comarca y envidiado. Sin duda, el adjetivo «sibarita» fue concebido con mancha de pecado original: con retintín, porque apenas si ha variado desde el siglo VII antes de Cristo la dialéctica entre buenos y malos comedores. Y griega es la palabra «anfitrión» (de Amphitryōn, mítico rey de Tirinto que ofrecía a los huéspedes lo mejor que tenía, incluso a su propia esposa Alcmena de la que Zeus estaba tan locamente enamorado que bajó a la tierra y adoptó el aspecto de Amphitryōn, ausente, con objeto de engañarla. De estas relaciones nació el semidiós Heracles). Exceso que no cabe atribuir a una desmesura de la gastronomía griega, sino al misterio que hay en el fondo de todo hartazgo, incluso del hartazgo metafóricamente caníbal.

De cómo los romanos aprendieron a comer

Algo de verdad hay en el tópico de que los romanos fueron sabios depredadores de otras culturas y construyeron la primera cultura sincrética conocida. Para Anthelme Brillat Savarin, el primer y último filósofo de la gastronomía, el tópico se reproduce en el territorio de la cocina y ofrece el cuadro comparativo de los griegos ya sabios en las artes culinarias mientras los romanos eran casi frugívoros y vivían gracias a las legumbres. «Mas así que las conquistas romanas extendidas en África, Sicilia y Grecia dieron regalos a costa de los vencidos, en países de mayor civilización importaron guisos a Roma que les habían deleitado en tierras extranjeras y todo hace creer que se recibieron extraordinariamente bien».

Es imposible concebir una cocina construida mediante importaciones culturales. Siempre influye un sustrato original, y la prueba la tenemos en la cocina norteamericana actual: es cierto que aglutina y modifica las tradiciones culinarias de todas las etnias presentes en Estados Unidos pero también conserva la cocina de los pioneros, cocina de asadores y cocedores elementales e incluso restos de la cocina de las naciones indias anteriores a la expansión nacional. Pero es cierto que los romanos estudiaron leyes, costumbres, normas de vida de otros países, y las incorporaron a su patrimonio. Igual hicieron con la cocina. Al mismo tiempo que reclutaban oradores, filósofos retóricos y poetas, se llevaban a los sabios cocineros helenos. Por otra parte, la expansión del Imperio y la organización imperial centralizada convierten a Roma en un gran mercado internacional y un escaparate de costumbres que influyeron en los gustos gastronómicos de la clase dirigente en todos los centros de poder territorial del Imperio. «Todo se probaba —escribe Brillat-Savarin—, desde la cigarra hasta el avestruz, desde el lirón hasta el jabalí; todo cuanto hay capaz de excitar el sabor se ensayó y se aplicó como condimento, y, entre otras, sustancias cuyo uso no concebimos, tales como el asa fétida, la ruda, etcétera». Los romanos traían, desde África, pintada y trufas, conejos de España, faisanes de Grecia y pavos reales de Asia; los patricios cultivaban en sus huertos los frutos y las hortalizas mediterráneos, pero también el albaricoque de Armenia, el melocotón persa, el membrillo de Lidon, la frambuesa de los valles de Ida, la cereza traída por Lúculo desde el reino del Ponto; vinos de Grecia, pescados de ríos y mares remotos conservados en salazón o en miel.

Llegar a esta cocina de consumo, equiparable a las cocinas posibles en las grandes metrópolis actuales o la «nueva cocina romana» para esnobs de un Apicio, requiere un tiempo histórico largo de modificación de costumbres paralelo al tiempo de expansión imperial, de conversión de un pueblo de pastores en un Estado dominante en Europa occidental, Oriente Medio y el norte de África. Los primeros pueblos de la península itálica, etruscos o latinos, compartieron muchas costumbres frugales, economías elementales y una cocina mediterránea basada en los productos más inmediatos, y esa fue la cocina que siguió alimentando a la plebe, tanto durante la Monarquía como en la República o el Imperio. La pintura y los mosaicos reproducen siempre las costumbres de los ricos y la historia antigua se escribió sobre sus hazañas o sus fracasos, mientras que pocas veces la imagen o la memoria escrita testimonian sobre la cotidianidad de la plebe. Aves y corderos, legumbres y sopas de harina, precedente de la polenta, esta fue la alimentación popular tradicional en los tiempos de esplendor, cuando los sibaritas romanos disponían casi de todos los frutos vegetales y animales de la tierra. Para empezar, una riqueza cerealista sin precedentes: trigo, cebada, mijo, avena, centeno; cultivos de todos los árboles frutales hoy comúnmente conocidos, pero muchos de ellos desconocidos por los griegos; caza y ganadería infinitamente más diversificadas que la griega, con la práctica habitual de la aclimatación de animales exóticos destinados a la alimentación más sofisticada. Los romanos fueron también excelentes charcuteros, aunque la historiografía gastronómica francesa atribuye a los galos el papel de profesores de charcutería de los romanos. Del recetario de Apicio seleccionamos la receta de una salchicha sin duda deliciosa que demuestra hasta qué punto el paladar romano luchaba contra las monotonías del alma y del cuerpo: «Picar pimienta, comino, ruda, perejil, especias azucaradas, bayas de laurel, *garum,* y mezclarlo todo con la carne cortada en pequeños pedazos. Añadir grasa y piñones y llenar un intestino de cerdo limpio, alargándolo todo lo posible. A continuación, colgarlo al humo».

Es posible que los romanos aprendieran a cocinar y a comer de otros pueblos, pero aprendieron pronto y enriquecieron el saber heredado hasta límites no superados por la más especulativa de las cocinas contemporáneas. Y ese punto de arranque de un nuevo vivir y comer, insisto que visto desde la perspectiva del patriciado, coincide, en el siglo II antes de Cristo, con el comienzo de la gran expansión romana y el lujo y refinamiento que admiraron o escandalizaron a los historiadores, que arranca del encuentro de las legiones romanas con el esplendor asiático, en el curso de las guerras contra el rey Antíoco III el Grande. «El ejército de Asia —escribió Tito Livio— introdujo en Roma el lujo extranjero; fue desde entonces cuando las comidas empezaron a exigir más ingredientes y más despensa... El cocinero, considerado y empleado hasta entonces como un esclavo a bajo precio, se convirtió en muy caro. Lo que era solo un oficio, se convirtió en un arte».

Hay que hablar de los cocineros como de una casta influyente que esclavizó el paladar del patriciado y ejerció un poder «mafioso» sobre la cultura del buen comer. Formaban una casta en la que se distinguían los más prestigiosos, con rimbombantes títulos que se autoconcedían: quien no era *vicarius supra cenas* era un *archimagirus,* y hay quien ha escrito que hicieron de sus señores auténticos esclavos y víctimas de sus experimentos. Bajo el emperador Adriano llegó a constituirse una escuela de cocineros, el Collegium Coquorum, prueba del prestigio de la profesión mejor pagada del Imperio y que ya estaba subdividida en las distintas funciones que realizar dentro de la cocina: el *coquus* propiamente dicho, el *focarius* o alimentador del fuego, el *coctor,* vigilante de la cocción de determinados manjares, y, finalmente, el *pistor* o *pinsitor,* antepasado del pinche actual. Pero, además, había una compleja clasificación profesional de los intermediarios entre la cocina y el mercado o la cocina y el comedor: el *condus,* el *dolarius,* el *captor,* el *progustator* o probador de alimentos y el *aquarius.* Y hay que añadir el *tricliniarcha* o *maître* de hotel, dueño y señor de las idas y venidas durante la comida por el triclinio; el *pocillator,* mezcla de copero y *sommelier,* y el *nomenclator,* voceador del nombre de los invitados.

Apicio y el *garum*

Aparecieron muchos tratados gastronómicos romanos, pero ninguno tuvo la fortuna histórica del atribuido al cocinero Apicio, creador de las recetas recogidas por sus discípulos. El título original de la obra era *De opsoniis et condimentis sive arte coquinaria (Acerca de las viandas y los condimentos o el arte culinario),* aunque para las amistades haya quedado en *De re coquinaria.* El libro de Apicio es como una fotografía inestimable de la cocina esnob del patriciado romano y ha servido de base a la obra de Pierre Drachine y Claude Petit-Castelli, *À table avec César.* Apicio tuvo fama de arbitrario y rico; se llegó a decir que su fortuna personal superaba el pesado tributo anual que los galos pagaban al césar. Ligado, no se especifica con qué lazos, a César Druso, uno de los hijos de Tiberio, y muy rico, Apicio fue una leyenda gastronómica construida en tiempos de Tiberio que perduró hasta la actualidad. La riqueza le permitió realizar experimentos gastronómicos de difícil reproducción y, por lo tanto, valoración: platos a base de talón de camello, de lengua de ruiseñor, de crestas cortadas a gallos vivos. Difícil distinguir en algunos de sus platos el umbral diferencial entre refinamiento y sadismo: se cuenta que cebaba a sus ocas con higos secos y las mataba emborrachándolas con vino y miel. Plinio cuenta que mataba los mújoles sumergiéndolos en *garum* para luego aprovechar solamente el hígado. La leyenda refiere sus pujas en las subastas de viandas, y se habla de que en cierta ocasión pujó hasta cinco mil sestercios por un mújol de cuatro libras que le disputaba otro cocinero. En el prólogo a la edición francesa bilingüe del libro de Apicio, editado por la Société d'Édition Les Belles Lettres en 1974, se sanciona su aportación gastronómica con cierta objetividad: «Sus investigaciones culinarias no fueron todas tan extravagantes como las que evocan Plinio el Viejo y Lamprido. A partir de Ateneo, Apicio dio su nombre a muchos pasteles y fue célebre sobre todo por las salsas que inventó, por las recetas que recogió, algunas de las cuales nos han llegado con su nombre: una concicla, un minutal, *ofelloe,* una pátina, una salsa *cattabia* y una salsa fría». Apicio tuvo exégetas tan admirados como sorprendentes, por ejemplo, san Isidoro de Sevilla, quien le llamó «el primer ordenador de la cocina».

El refinamiento atribuido a Apicio hay que entenderlo en el marco de vida de los grandes señores de Roma: termas, deporte, masajes, baños en aguas a tres temperaturas decrecientes —*caldarium, tepidarium, frigidarium*—, conversaciones en las plazas con los notables, un leve refrigerio al mediodía, una siesta reparadora, como si todo condujera a la «cena», un acto ritual, lúdico, pantagruélico, para un número de comensales que fluctuaban entre tres y nueve. Comían echados, apoyados sobre un codo y utilizando los dedos para coger los manjares. Yacían sobre tres lechos alargados que encerraban el espacio cuadrado de la mesa, el triclinio, rodeados de servidores que les simplificaban al máximo la operación de comer. Famosos los banquetes de Apicio, pero no menos los de Lúculo, potentado que cuidaba tanto de la exquisitez de sus platos como de la decoración del comedor: tapices, pinturas, vajilla de plata, oro, marfil. Las excavaciones de Pompeya descubrieron la vajilla del patricio Menandro: ciento dieciocho piezas de orfebrería que pesaban veinticuatro kilos, veinticuatro kilos de plata.

Entre plato y plato, danzarinas «lascivas»; las más reputadas, las de Gades (Cádiz) y Tynē (Túnez). Y también acróbatas, recitadores, domadores de osos con sus animales, tragallamas. Anfitriones legendarios como Nerón, Calígula, Trimalción o

Lúculo rivalizaron en la puesta en escena de sus teatrales banquetes, aunque para la historia haya quedado como modelo el festín de Trimalción descrito por Petronio. Tanto esplendor y finura incitaban a prolongar los banquetes hasta donde el estómago aguantara, y, cuando el estómago se convertía en un obstáculo, los comensales, o sus esclavos, metían los dedos en la boca hasta la garganta para provocar el vómito. El examen de los recetarios revela un acopio de los antiguos platos griegos, guisos dictados por la lógica y recetas sofisticadas que salían de los laboratorios de los cocineros, pero también recetas para digerir y evitar los gases, contra el estreñimiento, la acidez, que no sorprenden, porque estreñidas, ácidas y con muchos gases debieron de ser las pesadas digestiones del patriciado romano. Y entre todas las recetas de comidas y comistrajos, resalta la constante aparición de la palabra *garum*, como si fuese un elemento constante en cualquier fórmula culinaria. Y lo era. Un aderezo formado por la putrefacción de pescados en salazón. Se ha de entender que los romanos combinaban los sabores a partir de tres elementos fundamentales: la sal para salar, la miel para endulzar y el *garum* para alcanzar otras tonalidades del paladar que no conseguían matizar con las abundantes especias que utilizaban. Fueron también sabios manipuladores del vinagre, tratado con hierbas aromáticas o con miel, pimienta e incluso con *garum* (el *oxygarum*).

Sobre el *garum*

El *garum*, ingrediente que dio carácter a la cocina romana, procede de Grecia y está datado en los siglos VI-V antes de Cristo. Ofendía el olor de esta papilla de peces en salazón y descomposición, pero se apreciaba su empleo como condicionante del sabor final. Gargilius Martialis transmitió la receta más utilizada en la cocina romana: «En una vasija sólida de una cabida de unos treinta litros, se sitúa una primera capa de pescados grasos (salmón, anguila, sardinas), se coloca encima hierbas aromáticas (cuantas más mejor). A continuación, otra capa de pescado y sobre ella dos dedos de sal. Se repite este escalonamiento hasta llegar al borde de la vasija. Se deja marinar la mezcla durante una semana, y luego durante veinte días se remueve a fondo. Después basta con recoger el licor que haya desprendido y se tiran los restos sólidos». La ortodoxia de esta receta se opone al testimonio de Plinio, según el cual el *garum* de su tiempo se hacía solo con los intestinos de los pescados, las hierbas y la sal, o las evidencias de que a partir del siglo I el pescado exclusivo para la elaboración del *garum* era la caballa pescada en las costas de España. Indispensable por su toque de sabor, el *garum* ofendía a todas las narices y a algunos paladares, hasta el punto de que fueron varios los cocineros que lo metamorfosearon buscándole un alma menos pestilente; entre ellos, cómo no, Apicio, quien lo mezcló con hierbas aromáticas, miel y vino. Hay relación evidente entre el *garum* y el *nuoc-mâm* del sureste asiático o la llamada salsa de ostras de la cocina china. Estas salsas, basadas en la putrefacción del pescado, caracterizan el sabor de muchos platos exquisitos y elementales a la vez. Otra cosa es el *garum* que aún hoy se hace en el litoral catalán, preferentemente en Tarragona. La antigua Tarraco ha conservado la vieja memoria romana y convertido el pestilente y exquisito aderezo en un aperitivo realizado con anchoas o sardinas saladas, aceitunas negras deshuesadas, aceite y el posible añadido de ajo, algunas hierbas aromáticas y, si se quiere llegar al límite de lo barroco, pepinillos, alcaparras y un chorrito de vinagre. Solo el pescado salado tiene algo que ver con el *garum* grecolatino, pero, sin duda, de él procede.

La moral de la comida

Las exageraciones gastronómicas de los grandes glotones suscitaron condenas y apologías. Catón exhortaba a la mesura y la templanza, aunque temía que «el vientre no tiene oídos», y mucho menos a partir del momento en que cenar, y cenar mucho, se convirtió en una costumbre y una norma del *savoir-faire.* Se empezaba la cena con el entremés. Venían a continuación viandas fuertes muy especiadas, y luego se hacía un alto para cambiar el mantel y barrer el suelo utilizado como basurero, mientras los comensales vaciaban el estómago en el *vomitorium* o tomaban baños calientes para facilitar una digestión rápida. Tras este descanso, empezaba la cena de verdad, y ninguna descrita con la sagacidad y el desenfado con que Petronio, en el *Satiricón,* describe el ya citado festín de Trimalción. La figura del propio Petronio ilustra sobre el esplendor de una decadencia moral que el Imperio consiguió conciliar con hegemonía política durante cuatrocientos años. El obligado moralismo de Tácito le lleva a hacer un duro retrato de Petronio, *arbiter elegantiae,* asesor de imagen —es un decir— de Nerón y una de las víctimas indirectas del emperador. Dice Tácito de Petronio: «Si algunos alcanzan renombre debido a su actividad o capacidad de trabajo, Petronio lo alcanzó por su dedicación a la molicie. No tenía reputación de disipado o de pródigo, como la mayoría de los libertinos, sino la de ser voluptuosamente refinado en su arte del goce de la vida. El descuido y el calculado abandono de que hacía gala daba a sus acciones y a sus dichos un aire de simplicidad que los teñía de una especial gracia». A esta actitud la llamaríamos hoy día «pose» o «número», y, en efecto, según parece, Petronio hacía unos números sublimes. «Los potentados —dice María del Carmen Soler— disponían de varios comedores y elegían uno u otro según la categoría del festín, como hacen hoy los grandes hoteles. "Todo lo bueno guarda relación con el vientre", sostenía la ética dominante, sólidamente apoyada además en el fabuloso desarrollo de la riqueza general. Los ciudadanos con tal plétora de oro y de comida iban pasando gradualmente de la gula a la gota. Y las realistas esculturas romanas nos muestran cómo a los secos y enérgicos varones de la República les suceden otros hinchados y atosigados rostros de párpados caídos, gruesas narices y dobles papadas, producto del buen comer, el vino y la pereza. Sin embargo, el poeta Horacio hace expresar a algún habitante de Roma su nostalgia de las simples comidas de habas y verduras con tocino gordo. Las clases pobres seguían alimentándose principalmente de cereales, leche, queso y toda clase de legumbres, del ajo al nabo, además de las frutas frescas y secas…». No está mal. Pero tampoco estaban mal las recetas más corrientes y menos esnobs que hoy podemos seleccionar de distintos recetarios; huevos fritos en *garum* o en vino; huevos duros; huevos *mollets* acompañados de pimienta y piñones tibios; pepinos al vino cocido; berenjenas a la manera de Alejandría; puré de hojas de lechuga con cebolla; concicla (puré) a la manera de Apicio; pátina (guiso vegetal) de espárragos; liebre rellena; lechón asado; *quenelles* de sesos; pollo al vino; oca cocida a la salsa fría; espalda de cerdo con panecillos al mosto; pollo relleno al jengibre; atún con pasas *ragoût* al queso; salsa para langosta y gambas; salsa para la dorada; lirón relleno; pátina de rosas; etcétera. Gloso la receta del lechón asado por la facilidad con que puede compararse, imaginativamente, el plato tal como lo degustamos hoy día y tal como lo degustaron los romanos. Los romanos asaban el cerdito, bien dándole vueltas sobre las brasas, bien en el horno o a la cazuela con grasa, y a continuación lo rociaban con una salsa hecha de pimienta, ruda, cebolla picada, yemas de huevo cocido, *garum,* vino, aceite y vino con especias. Forzosamente, el *garum* decantaba el sabor hacia lo que hoy podemos paladear mediante una salsa de ostras de la cocina china o algo parecido, pero los vinos debían de tirar del sabor hacia el de un escabeche suave, en combinación con el *garum.* La cantidad de especias y aderezos fuertes que los romanos añadían a sus platos hay que atribuirla a la deficiente conservación de carnes y pescados, en primera instancia, y, a la larga, a una cultura del paladar acostumbrada a aderezos y sabores memorizados, y sobre todos ellos: el *garum.* Cojamos cualquier receta al azar, por ejemplo, una salsa para acompañar el pescado cocido: una cebolla, una cuchara sopera de aceite de oliva, un vaso de vino blanco seco, perejil picado, un pellizco de orégano, una cucharada de miel, otra de vinagre, otra del inevitable *garum,* una más de pimienta molida y finalmente una de harina o fécula. Es una salsa de sabor perfectamente imaginable, evidentemente agridulce, el *bouquet* más adecuado para disimular las putrefacciones.

Entre la comida primitiva de etruscos y latinos y la receta de Apicio a base de talón de camello han pasado no muchos siglos, pero sí una evolución en la relación con el medio como productor de alimentos. A pesar de la opulencia del mercado romano, la memoria del paladar seguía fiel a las bases de una cocina elemental, natural, que aún sigue siendo la que da carácter a lo que se guisa en todas las riberas mediterráneas.

La historia del Imperio romano es el primer ejemplo de cómo la cocina popular evoluciona hacia la sofisticación a partir de su entrada en «lo cultural»: primero la examinan los científicos, luego la glosan los poetas, la modifican los cocineros, especulan los especialistas, propagan los esnobs, asumen los ricos... Esta ha sido siempre la historia cíclica del desarrollo cultural culinario.

La cocina del indio americano

Otro examen del destino de una cocina largamente condicionada por el medio lo merece la cocina del indio norteamericano, cocina que no evolucionó, sino que se vio de pronto aplastada por la colonización. En un libro ya clásico sobre este tema, cuyo título encabeza estas líneas, obra de Aglaé Gaussen, se relaciona esta cocina con el sistema de vida de las distintas naciones indias de la actual América anglosajona, y el recetario traduce exactamente esa relación con lo natural: salmón ceniciento a las hierbas, fresas silvestres con miel de trébol, pan de caribú, albóndigas de búfalo a la menta, galletas con piñones de menta, budín iroqués, huevos revueltos a la comanche, bistec de búfalo con bayas de enebro, palomitas de caramelo al estilo dakota, pan cheyenne, cacerola con tres carnes... Si se estudian las recetas, se aprecian barbarismos evidentes en el recetario de Aglaé Gaussen, como el empleo de salsa Worcester en el salmón ceniciento a las hierbas o el añadido de la crema de Chantilly al budín iroqués. Hay que pasar por alto las adulteraciones derivadas del contacto de la cocina india con los colonizadores y tratar de imaginar el estado puro de una cocina primitiva antes de que llegara el oleoducto de cátsup de la civilización anglosajona. No es necesaria la imaginación, en cambio, cuando se cruza el río Grande y el viajero tropieza en México con un renacido culto a la cocina precolombina, exhibida para sibaritas, antropólogos y esnobs en algunos restaurantes de México D. F., y más allá de una cocina antropológica para esnobs, el sustrato culinario precolombino está presente en la alimentación cotidiana del mestizaje latinoamericano.

Las tortillas y tacos de maíz, el pulque u *octli* de los aztecas, o las setas alucinógenas, el pan de los muertos, los *tlatloyos,* panecillos que hoy se llaman memelas, la salsa de chile, los tamales, las corundas, la cochinita pibil, nopales, quelites, fríjoles, el aguacate, el guacamole, el mole, las hormigas aladas o *xiges,* insectos fritos como los jumiles, los gusanos del maguey llamados *chiltecpitl molli,* arvejones con charales (judías con pescado), el atole, bebida conseguida diluyendo masa de maíz en agua endulzada y caliente… Toda esta cocina está viva en la alimentación popular y no es patrimonio exclusivo del gourmet mexicano capitalino. Los cronistas que acompañaron la conquista española observaban las costumbres y no desdeñaron observar de cerca las cazuelas azteca y maya. Fray Bernardino de Sahagún retrata así las virtudes y defectos de las «amas de casa» mexicanas: «La mujer que sabe guisar bien tiene por oficio entender en las cosas siguientes: hacer bien de comer, hacer tortillas, amasar bien, saber echar la levadura, para todo lo cual es diligente y trabajadora, y sabe hacer tortillas llanas y redondas y bien hechas, o por el contrario, hácelas prolongadas y hácelas delgadas o hácelas con pliegues o hácelas arrolladas con ají, y sabe echar masa de fríjoles cocidos en la masa de los tamales y hacer tamales de carne como empanadillas y otros guisados que usan. La que es buena en este oficio sabe probar los guisados, entendida y limpia en su oficio y hace lindos y sabrosos guisados. La que no es tal, no se le entiende bien el oficio, es penosa y molesta porque guisa mal, es sucia y puerca, comilona, golosa y cuece mal las tortillas y los guisados de su mano están ahumados o salados o acedos y tal que en todo es grosera y tosca». Mal talante debía de tener en vida el fraile cuando salían mal los guisos, y preferible fuera no topar con él en aquellos momentos, a juzgar por la violencia verbal que emplea contra las mujeres que son malas cocineras. Pero hay que recurrir repetidamente a fray Bernardino para enterarnos de lo que se guisaba entre los pueblos que soportaron la conquista y la colonización, porque el entusiasmo del fraile por la buena pitanza conducía sus ojos a los humos más suculentos. Su *Historia general de las cosas de la Nueva España* está considerada como «la Biblia de las sociedades prehispánicas», al decir de Ana María Benítez, autora de *Prehispanic Cooking*. La autora tiene en cuenta fundamentalmente al irascible fraile, pero también al propio Cortés y, cómo no, a Bernal Díaz del Castillo, el gran cronista de la conquista.

Volvamos a fray Bernardino y a su precioso y preciso censo sobre lo que comían los señores: «Las tortillas que cada día comían los señores se llamaban *tatonqui, tlasxcalli, tlacuelpacholli,* que quiere decir tortillas blancas, y calientes, y dobladas, compuestas en un *chiquihuitl* y cubiertas con un paño blanco». Apostilla la señora Benítez que el fraile se refiere a las tortillas de maíz blanco a las que se mezcla el *nixtamal,* «cal», que los aztecas introducían en sus alimentos basados en el maíz para reforzar la calcificación de su cuerpo, práctica aún hoy en uso. Fray Bernardino glosa otras muchas clases de tortilla: las *veiltexcalli,* «muy blancas y muy delgadas, anchas y muy blandas», las *quauhtlacualli,* «muy blancas y gruesas y grandes y ásperas», las *tlaxcalpacholli,* «que eran blancas y otras algo pardillas, de muy buen comer», y las *tlacepaollilaxcalli,* «que eran ahojaldradas, de delicado comer».

Sobre esta base de maíz, según las formas y el uso, aparece una variada gama de cocina de la harina, empleada unas veces como el equivalente al pan mediterráneo y muchas más como receptáculo de otros alimentos vegetales o animales. La tortita mexicana aún sirve hoy como lámina-soporte sobre la que se deposita todo lo cocido, frito, asado divino y humano, con tal que esté trinchado, para ser comida a manera de flexible canapé. La gama de los tamales puede hacerse igualmente con la mezcla de maíz y cal empleada para las tortitas o con pasta elaborada a partir del fríjol cocido. Llama también tamal fray Bernardino a las corundas que los indígenas hacían con maíz y ceniza, en lugar de cal, y que luego envolvían en hojas de maíz que aún hoy se llaman hojas de malpa. «La envoltura y el relleno de los tamales varían según la región donde se hacen. En el norte se rellenan con mole hecho con chile ancho, con ajo y comino, carne de puerco o pollo, también se rellenan con picadillo de pollo, con aceitunas, y chiles en vinagre; en Puebla y en el Distrito Federal se hacen de mole verde o rojo, ya sea con carne de puerco o de guajalote o de pollo, se hacen también de rajas con queso o de queso con epazote, de fríjoles de dulce teñido de color rosa con pasitas sin semilla o de coco o de nueces o "canarios", que son los hechos con mantequilla y harina de arroz y huevos. En Oaxaca los hacen en hojas de plátano, rellenos en el típico mole negro y una presa entera de pollo… Y en Papantla, Veracruz, ciudad de la vainilla, se prepara un tamal gigante extraordinario en el que muchas veces se pone la carne de un cerdo entero con una deliciosa salsa de chile costeño, jitomate y otras especias. Se le llama a este tamal "zacahuil"».

Siguiendo a la señora Benítez, en algunas zonas de México se hace un tipo de «zacahuil en muerto» envuelto en hojas de papatla, parecidas a las hojas de plátano, y cubierto con una capa de barro que le da el aspecto de un ataúd. A continuación, se cuece en un horno de tierra.

Maíz, maguey y chile

La lista inventarial de todo lo que cocían y cuecen los mexicanos a partir del maíz rebasaría la función de muestra que en el conjunto del libro desempeña la referencia a la cocina que los europeos hallaron en las supuestas Indias. Pero retengamos que el maíz era una base alimentaria equivalente al trigo o la cebada de Europa, y que, según la forma, generaba diferentes posibilidades de comida, admitiendo incluso diferentes coloraciones y adhesiones de otros alimentos para dar lugar a una plural morfología, no solo dictada por la imaginación o el paladar, sino también por la necesidad dietética de ingerir variados productos fundamentales para el organismo. Igualmente curioso para la retina del conquistador es el multiuso del maguey, planta crasa parecida a nuestra pita mediterránea, de la que los mexicas extraían el pulque, el tequila, la fibra, las puntas duras para ser utilizadas como agujas de coser y los gusanos para freírlos y engullirlos a manera de proteína tostadita y crujiente, sin duda más sabrosa que los actuales Crecs de aperitivos sintéticos. Y el tríptico característico se cierra con el chile, pimientillo o guindilla que produce diverso picor en el paladar, utilizado para el consumo directo como estimulante de los jugos gástricos o como base de todas las salsas que caracterizan la gran cocina mexicana antepasada y contemporánea.

El chile está en la base del gran plato de la cocina mexicana, un gran plato universal, el mole, excelentemente glosado por el asturmexicano Paco Ignacio Taibo I, autor también de un excepcional estudio sobre la fabada asturiana: *Breviario de la fabada.*

Tal vez los dos moles más característicos sean el oaxaqueño y el poblano, aunque el segundo sea el más divulgado. Si fray Bernardino es indispensable para obtener fotografías amarillas de la alimentación mexica en el tiempo de la conquista, la evolución del mole antiguo al mole actual es incomprensible sin la actuación de las monjas que recogieron la tradición indígena y la modificaron. La supervivencia de la receta del «mole negro oaxaqueño» es de origen conventual y se transcribió así: «Las semillas de chiles chilhuacles se queman encima de la tortilla, hasta que ambas se ponen negras, sin dejarlas carbonizar, porque de esto depende el buen sabor del mole; los chiles se tuestan, se desvenan y se remojan en agua de sal; se muelen y se fríen en la manteca; cuando se ve que desprenden la grasa se agregan las almendras, nueces, cacahuetes, tortillas, pan y especias que se habrán frito con ochenta y cinco gramos de manteca y molido junto a las pasas, el ajonjolí tostado en el comal y la hoja del aguacate tostada; se agrega el jitomate asado, molido y colado, el chocolate, el guajalote cocido y partido en raciones, el orégano y seis tazas del caldo en el que se coció el guajalote (pollo); se deja hervir hasta que se espese la salsa». Esta receta solo tiene que envidiar la del mole poblano, también basada en el guiso del guajalote: «El guajalote se corta en piezas y se fríen en manteca en una cazuela grande; cuando están fritas se agregan los chilpotles que se habrán desvenado y hervido en agua y molido con los jitomates asados; cuando se reseca se agrega un litro de caldo y se sazona con sal. Los chiles se desvenan y se fríen en la manteca para que se doren ligeramente; el anís y el ajonjolí se tuestan en un comal. Las almendras, cacahuetes, pasas, pan, tortillas y especias se fríen en manteca; se muelen con los chiles, el ajonjolí, el anís, las cebollas y los ajos; esto se disuelve en un litro de caldo, se agrega el chocolate y se pone el guajalote cuando está bien cocido; se deja en el fuego hasta que se espese bien, se vacía el platón y se espolvorea con ajonjolí tostado». Casi nada. Ni la más rebuscada receta de Apicio precisaría tanto compromiso con pequeños procesos culinarios que conducen al esplendor oscuro de los dos grandes moles de México, esplendor oscuro en el que se mezclan el sabor del chocolate y del chile tostado y molido para dar el *bouquet* esencial al plato.

Del chile se censan cien variedades. Se comen verdes o secos, y su sabor, color y nombre cambian al secar. Los sibaritas mexicanos distinguen la variante de sabor en función del chile empleado: serrano, guajillo, amarillo, chilhuacle, chile piquín, chile morita, cascabel, habanero; y el chile es a la cocina mexicana lo que el *garum* fue a la romana: un estimulante del sabor, esa búsqueda de la gama de sabores que quedan entre lo dulce y lo salado. Los conquistadores contemplaron el empleo del chile para hacer moles y para condimentar diferentes guisados, hacer encurtidos, dar sentido a las hortalizas o infiltrar su agresión dentro de los tacos tamales, tortitas.

También hay que citar el aguacate, manjar multiuso que los mexicanos consideraban sagrado y procedente del *ahuaca cuahuitl* o «árbol de los testículos». Apreciaron los antiguos mexicanos la bondad de un fruto que aportaba vitaminas calcio, fósforo y hierro; pero como no solo de vitaminas vive el hombre, supieron emplearlo de múltiples formas, aunque con el tiempo se decantara hacia dos platos fundamentales: los aguacates rellenos y el guacamole, papilla tan vegetariana como excelsa, compuesta de tomate, aguacate, ajo, cilantro, cebolla y, cómo no, chile.

Dioses y muertos

La espléndida descripción de la comida de Moctezuma que recoge la obra de Bernal Díaz del Castillo me ahorra cualquier esfuerzo descriptivo sobre la comida de los reyes, que siempre ha sido muy parecida a la de los dioses. En el *Códice florentino* se dice: «Así se hacían las ofrendas: con comida y con mantos se hacían las ofrendas y con toda clase de seres vivientes, tal vez guajalores, tal vez aves o mantas o si no cualquier cosa acabada de formarse, tal vez maíz o chía, o flores, o lo que acababa de crecer. Y así hacían las jóvenes solteras sus ofrendas; antes de amanecer sus padres las despertaban, así iban a hacer sus ofrendas de regalos que llevaban en las palmas de las manos —tortillas pequeñas muy chicas—, y así con prisa procedían a poner sus regalos ante el diablo; en una vasija las llevaban para presentarlas a los dioses. Solo en las casas se hacían las tortillas. Así hacían las doncellas sus ofrendas». Siempre han sido los dioses más exigentes que los diablos y amantes de las cosas recién hechas o tiernas. De los antiguos rituales se conservan alimentos y el rito del día de difuntos, variante cultural de la ancestral costumbre de aportar alimentos a los difuntos para que lleguen nutridos a la otra orilla. Pero en México el mestizaje católico-pagano ha dado lugar a una pintoresca fiesta gastronómica y fúnebre que hoy forma parte del itinerario obligado tanto del antropólogo como del turista. Por muy humilde que sea la casa, y principalmente en los estados de Puebla, México, Oaxaca y Michoacán, los días 31 de octubre y 1 y 2 de noviembre se disponen ofrendas a los muertos: dulces, frutas y platillos tan suculentos como diferentes. El cristianismo contribuye a la fiesta con su imaginería sacra dispuesta en un altar, y el paganismo contribuye con una bien puesta mesa con vajilla de barro vidriado color negro, llena de estos guisos: mole con guajalote, carne de cerdo o gallina, dulce de calabaza, tejocote, guayaba, rociado todo con semilla de ajonjolí tostado, así como cubierto con un dulce lecho de maíces azules, morados o rojos. Completan el cuadro pagano frutas y calaveras de azúcar con las cuencas tapadas con papeles de colores brillantes, adornadas con filigranas de azúcar y el nombre de los seres queridos y muertos escrito en la frente. El inventario lúdico-fúnebre es impresionante: panes con forma de calavera y canillas de esqueleto, pan de huevo llamado hojaldres o «pan de muerto», *brioches* que imitan huesos o lágrimas.

La fiesta cristiana apenas cubre la antigua celebración azteca del día de difuntos en el duodécimo mes de su calendario —la teotelco—, curiosamente coincidente con los días de la celebración cristiana de los Difuntos y Todos los Santos, y ya entonces se hacía el pan de los muertos o pan de muerto: harina, levadura seca, huevos, yemas, azúcar, agua de azahar, mantequilla, sal. Sin duda, algún ingrediente es barbarismo, pero antiguos son los orígenes de este alimento postrimero, cubierto con lágrimas de azúcar, que, según las recetas modernas, se ha de hornear a una temperatura de ciento setenta y cinco grados durante veinte o veinticinco minutos. Los aztecas lo hacían a ojo. La cultura moderna desconfía de la certeza de la mirada.

Cocinas nacionales y burguesía

La burguesía alcanza el poder político en Europa a lo largo del siglo XIX, después de una larga marcha de penetración en las estructuras del *Ancien Régime* y de combates directos revolucionarios para convertir su poder económico *de facto* en poder político. Ese «poder burgués» da origen al prestigio social de sus costumbres, que progresivamente arrinconan los valores simbólicos de la cultura aristocrática.

La cocina no podía ser una excepción, aunque en cada realidad nacional la cocina burguesa parte de situaciones diferentes y lógicamente experimenta una evolución y una instalación diferentes. A fines del siglo XIX y comienzos del XX, el gusto burgués se ha apoderado de la cocina culta y ha provocado una oleada de literatura gastronómica especulativa, así como una importante producción de recetarios al alcance de las jóvenes casaderas. Si comparamos tratados y recetarios culinarios de tres culturas burguesas, como la francesa, la italiana y la española, veremos que la francesa arranca del impulso experimental alcanzado en los laboratorios culinarios de la nobleza, que la cocina italiana ha permanecido fiel a unas tradiciones gastronómicas muy diversificadas —según la fragmentación política que los pueblos italianos viven hasta la unidad nacional del *Risorgimento*— y que la española es una cocina que asume las raíces de las cocinas regionales y no tiene otro alto padrino que las influencias que hayan podido llegar del exterior, muy diversificadas en Cataluña, aunque predominantemente francesas, como en los otros centros gastronómicos importantes: Madrid y el País Vasco.

Grimod de La Reynière, en su fundamental *Manual de anfitriones y guía de golosos,* emite un lúcido análisis, a comienzos del siglo XIX, sobre ese tránsito de la cocina francesa aristocrática a la cocina burguesa: «En otra época, ser cocinero no era más que un oficio: concentrados en un pequeño número de casas opulentas de la corte, de las finanzas, de la moda, ejercitaban ocultamente sus útiles talentos. La Revolución, desposeyendo a todos sus antiguos propietarios, puso a los buenos cocineros en la calle y, para seguir practicando su talento, se hicieron comerciantes de buena comida con el nombre de restauradores. Antes de 1789 no había más que cien en París y los eruditos en buena comida recuerdan que el primer restaurante de la ciudad, llamado Champ d'Oiseau, se estableció en la calle de Poulies en 1770. Hoy quizás hay cinco o seis veces más. Se han establecido sucesivamente los Meot, los Rogert, los Roze, los Very, los Léda, los Brigaut, los Legacque, los Beayvillers, los Naudet, los Tailleur, los Nicole, etcétera».

Por una parte, los restauradores que sacan la buena cocina a la calle, y, por otra, la seguridad histórica que alcanza la burguesía a lo largo del siglo XIX, hecho que le permite disponer de cocineros y crear una cultura culinaria al alcance de sus hijas casaderas, serán las bases del esplendor de la gran cocina burguesa francesa desde comienzos del siglo XIX hasta la Segunda Guerra Mundial. En cuanto a la italiana, Piero

Camporesi, en *Alimentazione, folclore e società,* la caracteriza por la asimilación de la tradición y el esfuerzo de renovación en la estela de la singladura burguesa. Del mismo modo que la gran cocina francesa del siglo XIX tiene en Grimod su profeta, en Brillat-Savarin su filósofo y en Escoffier su gran memoria recetaria, la cocina italiana entra en el siglo XIX planteándose la necesidad de ser una *scienza nuova,* una nueva ciencia: «La digestión está entre las más importantes y menos consideradas cosas de la vida humana, y un tratado de la buena digestión debería ser una obra enciclopédica, porque debería comprender materias de física, química, mecánica, agricultura, historia, filología, fisiología, patología, estética, moral, economía pública, religión». Quien así habla es Niccolò Tommaseo, un sabio italiano de origen dálmata, citado por Camporesi, que profetiza la aparición, sesenta años después, de *La scienza in cucina e l'arte di mangiar bene,* subtitulado *Manuale pratico per le famiglie.* Este libro, publicado en 1891, reúne en sus titulares toda la concepción burguesa del cocinar: tiene el aval racionalista de la ciencia, el encanto estético de un arte y el valor moral de nutrir la célula fundamental de la familia. Discurso paralelo realiza la condesa de Pardo Bazán en el prólogo a *La cocina española antigua:* «Al publicar un libro de cocina, me parece natural decir que no tengo pretensiones de dominar esta ciencia y arte. Soy tan solo una modestísima aficionada. Más que enseñar, deseo aprender». Ciencia, arte, y la señora condesa añade un tercer factor determinante. Ella es la fundadora de la Biblioteca de la Mujer para contribuir al feminismo y dentro de ese esfuerzo feminista sitúa su obra para «enriquecer la sección de Economía Doméstica, con varias obras que pueden ser útiles, contribuyendo a que la casa esté bien arreglada y regida».

El comer, bien utilitario

La cocina italiana también tuvo sus laboratorios aristocráticos en el Renacimiento, y consta la influencia de la cocina florentina en la francesa, a través de la corte de Catalina de Médicis. La decadencia política de las cortes nobiliarias italianas repercutió en la pobreza de experimentación y el avance incontenible de la cocina francesa como la más desarrollada de Europa. Nadie puede negar a los franceses ese carácter de vanguardia culinaria heredera de aquella mezcla de sibaritimo y sabio aprovechamiento de un mercado imperial que caracterizó la gran cocina de Roma. El hambre o las ganas de comer han sido temas fundamentales de la vida cotidiana, ampliamente recogidos por los cronistas desde la Edad Media, e incluso aprovechados por la literatura prerrenacentista y renacentista. El comer es tema de cronistas y escritores de todas las grandes culturas nacionales posrenacentistas, y basta recordar el papel que ocupa en nuestra literatura clásica (el *Lazarillo de Tormes*, el *Quijote* o el *Buscón*); pero solo los franceses han inventariado hasta la minuciosidad lo que se vendía en sus mercados y cocía en sus cazuelas. Alfred Franklin, en *La Vie privée d'autrefois,* tomo especialmente dedicado a la cocina y publicado en 1888, recogía datos fidedignos sobre el comer en Francia desde el siglo XIII. Cita Franklin literatura gastronómica francesa del siglo XVI, en la que se memorizan los viejos usos de los mercados y cocinas medievales a través de títulos que van de lo general a lo concreto: desde *De re cibaria,* de Bruyerin-Champier, hasta *Histoire des poissons,* de Rondelet. A través del mencionado libro de Franklin, se asiste a la evolución de los alimentos más comunes y a la aparición de una cocina real y nobiliaria —punto de arranque de la futura gran cocina burguesa—, así como de una literatura especializada que va a divulgarla.

Ya en 1793 aparece un tratado culinario anónimo con el título *La Cuisinière bourgeoise.* Estamos en plena Revolución, y el título, así como la intención, parecen lógicos, aunque no lo sea tanto el hecho de que con ese mismo título ya apareciera en 1746 una obra del cocinero Menon. «Tres principios conforman el dogma de la cocina burguesa —escribe André Guillot en *La Grande cuisine bourgeoise*— la calidad de los ingredientes empleados, la mayor diversidad posible en los menús y la economía como regla absoluta. Debía aprovecharse todo, nada debía desdeñarse; esta regla suscitaba el ingenio y las continuas búsquedas entre los cocineros». La profesión de cocinero se sacraliza en el siglo XIX, pero no ha nacido de la nada. Ya en 1260 se había fundado la «Confrérie des Traiteurs-Cuisiniers»; en 1663, Jean-Baptiste Colbert, ministro de Finanzas de Luis XIV, dio los nuevos estatutos a la profesión con un draconiano artículo 29: «Los artesanos establecidos en los barrios o arrabales de París no podrán llamarse "maestros" hasta que no hayan sido examinados por jurados *ad hoc*». París homologa el saber culinario y también será escenario de la aparición del primer restaurante público de Europa, el Boulanger, establecido en 1765 al servicio de una clientela predominantemente burguesa.

Fue Antonin Carême el primer gran cocinero que estrena el siglo XIX francés, llamado Rey de los Cocineros y Cocinero de Reyes. Según Curnonsky, el crítico gastronómico francés más prestigioso del siglo XX, Carême fue el verdadero promotor de la alta cocina francesa, que se impuso primero en Europa y luego en el mundo entero. Cocinero del príncipe Charles Maurice de Talleyrand-Périgord, supo estar a la altura del refinado gusto de uno de los más inteligentes cínicos de la historia; después pasó al servicio del zar Alejandro, en San Petersburgo, a continuación fue a parar a las cocinas del príncipe regente de Inglaterra y seguidamente cocinó para el emperador de Austria y el barón de Rothschild. Se cuenta que Carême actuó como cocinero de Talleyrand durante el Congreso de Viena y que sus habilidades hicieron mucho en pro de la capacidad de persuasión de la diplomacia francesa. Si bien Carême puede representar ese tipo de gran cocinero que vuelve de la calle a los palacios reales, en sentido inverso a los grandes cocineros del siglo XIX, lo cierto es que su obra, publicada bajo el nombre de Antonin, tuvo una influencia decisiva en la educación del paladar francés y europeo de la gran cocina burguesa del siglo XIX.

La filosofía alimenta

El maestro Carême solía tener muy mal café cuando se enfrentaba con los críticos de gastronomía que no eran cocineros. Por eso maltrató de palabra a Brillat-Savarin, sin que por ello pudiese impedir que el autor de *Fisiología del gusto* (*La Physiologie du goût*, 1825) se convirtiera en el gran orientador de «la ciencia y el arte de comer» de la burguesía francesa. Comienza el libro de Brillat-Savarin (traducido y prologado por el conde de Rodalquilar en 1869) con un diálogo de mayéutica en el que se justifica la necesidad de un libro sobre gastronomía, de unas «meditaciones», exactamente las treinta y una que totalizan la obra. Teme Brillat-Savarin ser juzgado ligero por abordar un tema menor y utiliza en su auxilio el ejemplo de Montesquieu: «Personaje grave que también ha escrito obras ligeras». Pero ese temor a pecar de ligero le condiciona durante toda la obra, razón por la que huye del modelo de escritura lúdica de un Grimod de La Reynière y cae en ocasiones en la pedantesca pesadez de un catedrático de metafísica.

Pero al burgués culto y gourmet del siglo XIX le interesaba dignificar su afición mediante literatura de enjundia, y Brillat empezaba su libro meditando sobre los sentidos, asumiendo todo el saber de su tiempo sobre una posible fisiología del gusto; resuelta la base fisiológica del gusto, afronta el estudio del gusto como entidad propia que «se excita por apetito, hambre y sed, es base de varias operaciones, de donde resultan crecimiento, desarrollo y conservación en los individuos, haciendo que se repongan de las pérdidas originadas por las evaporaciones vitales». No siempre es tan plúmbeamente pedante el filósofo, y, tras teorizar sobre la gastronomía, el apetito y los alimentos, pasa a la cocina estrictamente dicha. Habla de las especialidades culinarias y no tienen desperdicio algunas de sus afirmaciones: «Tomado en conjunto con todas sus diversas variedades, para los filósofos es el pescado asunto inagotable de pasmo y meditación»; «El que dice "trufa" pronuncia una gran palabra, que evoca recuerdos eróticos y gastronómicos en el sexo que gasta faldas, y memorias gastronómicas y también eróticas en el sexo barbudo»; «El calor aumenta la sed y de aquí viene la inclinación constante del hombre a fijar sus habitaciones a orillas de los ríos»; «La gastronomía es la preferencia apasionada, racional y habitual de cuantos objetos lisonjean el gusto».

Pero Brillat incluso realiza el retrato robot del gastrónomo: «Los predestinados para la gastronomía, por lo general, tienen estatura mediana, cara redonda o cuadrada, ojos brillantes, frente pequeña, nariz corta, labios carnudos y barba redonda. Las mujeres son regordetas, más bien bonitas que hermosas y con alguna predisposición para adquirir obesidad». Hay gastrónomos por predestinación, por estructura fisiológica, y «gastrónomos de estado», divididos en cuatro grandes categorías: los financieros, los médicos, los escritores y los devotos. Los financieros o ricos deben emplear sus riquezas en la buena mesa y además ya contribuyen a adjetivar algunos platos, «a la financiera», elaborados en la medida de sus riquezas; los médicos, para que no caigan en el triste papel de represores del paladar y el apetito de los enfermos: «El médico que asistía al señor de Montlusin de Pont-de-Veyle fue más cruel todavía; porque no solo prohibió a su enfermo que bebiese vino, sino que le mandó que tomara agua en grandes dosis». Sobre los literatos, dice Brillat-Savarin: «Bajo el reinado de Luis XIV, los literatos eran borrachos; seguían la moda de entonces, y las memorias de aquellos tiempos abundan en buenos ejemplos sobre el particular. Actualmente, son gastrónomos y, por lo tanto, ha habido progresos favorables». Sobre la razón gastronómica de los devotos y beatos, escribe que, puesto que «la Divina Providencia engorda la codorniz para el hombre, aromatiza el moka y le ofrece el azúcar, ¿cómo no se han de usar con moderación conveniente los bienes que la Providencia nos ofrece, sobre todo si proseguimos mirándolos como perecederos y mayormente si exaltan nuestra gratitud al autor de todas las cosas?».

Brillat ofrece un saber y una moral de bien y mucho comer que se corresponde con el optimismo de la burguesía como clase social ascendente en el siglo XIX. Será la suya la filosofía avaladora de las grandes comidas, los prolongados menús, los muchos vinos y licores que deben lubrificar tanto manjar. Para Carême, Brillat-Savarin era un comilón. Carême aún padecía de la influencia crepuscular selectiva del Ancien Régime. En cambio, Brillat-Savarin era la estampa misma del ímpetu del corpachón burgués penetrando en el gran salón de los espejos gastronómicos por el impulso de su propio peso.

Cocineros y *gourmands*

La historia de los grandes cocineros burgueses roza en ocasiones el histrionismo y en otras la leyenda. Tal es el caso de Alexis Soyer, cocinero del Ministerio de Asuntos Exteriores francés cuando se produjo la Revolución de 1830 y, posteriormente, *maître* del Reform Club de Londres, uno de los mejores restaurantes franceses de la Europa que le era contemporánea. Quien sabe cocinar para los financieros, según la clasificación de Brillat-Savarin, sabe cocinar para los pobres. Cuando, mediado el siglo XIX, se produjeron las hambres alucinantes de Irlanda, Soyer obtuvo el permiso para cocinar en Dublín grandes calderos de sopa, una diferente cada día, distribuida entre los miles de hambrientos. La sopa servida el primer día da idea de la riqueza de recursos elementales del cocinero: col, guisantes, cebollas, judías, lentejas, en un caldo de cordero y vaca.

«Hombre activo —escribe Harry Schraemli en su *Historia de la gastronomía*—, Soyer redactó rápidamente un librito que llevaba por título *La cocina de los pobres*. Costaba un precio módico y naturalmente se vendió enormemente. En él, Soyer incluía recetas de cocina para la comida de los pobres y demostraba que aquellas sopas de legumbres eran agradables y nutritivas aunque no contuviesen carne. Tal afirmación fue aprovechada por los nacionalistas irlandeses. Muchos médicos irlandeses publicaron artículos demostrando que aquellas sopas no tenían valor alimenticio alguno, que, al contrario, con el tiempo acarreaban enfermedades orgánicas y otros males. Algún extremista fanático llegó a acusar al Gobierno inglés de que con estas "sopas del hambre" solo perseguía el exterminio del pueblo irlandés. Al final de esta historia, Soyer tuvo que refugiarse, disfrazado y amparado por las tinieblas de la noche, en un barco, para no ser víctima de las iras del pueblo irritado».

La burguesía crea la riqueza y la explotación, pero se conmueve o asusta y también fomenta la beneficencia. Incomprendido Soyer por la plebe, no lo fue por los financieros ingleses, que le entronizaron como gran cocinero durante la Exposición Universal de Londres de 1851, y la reina Victoria le nombró inspector de cocinas y hospitales militares durante la guerra de Crimea. Soyer fue el prototipo de cocinero organizador que legó a la posteridad una salsa, la *sultana's sauce;* un tipo de tetera que aún se emplea; unas tijeras para trinchar aves; nuevas instalaciones de cocinas en barcos y hospitales, y una bebida llamada *Soyer au champagne.* En cambio, la fama de Auguste Escoffier se debió no ya a la aparatosidad de sus montajes, sino a su capacidad enciclopédica de asumir todo el pasado de la gran cocina aristocrática y burguesa para convertirla en la base informativa de todos los buenos cocineros de Francia a lo largo de casi un siglo. Escoffier fue el prototipo de cocinero de gran restaurante burgués, dedicado además a la divulgación de su saber mediante recetarios y artículos de información y debate. Fue uno de los fundadores de *L'Art culinaire,* una revista capital para entender la evolución del paladar mental de los franceses entre 1880 y el período de entreguerras, y escribió libros de memoria, teoría y práctica de la cocina de la importancia de *Mémoires d'un cuisinier de l'Armée du Rhin; Le Guide culinaire; Le Livre des menus; Le Carnet d'Épicure; L'Aide-mémoire culinaire; Le Riz, l'aliment le meilleur, le plus nutritif; La Morue; La Vie à bon marché; Ma Cuisine.* La larga magistratura de Escoffier en fundamentales restaurantes (Petit Moulin-Rouge, Hôtel de Luxembourg, Maison Chevet, el Savoy de Londres, el Carlton Ritz) creó una secuela de discípulos que propagaron sus enseñanzas por Francia y por toda Europa. A España, por ejemplo, llegó Rondissoni, quien enseñó a la burguesía barcelonesa en los cursos de L'Escola de la Dona, en los años veinte y treinta. Soyer y Escoffier son dos prototipos radicalmente diferenciados e históricamente sucesivos. El primero recogió el espíritu ilustrador de Grimod o Brillat; el segundo compartió el gran *boom* de la gastronomía francesa, con la pléyade de *gourmands* y gourmets que llenó los cielos culinarios de Francia que le fueron contemporáneos. El *Almanach des gourmands,* escrito por Grimod de La Reynière entre 1803 y 1812, recibió la consideración de ser «el Corán de los paladares finos» y fue continuado por Charles Monselet en 1869, quien contó entre sus colaboradores con un *gourmand* literario que daba la razón, a título póstumo, a las clasificaciones de Brillat-Savarin: Alejandro Dumas. El interés por la cuestión alcanza incluso a la controversia semántica sobre *gourmand y* gourmet, hoy día consideradas voces sinónimas, pero a fines del siglo XIX estrictamente diferenciadas: *gourmand,* o el que se deleita con las comidas y bebidas buenas; gourmet, el que conoce y prefiere los vinos selectos. Y aún se añade una tercera denominación para un tercer concepto: gastrósofo, el que se comporta como un filósofo discreto, prudente, entendido y refinado en la selección de manjares y bebidas.

El hombre es lo que come

Escribió Feuerbach, al frente de su *Enseñanza sobre la alimentación del pueblo:* «El hombre es lo que come». Examinemos, según la guía de Escoffier, qué comió la Francia rica y culta, la Europa rica y culta en el gran siglo de oro de la burguesía (1848-1939).

Aunque en la primera guía de Escoffier figuraran cinco mil recetas, él confesaba: «No tengo la intención de afirmar que esta guía sea completa. Lo sería tal vez hoy, pero no mañana, pues el progreso avanza y cada día engendra fórmulas nuevas». En el prólogo a la edición de 1902, Escoffier ya se refiere ¡a los desastrosos efectos de la superactividad moderna en los centros nerviosos humanos!, y a la necesidad de que el comer bien compense tanto deterioro. Recuerda a los grandes maestros teóricos y prácticos del siglo XIX: Carême, Dubois, Bernard. Glosa la obra de sus contemporáneos Gouffé, Favre, Hélouis y Racoulet, aunque insiste en que ninguna obra guarda parangón con la gran cocina clásica. Veinte años después, en el prólogo a la cuarta edición, habla el autor de la grave crisis que sufre la cocina, que «ha experimentado efectos desastrosos». Esta edición, que es la que le ha sobrevivido, registra la suavización de algunos procedimientos y la eliminación de algunas recetas, pero aún sería considerada excesiva por los reivindicadores de una cocina francesa más simplificada, a partir de los años cincuenta de nuestro siglo. Pero no abandonemos la guía de Escoffier. Sigamos sus pasos.

Escoffier establece cuáles son los principales «fondos» culinarios: consomés ordinarios y clarificados, fondos oscuros y blancos, fondos de aves, caza y pescado; los *fumets* y las esencias; las gelatinas; los *roux,* oscuros, rubios y blancos; las grandes salsas de base (española, *velouté,* besamel y tomate); y concibe también como fondos los Mirepoix, Matignon, caldos cortos, marinadas, salmueras, *farces* y guarniciones. Se empieza a cocinar dominando el uso de estos elementos básicos para el acoplamiento al sabor de los productos fundamentales: carne, pescado, mariscos, vegetales. La cocina moderna aboga hoy porque sean esos productos elementales los que dejen su propio jugo, a lo sumo aromatizados por los condimentos, y de este modo se simplifican la manipulación y la sinceridad del sabor. La cocina burguesa de Escoffier se basaba en la magia de las síntesis de sabores, sin llegar a la total ocultación de las texturas y el perfume original de las cosas.

La nomenclatura de los platos recogidos por Escoffier traduce distintos momentos históricos del paladar. No nos movemos de las guarniciones: la hay de «Madame du Barry», en recuerdo de la favorita borbónica, como la hay «Brillat-Savarin» en memoria del gastrósofo impenitente o «a la financiera» en testimonio del nuevo señor del paladar; otras veces la nomenclatura recuerda a su creador o al restaurante en donde fue concebida. Pero el hecho mismo de apellidar los platos, ¿no traduce esa voluntad de individualizarlos, en consonancia con la relación individualizada que el burgués establece con la realidad? Todavía estamos lejos de ese pollo frito norteamericano que lleva los apellidos de su creador, el coronel Harland Sanders, y que incluso acarrea los *royalties* por el invento. Pero ya estamos en camino. Aunque motivados por una sociología de resistencia o de urgencia, no es el momento de regatear a Escoffier el relieve cultural que requiere. Su guía informa sobre platos trascendentales para la historia del paladar humano, y los censo por arbitrario orden de sonoridad gustativa y aromatizada: *Baron d'agneau de lait, selle d'agneau de lait, aiguillettes de Rouennais bigarade, ailerons de dindonneau farcis à la boulangère, alouettes à la mère Marianne, andouilles à la bourguignonne, croquettes de gibier, harengs en papillote, huîtres soufflées, tourte d'anguille à la Saint-Martin, lamproie à la solognote, côtelettes de saumon Pojarski, sole au Chambertin, dodine au Chambertin, faisan à la mode d'Alcantara, faisan à la Sainte-Alliance, pavé de foie gras Lucullus, fois de veau aux raisins, civet de lièvre à la mère Jeanne, râble de lièvre à la sauce aux cerises, morue au beurre noir et à la noisette*... ¿Para qué seguir? Mejor quizá detenerse en una de las recetas que Escoffier aporta, apenas una enumeración de ingredientes y un esbozo de la lógica del proceso; nunca el procedimiento bien explicado, según las pautas del moderno recetario. Por ejemplo, esa becada a *la fine champagne,* que se obtiene cociendo la becada en la cazuela y luego cortándola en seis trozos; se disponen los pedazos en una tarrina redonda, se tapa y se mantiene al calor bajo; se desglasa la cacerola con un champaña flambeado, se le añaden las vísceras picadas del animal con el jugo obtenido de exprimir los huesos, una cucharada de caldo de caza, un chorrito de zumo de limón y una pizca de cayena. Se vierte esta mezcla sobre los pedazos de becada. Se deja calentar todo sin que rompa a hervir, y se sirve.

Todavía en 1976, André Guillot, cocinero de la escuela escoffierista, ofrecería un recetario de cocina burguesa, extraído de sus experiencias como variopinto cocinero que empezó su carrera culinaria al servicio del almirante principal de la flota, la continuó en importantes restaurantes y copiosos banquetes oficiales, hasta que en 1952 se estableció por su cuenta en el albergue del Vieux Marly y practicó una excelente cocina tradicional, casi como si el tiempo no hubiese pasado: *feuilleté aux pointes d'asperges vertes, pâté Pantin en croûte feuilletée, feuilleton Dauphinois, feuilleté d'homard, feuilleté de ris d'agneau de lait au Xérès.* Cocina para paladares tan refinados como eclécticos: Giscard d'Estaing, Mitterrand, Jean-Paul Belmondo, Joseph Kessel, Tino Rosi, Michèle Morgan, Philippe Noiret. El recetario que Guillot ofrecía en 1976, desde la otra orilla profesional de la jubilación, era una hermosa ristra de nuevas recetas que reinventa la vieja cocina.

probablemente el bogavante al champaña, su plato de mayor fama. En el Drouant se concede el Premio Goncourt, y Luján asegura que allí ha comido tordos, venado y jabalíes inolvidables. El Lucas Carton fue el marco en el que Joffre, Foch, Pershing y French señalaron la hora del armisticio de la Primera Guerra Mundial: las once de la mañana del día siguiente, tal vez después de comer la becada flambeada al lanzallamas, o la *poularde* al oporto, o el pato en su sangre bélica.

¿Y qué decir de Chez Maxim's? Desde la Exposición de 1900, Maxim's es conocido en el mundo entero tanto por su cocina como por su condición de escaparate de la vanidad de la buena sociedad parisiense. Memoria gastronómica o memoria de una cotidianidad dorada en la capital cultural del capitalismo universal. En *La Vie parisienne,* libro de Robert Courtine sobre cafés y restaurantes de los bulevares de París entre 1814 y 1914, la descripción de cada restaurante glorioso reparte la glosa a medias entre los manjares y las personalidades que allí los comieron. Victor Hugo concedía ruedas de prensa en Le Grand Hotel; Sacha Guitry pronunciaba cinco genialidades por minuto en el Larue; por los reservados de La Maison d'Or, o de Le Café Anglais, Zola hizo pasar a su protagonista Nana; en Le Café de la Paix, de Le Grand Hôtel, coinciden en 1894 cuatro gigantes literarios: Oscar Wilde, André Gide, Pierre Louÿs, Paul Valéry; Proust y el Ritz o el Ritz y Proust… Y en cuanto a los menús, hay que citar el que ofreciera Alejandro Dumas hijo a los miembros del comité promotor de la estatua de su padre, en Paul Brébant:

Menú

Huîtres de Marennes 1.er choix

Potages à la reine aux avelines

Bisques de pouparts

Tourbot à la purée d'huîtres vertes
Reins de sanglier à la Saint-Hubert
Pâté chaud de pluviers dorés
Matelote de lottes a la bourguignotte
Canetons à la bigarade
Sorbets au Xérès
Chapons truffés
Buissons de cailles, engoulevents, tourtereaux
Salade de romaines
Salade de tomates, artichauts
Asperges à la sauce Pompadour
Pois nouveaux à la bonne femme
Sorbetières de glaces assorties
Profiteroles au chocolat
Fanchonnettes à la gelée de pommes de Rouen
Fromages, fruits

VINS

Sauternes, Chablis, Montreux, Lunel paillé, Mercurey,
Romanée Conti, Aï de Moët frappé, Château Lafitte,
Malvoisie de Chypre, Lacrima Christi

Café, liqueurs, eaux-de-vie, liqueur Foking,
mirobolants de Mme. Amphoux

La seriedad trascendental de este menú contrasta con el servido en Chez Peters por el alcalde *du troisième arrondissement* el 31 de diciembre de 1870, en pleno asedio del París de la Comuna. Bonvalet, el alcalde, ha propuesto que, ante la carencia de carne, se sacrifique a los animales del parque zoológico, y el menú de aquella noche consta de escalope de elefante con salsa de chalotes o carne de oso con salsa Toussenel. Modesto menú, si lo comparamos con el que días antes, en la noche de Navidad de 1870, se servía en el restaurante Voisin, exactamente en el nonagésimo noveno día del asedio de París:

Hors-d'œuvre
Beurre, radis, sardines, tête d'âne farcie
Potages
Purée de haricots rouges aux croûtons
Consommé d'éléphant
Entrées
Goujons frits, chameau rôti a l'anglaise
Civet de kangourou
Côtes d'ours rôties, sauce poivrade
Rôtis
Guissot de loup, sauce chevreuil
Chat flanqué de rats
Salade de cressons
Terrine d'antilope aux truffes
Cèpes à la bordelaise
Petits pois au beurre
Entremets
Gâteau de riz aux confitures
Dessert
Fromage de Gruyère

Se sirvieron los vinos que quedaban, y aquella noche, la burguesía asediada, en espera de sus liberadores definitivos, comió sin saberlo un menú que habría ideado el mismísimo Apicio mil ochocientos años antes. Del sibaritismo enfebrecido a la ironía falta de solidaridad, dos talantes de triunfadores en dos épocas diferentes. Ya lo decía Bertolt Brecht años después: primero el estómago y luego la moral.

La burguesía quiere ser inmortal

La gran cocina burguesa culmina en la llamada Belle Époque, aunque Escoffier se queje de la decadencia gastronómica de los tiempos que ya empiezan a dar la espalda a las dos mil quinientas fórmulas de sus últimos recetarios. No es que al burgués rico e ilustrado no le importara su aspecto físico: de hecho, descubrió la higiene física y mental poco después de haber desencadenado y secundado el proceso de la enfermiza revolución industrial que enferma, y en la *Fisiología del gusto*, de Brillat-Savarin, ya hay consejos sobre cómo combatir la obesidad. Se es gordo, dice el gastrósofo, por tendencia natural o por exagerado consumo de féculas, y a esos dos factores fundamentales deben añadirse el mucho dormir y la falta de ejercicio: «Perjudica la obesidad a la belleza, porque destruye la armonía de las proporciones primitivamente establecidas, pues todas las partes no engordan del mismo modo».

Ciento veinte años después de la desaparición de Brillat-Savarin, el nuevo modelo de vida condicionaba una existencia burguesa sedentaria y súbdita del automóvil, propensa a la sedimentación de toda clase de excesos alimentarios, y la filosofía del control del peso y el volumen como garantía de salud puso en peligro la hegemonía de aquella gran cocina construida por Escoffier, a manera de memorándum de un paladar nacido en plena creencia del progreso ilimitado.

Búsqueda de un nuevo canon físico, encarecimiento de las materias alimenticias y la mano de obra... Sobre París, como gran meca gastronómica, gravitaba la sombra del escoffierismo, a la que hacían frente los maestros suizos y sobre la que ejerció una ponderada crítica Curnonsky, el gran reformador de la conciencia del paladar burgués del siglo XX. Curnonsky había recorrido Francia y captado la supervivencia de una gran cocina regional más elemental, más depe la naturaleza de los productos, y avaló la cocina que desde Vienne, Salieu o Valence practicaban lo Ferdinand Point, Alexandre Dumaine o André Pic. También sacó, de debajo de los manteles comarcales, la cocina de las abuelas, las madres o las tías, que puso al servicio de restaurantes sin pretensiones, lejos, muy lejos de las luces de la capital. Pero aun durante el período de entreguerras se mantuvo un equilibrio entre la memoria gastronómica de Escoffier y la reserva crítica de Curnonsky, mientras aparecía una obra capital para la historia de la literatura culinaria: el *Larousse gastronomique,* obra del gran cocinero Prosper Montagné, posteriormente revisada por Robert Courtine, «Savarin». Pero aún en el *Larousse gastronomique* se situaba más abajo la filosofía de Escoffier que la de Curnonsky, y el propio Escoffier había prologado la primera edición.

Fue la tozudez de los hechos derivados de la Segunda Guerra Mundial la que forzó un golpe de timón. Escribe Luján en el número monográfico de *Historia y vida* dedicado a «La mesa en la historia»: «En cuanto acabó la Segunda Guerra Mundial, la cocina francesa se encontró en una disyuntiva; y, no cabía ninguna duda, también en una fase decadente: la gran cocina de Escoffier moría abrumada por su propio prestigio, limitada por sus rituales, entristecida por sus dogmas, que muchas veces no se podían cumplir por la desmesurada elevación de los precios de las primeras materias. Los viejos cocineros, tozudos y gloriosos, afirmaban que existían cinco mil recetas en la cocina francesa y que solo podía ser cocinero aquel que se sujetara a las líneas principales de estas recetas. Pero las circunstancias eran distintas y la alta cocina había entrado en la desoladora tristeza de los crepúsculos de las grandes artes».

Curnonsky orientó la crítica francesa, con humor e ironía, hacia otra cocina más ligera, en la línea de la que practicaba Ferdinand Point en Vienne. De este último se desgaja la rama que habría de ser llamada *nouvelle cuisine,* y entre Point y Paul Bocuse hay que situar la figura de Raymond Olivier. No solo Olivier había tratado de llevar a la práctica la nueva filosofía, sino que cuando aparecieron los Bocuse, Guérard, Troisgros, Peyrot, Manière, Girardet, Saenderens, puso todo su prestigio como aval de la operación de reforma emprendida por los más jóvenes. Curnonsky empezó a cuestionar una cocina hecha a la medida del burgués decimonónico, Point buscó de nuevo las raíces de una cocina elemental y Bocuse puso en marcha una operación cultural, la *nouvelle cuisine,* que ha tratado de renovar el apetito y el paladar del burgués *manager,* del escritor, del devoto y del médico, sobre todo del médico, que detecta colesterol, hipertensión, exceso de lípidos, y vigila la salud de una clase social que pretende ser inmortal.

Pero la filosofía de la *nouvelle cuisine,* aunque al fin y al cabo respalde la operación de alimentar a los mismos clientes a altos precios, pero garantizando menos colesterol, va más allá de ser una simple operación comercial o publicitaria. Según Néstor Luján, el código de la «nueva cocina» se basa en la búsqueda de la ligereza del plato, y para ello el cocinero habrá de tener algo de especialista en dietética: «Las largas y difíciles preparaciones desaparecerán. Los platos sencillos y a menudo desdeñados serán elevados, por el arte con que se hacen, a una categoría superior. Los guisos serán servidos, a poder ser, en platos de preparación, que serán de gran tamaño. La cocina va a aparecer más exótica por los productos llegados de otros países, por las combinaciones de otras cocinas, como ya sucedió en la Edad Media o en el Renacimiento. La harina desaparecerá de la cocina en lo que se refiere a la confección de las salsas. Las cocciones en seco, sin grasa y al vapor serán cada vez más usadas… Los fondos de salsas, los *fumets,* desaparecerán, siendo sustituidos por los jugos. Los dulces serán menos dulces, pero ligeramente especiados. Aparecerán, como en la cocina oriental, platos agridulces o azucarados y salados a la vez. La búsqueda de contrastes será norma que definirá la nueva gastronomía. Y serán permitidas todas las innovaciones que, aunque puedan chocar al paladar, sean certeras y armoniosas. Las primeras materias serán de primera calidad y todo el esfuerzo de la cocina será no enmascarar su gusto ni maquillarlas gratuitamente».

Esta larga cita sintetizada de Luján es el mejor decálogo que pueda ofrecerse de las características de la «nueva cocina».

Bocuse, Guérard, Girardet y Robuchon

Cuatro de los grandes creadores de la *nouvelle cuisine* han escrito para dejarnos no solo sus recetarios, sino su filosofía, que es por ahora el último eslabón de una cadena antiquísima de reflexiones sobre la operación de cocinar y comer, relación que implica un doble sujeto, como en la estética: el que propone la obra y el que la goza. Su objetivo no está demasiado lejos del que proclamaba Curnonsky en el prólogo del recetario *La Vraie cuisine française,* de Robert Courtine, «Savarin»: «Como veterano campeón de la cocina sencilla, que es la cocina… donde las cosas saben a lo que son, y de la incomparable cocina regional, me complazco en escribir el prólogo de este libro de mi compañero y amigo Savarin, que opina como yo que en cocina, lo mismo que en arte, "sencillez es sinónimo de perfección"». Años después, así razona

Paul Bocuse su propuesta de «nueva cocina» en el prólogo a su recetario *La cocina del mercado:* «Uno de los principios que rigen la "nueva cocina" es el de que los alimentos conserven su sabor que les es propio; lo que se pretende es poner de relieve el sabor de los manjares. En la antigua cocina, las normas que se daban buscaban más el efecto que la razón culinaria. En la "nueva cocina", todo tiene su razón de ser. Tomemos, por ejemplo, una de mis especialidades: la lubina en hojaldre, rellena de *mousse* de bogavante. La lubina está envuelta en hojaldre, pero no hay obligación alguna de comerse este, pues tan solo sirve para conservar el aroma del pescado. Tampoco se está obligado a comer el relleno dispuesto en el interior de la lubina..., pues únicamente sirve para mantener cierta humedad, sin la cual el pescado tendería a secarse». De todas maneras, les recomiendo que se coman el hojaldre y el relleno, aunque tal vez después de la lubina, que parece merecer la estricta dedicación del maestro.

Si Bocuse teoriza sobre el sabor, Michel Guérard lo hace sobre la relación entre cocina y dietética en *La nueva cocina de la esbeltez.* Guérard confiesa que aprendió a encontrar la síntesis entre buena cocina y dietética tratando de adelgazar él mismo, y ofrece su restaurante en Eugénie-Les-Bains para que los clientes coman bien y adelgacen. Ahí va un desayuno adelgazante marca Michel Guérard: té con limón y huevo al plato pasado por agua; café solo y queso blanco magro, adornado con frutas rojas (fresas o frambuesas); tisana Eugénie caliente y huevo pasado por agua, sustituyendo los clásicos pedacitos de pan por puntas de espárragos. Cuidado. No hay que comerse los tres ágapes; son tres propuestas alternativas que traducen la imaginación interesada del exgordo Guérard.

La propia biografía de este gran cocinero reúne elementos de misticismo a la vez gastronómico y dietético inscribibles dentro de una teología de la alimentación. Ha al frente del restaurante Pot-au-feu, en París, y c abandona y se traslada a una pequeña población t región de las Landas para abrir un restaurante exp Cherchez la Femme. En 1972, Guérard triunfaba en París, pero estaba gordo. Le fue a visitar otro gran cocinero, Pierre Troisgros, acompañado de una joven, Christine Barthélemy, y tanto Troisgros como Christine opinaron que Guérard estaba demasiado gordo, aconsejándole esta que se fuera a tomar las aguas a Eugénie-Les-Bains, aguas que curan la obesidad y las enfermedades intestinales. Guérard, interesado por su aspecto y por Christine, va a tomar las aguas y sigue una cura de adelgazamiento de bajas calorías. Eureka. Investiga una posible cocina hipocalórica, sigue tomando las aguas, adelgaza, se casa con Christine y monta un restaurante que se ha convertido en una de las mecas de los *gourmands* gordos o delgados del universo.

El tercer caso, Fredy Girardet, ejemplifica sobre la derivación final de la gran reforma emprendida por la teoría de la *nouvelle cuisine.* Este cocinero suizo representa la tendencia de la «cocina de autor», cocina que, buscando los mismos efectos que la *nouvelle cuisine,* deriva más hacia la primacía de la imaginación del cocinero. Es una cocina firmada, como un cuadro o una página singular, que debe a la tradición una técnica que seguir o rechazar y a la inspiración la posibilidad de violar al mensajero de la tradición. Cocina en Crissier, al otro lado de Lausana, poco antes de llegar a Ginebra por la autopista, y ha llevado la antorcha de la *nouvelle cuisine,* tomada en su relación con los Troisgros, hasta sus últimas consecuencias.

Simplicidad e imaginación, y para demostrar esa posible combinación, ahí queda la receta de los espárragos con crema de ostras: doce espárragos medianos, cuatro ostras, dos cucharadas soperas de vino blanco, dos cucharadas soperas de jugo de ostras, dos yemas de huevo, cuatro cucharadas soperas del agua de la cocción de los espárragos, una cucharada sopera de crema espesa, veinte gramos de mantequilla, sal, pimienta y cayena… y, naturalmente, dos personas, dos para comerse el resultado. Se pelan y se cuecen los espárragos. Se abren las ostras y se conserva su jugo. Se reducen en una cacerola pequeña dos cucharadas soperas de jugo de ostras y dos de vino blanco. A esta reducción se añaden dos yemas de huevo, cuatro cucharadas de la cocción de los espárragos y una cucharada sopera de crema espesa. Se pone todo a fuego muy lento y se bate el conjunto hasta que quede muy espumoso y tome la consistencia de una crema. Se sazona con sal, pimienta, cayena, sin dejar de batir sobre fuego lento y añadiendo los veinte gramos de mantequilla. Se añaden a esta salsa las tiras de ostras y se la deja entibiar junto al fuego. Se escurren los espárragos, se les cortan las partes duras (si las hubiera) y sobre ellos se vierte la salsa con las tiras de ostras. No olvide la presentación, que es uno de los factores fundamentales de este tipo de cocina: en platos calientes, los espárragos colocados en abanico, con sus extremos cubiertos de salsa.

A los tres maestros se sumó con descaro Joël Robuchon, en la línea de la «cocina de autor» llevándola a unos niveles experimentales que casi podrían abrir las puertas a una posible cocina *gourmand* de laboratorio, sin abandonar la vinculación esencial con la cocina de la tierra. Simplicidad e imaginación del paladar, como si el plato se hubiera urdido primero mentalmente a partir de la memoria del paladar. Los enunciados recuerdan cocinas tradicionales *à la lyonnaise, à la lilloise, à la provençale,* pero la receta aporta la «modificación» de Robuchon, su singularidad. Y no solo me refiero al Robuchon reunido en *Recettes du Terroir d'hier et d'aujord'hui,* sino también al que hizo del restaurante Jasmin una de las mecas gastronómicas del mundo y de la historia. Curiosamente, tres de estos cuatro referentes de la cocina francesa del fin de milenio han emprendido la huida de la restauración: Bocuse ha pasado su talento a la cocina dietética, Girardet se ha retirado y Robuchon también, a pesar de su juventud. Robuchon ha teorizado que la cocina necesita una salud y una dedicación solo al alcance de profesionales jóvenes y sobre todo «esta» cocina de autor que aunque movilice muchos peones depende de la tensión creativa, no adocenable, del creador. Robuchon se ha despedido dejando como uno de sus principales herederos al catalán Ferran Adrià, verdadero prodigio de la cocina mental de autor, que trama en su cabeza antes de elaborarla, con una audacia combinatoria que entusiasmó al audaz Robuchon. Algunas recetas de Adrià experimentadas en el restaurante El Bulli: almejas con mejillas de rape y setas; ostras calientes con escalonias y pies de ternera; habitas en gelatina de menta, con jamón, gambas y guarnición de sesos de cordero; *Irish coffee* de espárragos con salsa de trufas; caviar con jalea de manzana. Es decir, Bocuse, Guérard, Girardet, Robuchon han marcado todas las posibles cocinas del futuro marcadas por la memoria del paladar, la inteligencia en la nutrición y la imaginación creadora. Cuatro referentes inevitables para la continuidad representada entre otros por Ferran Adrià.

Al otro lado del espejo

Hay una lógica interna en esa cocina que va del *oreiller de la Belle Aurore* de Brillat Savarin a los espárragos con crema de ostras de Girardet. Una clase social se sube al caballo alado de la prosperidad y la aventura del progreso sin límites e inventa un plato a base de faisán, *foie gras,* dos perdices, trescientos cincuenta gramos de carne de conejo, un *râble* de liebre, un pollo, un pato, media libra de lomo de cerdo y un filete de buey. Casi doscientos años después, el grado cero del desarrollo le enseña a ser prudente tras cien años de mantener su hegemonía, a la defensiva de las dentelladas que le ha lanzado la clase antagónica, y es cuando la crema de ostras de Girardet (cuatro ostras, un poquito de esto y otro poquito de aquello) garantiza la supremacía del espíritu del paladar, expresando al mismo tiempo la filosofía que se siente ante un mundo limitado, ante un progreso que ha desvelado sus límites.

Y aún estamos hablando de una vanguardia social refinada de financieros, médicos, beatos y escritores (es un decir, que sustituye la generalización de «culturalizados»), que respeta las razas gastrónomas establecidas por Brillat-Savarin. Extramuros de estas razas acampan los bárbaros con su cocina de masas, que nada tiene que ver con lo que, afortunadamente, las masas que pueden comer comen realmente. La propuesta de una cocina masificada empieza al otro lado del espejo que refleja casi dos siglos de esplendor de la gran cocina burguesa. Ya no es un espejo de La Maison Dorée, sino un espejo simple y funcional que devuelve la imagen tal como es y se prolonga en la pared, sin respetar la piedad contenedora del marco. La cocina de Girardet es como ese blanco matizado con el que la pintura abstracta ha llegado al final del trayecto de una investigación estética.

¿Qué hay más allá de ese espejo? Tal vez una posmodernidad en la que toda cocina es posible, en la que toda tradición gastronómica es legítima, o una cocina de personajes de *Mad Max:* hamburguesas, cátsup, frankfurts, como avanzadilla de una cocina de la urgencia y la supervivencia, una cocina de *fast food;* y, tras la avanzadilla, la operación de comer y cocinar reglamentada por la dietética de supervivencia: algas, soja, insectos... La *nouvelle cuisine* aún refleja el rostro de una burguesía estilizada y jugadora de squash. Pero más allá del espejo... ¿estarán aguardando realmente los bárbaros? ¿Resultará, finalmente, que los bárbaros existen?

La liturgia del cocinar, comer y beber

La comida se convierte en una cultura desde el momento mismo en que se relaciona con un ámbito: el lugar donde se cocina, que es, originalmente, allí donde se come. Ya ese ámbito fundamental requiere una estructura interior condicionada por el fuego y un utillaje orientado hacia la cocción. Luego aparecen la mesa, el plato, la ceremonia, la vajilla y, más adelante, mucho más adelante, el cuchillo, la cuchara y el tenedor. De forma paralela a esta complicada operación de cocinar y comer, se forman unas maneras, unas buenas maneras que tratan de dignificar un acto de supervivencia elemental para convertirlo en acto de comunicación. En cierto sentido, es la realización de un largo viaje de ida y vuelta que devuelve al civilizado y liberalizado comensal de nuestros días la posibilidad de comer con sus amigos en el *office,* en un sucedáneo de mesa situado en la cocina, como si de una comida prehistórica se tratara.

Hemos contemplado, y podido leer, el inventario de la vajilla del rico e infeliz Menandro, sepultado en Pompeya por la ceniza del Vesubio, o el despliegue de cocineros y subalternos que exigía cualquier banquete griego o romano. Pero cualquier exceso antiguo palidecería de anemia ante lo que fue la liturgia del comer en la corte de Luis XIV y más concretamente en el ámbito cocina-comedor del Rey Sol. La Casa del Rey, que comprendía la cocina y el servicio, ocupaba a unas quinientas personas; de esas quinientas personas que atendían a la real pareja y sus hijos, cien estaban estrictamente empleadas en servicios de cocina y comedor, número que podía ampliarse en el caso de que el banquete sobrepasara las cantidades y calidades habituales. Punto de referencia desmedido que no sirve para entender cómo se fijaron los ceremoniales de la comida en el hogar burgués del siglo XIX, inspirador de conductas similares y decrecientes a lo largo de un siglo. Pero hasta llegar al ritual funcional y simplificado de la burguesía hegemónica, todavía una aristocracia rica y lúdica, flanqueada por los burgueses más pudientes, se debate desde fines del XVIII hasta bien avanzado el XIX entre la sombra del esplendor litúrgico de las cortes reales mejor alimentadas y la necesaria simplificación.

Todavía hay tiempo de plantearse si conviene más la liturgia francesa o la rusa o la inglesa. Sucintamente, la francesa se basa en la exposición de todo lo guisado y su reparto a la vista de los comensales. Se quiere deslumbrar desde el escaparate de lo general para pasar al pequeño milagro del plato individualizado. En cambio, el sistema ruso dejaba lo cocinado en la cocina y el comensal recibía su porción exquisitamente dispuesta, adornada, pero lejos de la causa última. En *Storia della gastronomia,* Maria Luisa Migliari y Alida Azzola consideran la cantidad de tratados sobre el servicio de mesa que proliferaron en el XIX, dando toda la importancia que requerían las formas aplicadas al contenido culinario. Comer no solo entra por los ojos, sino que implica un ámbito de comunicación, y hasta el mínimo gesto es un metalenguaje que se suma a los placeres más estrictamente sensoriales. Es el placer de formar parte de una operación bien organizada, cerca de la idea de «anfitrión» que estaba detrás de la filosofía de Grimod de La Reynière.

Pero es la burguesía la que definitivamente iguala y singulariza a la vez a cada comensal: la que inventa el cubierto completo e individual, el vaso para cada uno, la servilleta personal e intransferible, la igualdad de trato del anfitrión para con el invitado, sea cual fuere su estatus económico o cultural. Es la burguesía la que, salvo en casos de comidas oficiales, pasa por alto el viejo protocolo de la entrada en el comedor por parejas y decreta que sean las damas las primeras, a continuación los caballeros, y asuma el ama de casa la función de repartir los lugares a la mesa. También se debe a la burguesía refinada el definitivo abandono de las vajillas ostentosas de plata u oro y la búsqueda del nuevo refinamiento de las porcelanas acreditadas, dejando los metales para los cubiertos y la sorpresa artística para el tallado de las copas.

La modificación del viejo ritual y su adaptación a los tiempos modernos se aplican por igual a las relaciones espaciales de cocina y comedor y al servicio: la distancia entre la primera y el segundo tiende a decrecer, y el servicio a hacerse funcional, y, con el tiempo, austero hasta llegar casi a extinguirse. Pero un buen hogar burgués de fines del siglo XIX aún debía contar con cuatro o cinco cocineros de diferente rango, un *maître* de comedor (que solía ser el mayordomo), dos camareras y un *sommelier* para banquetes numerosos, función habitualmente asumida por el propio mayordomo, necesariamente conocedor de lo que se debía o merecía comer y beber. Todos estos empleados se movían por una cocina que tardó aún varias décadas en parecerse a la abuela de las actuales y por un comedor con las dimensiones adecuadas al sentido del espacio de una burguesía que todavía no había descubierto la especulación del suelo como una de sus principales fuentes de riqueza. Cuenta Miquel Espinet, en *El espacio culinario,* que las viejas cocinas domésticas empezaron a experimentar cambios, coincidiendo con el replanteamiento de la arquitectura de interiores emprendido por los padres del racionalismo arquitectónico. «Muthesius, al igual que Frank Lloyd Wright, reaccionó ante la dignificación del espacio culinario dentro de su idea de hábitat doméstico. Hizo colocar pavimentos especiales, alicatar las paredes hasta una moldura superior que finalizaba en algunos casos en grandes estanterías para la colocación del utillaje de cocina, y abrir grandes ventanales al exterior. Todo ello, es cierto, sin que el conjunto presentase todavía el aspecto de planos continuos y muebles compactos que pocos años después diseñó y divulgó la arquitectura de la Bauhaus».

Arriba y abajo

Una excelente serie televisiva británica ejemplarizaba sobre una relación entre el comedor y la cocina en una casa principal de la era victoriana. La cocina estaba a ras de calle para recibir las mercancías, y el comedor en el piso superior. La comunicación la establecía manualmente el servicio abundante, a lo sumo ayudado por un ascensor manual que comunicaba los fogones con el piso superior. Esa diferencia de niveles implicaba algo más que una necesidad funcional o un azar de diseño. Implicaba también relaciones con la servidumbre, los de abajo.

La arquitectura contemporánea de interiores, desde los gigantescos Van der Rohe o Le Corbusier, ha luchado por que la casa sea una máquina que responda a un programa de vida mayoritario. El programa de vida de la familia moderna, aunque sea de apañado nivel económico, no se parece en nada al que envolvía a un burgués victoriano, ni siquiera a un burgués convencional de los años treinta o cuarenta de este siglo. Rapidez, higiene, comodidad y limitación de espacio. Estas son las características de la «máquina hogareña» que condicionan su estructura interior. Cocinas de paredes lisas y fácilmente lavables; máximo de superficies para la manipulación culinaria y la abundante robótica; frigorífico amplio que sustituye la complicada estructura de armarios, fresqueras y neveras de hielo; máquina lavaplatos. Utillaje ajustado, pero suficiente, y una comunicación lo más rápida posible con el comedor, porque no se dispone de servicio que pasee la comida.

El esfuerzo racionalizador de una arquitectura preocupada por programas de vida reales dio paso a la cocina prefabricada industrial, impulsada, sobre todo, por la industria norteamericana y hoy adoptada en casi todo el mundo. Los norteamericanos, sin embargo, tienden a ofrecer un modelo que responde a sus hábitos culinarios —cocina rápida y sin complicaciones— y, afortunadamente, en otros lugares de la tierra la cocina aún tiene que ver con la memoria y el deseo del paladar. Pero, indudablemente, la propuesta de una estructura de fácil manipulación, de superficies lisas, sin junturas, rincones ni obstáculos para el estropajo o la bayeta, tenía que impresionar al consumidor universal. «La imagen de Doris Day cocinando un pollo en un horno empotrado a la altura de la vista, y preparando a la vez un discutible pastel de queso, colmó la memoria visual de las gentes de nuestro viejo continente. Cocinar no era ya, según esta imagen, labor ruda y grasienta, cansada y agotadora. Todo podía hacerse vestida de veintiún botones, con la alegría de la inconsciencia, peinada y emperifollada hasta el moño. Hasta el incansable arquitecto Le Corbusier sucumbió a esta verdadera marea hollywoodiense. En su Unité d'Habitation de Marseille diseñó en 1952, con la colaboración de CEPAC Conseil, un mobiliario de cocina según la moda americana: barra de bar con pasaplatos, maderas de diferentes colores, visión permanente desde la cocina al resto de la planta, superficies de trabajo en acero inoxidable, etcétera».

El propio Espinet actualiza, en su obra citada, la cuestión hasta sus últimas consecuencias y ofrece tres posibilidades de resolución del espacio culinario-doméstico:

1.ª) La cocina compacta de mínimas dimensiones, en un armario o dentro de un mueble autóctono, para viviendas de fin de semana o para períodos vacacionales.

2.ª) La cocina-habitación de factura intermedia, con todos los elementos, pero agrupados sin excesiva diferenciación y sin ambigüedades que permitan alteraciones de uso.

3.ª) La cocina doméstica de grandes dimensiones y de ubicación preferente dentro del contexto de la vivienda, con separación de espacios y aun de usos, rica en funcionamiento y compleja en instalaciones y mobiliario.

Desde 1840, los diseñadores han buscado una cocina compacta, y los soviéticos crearon el *stroikom,* cocina-armario en la que había bloque de cocción, fregadero, cubo de basura, mesa de trabajo, mesa de comer y cuanto hiciera falta. Las viviendas hiperutilitarias han buscado afanosamente esa cocina para minipisos, lógica para miniguisos, según tres estructuras básicas: la cocina-armario, la cocina-carrito, la cocina-columna. Como cocina familiar, esta estructura conduce a la neurosis y a la anticocina. Lógicamente, se ha impuesto de forma universal una síntesis intermedia que recoge las mejores aportaciones higiénicas e instrumentales de la cocina prefabricada, adaptada a la peculiaridad de cada programa de vida, y el espacio suficiente para que cocinar no sea lo mismo que coger el metro a la hora punta. En cuanto a la relación con el comedor, o bien se soluciona mediante el *office* incluido en la cocina, o bien se usa un torno que comunique la cocina con el comedor inmediato, o, en cualquier caso, se simplifica al máximo la distancia entre ambos.

Lo indispensable en la cocina

Espacio, claridad, superficies libres y fuegos adecuados, para empezar. En el recuadro adjunto se incluye una relación del utillaje suficiente, que debe comprender el manual y el electrónico:

Un juego de cacerolas —como mínimo de cinco elementos— de diferentes formas y tamaños: dos cazuelas, una olla, dos cazos. El material puede ser de aluminio, el más común y práctico, de acero inoxidable, más caro y con problemas de adherencia, pero fácil de lavar, o de hierro esmaltado, que difunde muy bien el calor, pero también presenta problemas de adherencia y hay que manipularlo con cuidado para que no se pique.
Una cazuela grande de barro, con tapa.
Dos sartenes, una grande y una pequeña.
Dos coladores, uno pequeño, otro grande con base.
Una tabla de madera.
Una espumadera.
Un cucharón.
Cuchillos de cocina.
Un abrelatas, un sacacorchos.
Tijeras.
Tres boles de tamaño vario o recipientes mezcladores.
Cucharas y tenedores de madera.
Un vaso medidor.

Un rallador para verduras.
Un exprimidor para zumos.
Pinzas de cocina.
Un batidor de alambre.
Una fuente para horno.
Un molinillo de café.
Una cafetera.
Un rodillo de pastelería.
Un molde tipo *cake.*
Una tartera.
Un molde Savarin.
Una rejilla.
Paños de cocina, agarradores, utensilios de limpieza.
Una olla de presión.
Una freidora.
Un molinillo para perejil y hierbas finas. Un molinillo de pimienta.
Un molinillo para quesos.
Un colador chino.
Un mortero.
Una espátula de goma.
Un sacacorazones.
Un descortezador de patatas y verduras.
Una balanza.
Una máquina para picar carne.
Un pincel.
Una paellera.
Una manga pastelera, con diferentes boquillas.
Tijeras para trinchar.
Un colador de manga de tela de nailon.
Un escurrensaladas.
Dos tarteras de pastelería de diferente tamaño.
Un molde corona.

Horno u hornos.
La tostadora.
El cuchillo eléctrico.
El abrelatas eléctrico.
La licuadora.
La máquina para cortar fiambre.
La trituradora.
La batidora o *mixer*.

De reciente introducción en el mercado es la batidora compacta, que puede batir, licuar, triturar y amasar según diferentes grados y propiciar así incluso la confección de helados. Los italianos consideran electrodoméstico indispensable una máquina de amasar pasta para luego diversificarla, según las variedades más usadas (espaguetis, macarrones, tallarines, etcétera), mediante un juego de filtros. En cualquier caso, estas enumeraciones son simples referencias que cada cocinero doméstico debe adaptar a sus necesidades y estilo. Lo que sí conviene tener en cuenta es el «factor fuego», no siempre bien aportado por las cocinas modernas y, sobre todo, no siempre bien identificado con la naturaleza de algunos platos. Por ejemplo, es imposible ligar una salsa holandesa con los fuegos industriales actualmente en uso o hacer una paella en una cocina de gas. Para hacer la salsa holandesa se necesitarán reductores de fuego para conseguir el mínimo, o aislantes, y para hacer una paella, amplificadores del ruedo de fuego que cuezan todo el arroz al mismo tiempo. Conviene, pues, tener en cuenta algunas consideraciones técnicas sobre el fuego que también guardan relación con la necesidad de reducir el consumo de energía:

El tipo de fuego que se utiliza más corrientemente, hoy en día, es el que proporcionan las cocinas de gas, sean de butano o del denominado gas-ciudad. Desde el punto de vista de la economía doméstica, hemos de recordar que el consumo del gas, sea de cualquier procedencia, disminuye considerablemente si se tienen en cuenta las observaciones siguientes:

1. La llama del gas debe ser azul; si, por el contrario, es de un color amarillento, es debido a que el quemador no está limpio o está mal regularizado. La llama azul da el máximo calor con el mismo consumo que la amarilla, que calienta menos y ahúma los cacharros.

2. Cuando ponemos un recipiente en el fuego, la llama no debe sobrepasar la base del cacharro, ya que no aumenta el calor, pero sí aumenta el consumo del fluido.

3. Si el fuego ha de ser intenso al comienzo de un guiso para arrancar la ebullición del mismo, cuando ya ha comenzado el hervor, debe disminuirse la llama del gas, cerrando la llave hasta el punto posible sin que deje de hervir el guiso. Estos minutos de ahorro del gas, sumados diariamente, economizan considerablemente el gasto a fin de mes.

Existen también cocinas de gasolina, petróleo e incluso de alcohol, sin olvidar las antiguas de carbón; pero su uso es muy limitado y presentan inconvenientes de carestía (alcohol), peligro de incendio o explosión (petróleo) y de suciedad (carbón), lo que no las hace muy aconsejables.

Las cocinas eléctricas, que son excepcionalmente limpias, presentan el inconveniente de que resultan muy dispensiosas, y en lugares apartados del campo, faltos de fluido eléctrico, su uso es imposible.

Saberes fundamentales de la cocina

Saber cocer, saber freír. Estos son los conocimientos básicos que cada día se reproducen en el ámbito mágico de la cocina.

Aunque la cocina moderna busque el sabor de cada cosa y rechace un tanto la técnica del «napado» (consistente en cubrir los alimentos básicos con salsa) o la de aromatizar y condimentar demasiado con plantas aromáticas y especias, lo cierto es que la cocina requiere saber manejar plantas aromáticas y especias, como requiere saber, a la hora de descifrar una receta, qué quieren decir algunas denominaciones fundamentales y cómo se hacen las salsas básicas de la cocina nacional e internacional. Dentro de una cocina, junto al utillaje manual o eléctrico, junto al fuego, figuran, o deben figurar, recetarios ajenos y propios, es decir, información culta sobre el guisar que viene de la propia o de la ajena experiencia. Junto a esos recetarios debe constar un listado fundamental sobre denominaciones de salsas y guarniciones; las primeras porque son la razón de existir de algunos platos, y las segundas porque representan el toque final. ¿Qué son las salsas rubias? ¿Cómo se hace una salsa Chorón? ¿Qué quiere decir una guarnición a la valenciana o a la Mirabeau o a la Périgourdine? Dentro de esa intimidad culinaria, en el ámbito estricto de la cocina, cobra sentido el listado de denominaciones incluido en los recuadros correspondientes. Resuelven muchas dudas sobre la marcha y dejan un poso cultural que merece rebasar el espacio cerrado de la cocina. Pero tal vez llevemos demasiado tiempo dentro de estas cuatro paredes y hay que pasar al comedor para que continúe la liturgia. Penetramos en el espacio de las buenas maneras, donde la operación de guisar se realiza en la operación de comer, como la de escribir se realiza en la de leer.

La literatura sobre cómo debe ser una mesa y cómo debe servirse una mesa es abundantísima, porque ha formado parte de todos los intentos de educar a generaciones y generaciones de muchachas casaderas. Entre el desiderátum idealizado por los maestros de ceremonias de comienzos de siglo y «lo que se hace realmente» en un hogar moderno, hay una gran distancia de útiles y gestos.

Pero si se examina de cerca el comportamiento de cualquier anfitrión posburgués, se comprobará la cantidad de pautas de conducta retórica que tiene asimiladas. Si comparamos los consejos que da José Sarrau Serven al comienzo de *Nuestra cocina,* cuya primera edición data del período de entreguerras, con *Le Nouvel art de recevoir chez soi,* de Karly Denéchaud, se advierte cierta reducción retórica, pero no la desaparición de toda retórica. ¿Qué sería una comida sin artificio? ¿Qué sería de una comida sin un cierto grado de ritual? Resumamos los consejos tradicionales, hoy plenamente vigentes, y añadamos recomendaciones según la nueva sensibilidad.

Sobre manteles y vajillas

Las mantelerías, vajillas, cristalerías y cuberterías, elementos básicos para poner la mesa, han de estar en consonancia, evitando las formas y dibujos muy marcados y los colores muy estridentes. Las vajillas de cerámica o material sintético en tonos fuertes, como el azul marino, verde oscuro o rojo, así como otras con estampados chillones, los vasos de color ámbar y las copas para vinos de color verde, azul y rojo, son productos de una moda arbitraria que no aporta ninguna innovación en su funcionalidad ni en la estética de la mesa. Las vajillas, sean de loza o de porcelana, han de ser claras, preferiblemente blancas, así como las cristalerías y los vasos y copas para vinos.

La nota de color puede estar en la mantelería. Los manteles pueden ser de dos clases: que cubran toda la mesa, o individuales para cada comensal. Si el mantel es de una pieza, se pondrá una manta de algodón o muletón, a fin de amortiguar los ruidos producidos por la vajilla y proteger la madera de la mesa. El mantel deberá colgar unos treinta centímetros por los lados de la mesa. Debajo de los individuales no suele ponerse protección, y hay que tener en cuenta que todo el servicio (platos, cubiertos, vasos o copas, plato para el pan, etcétera) esté colocado dentro del área del mantel individual. Las servilletas suelen hacer juego con las mantelerías, si bien hoy en día se usan también colores diferentes pero coordinados para las mismas. Las servilletas de papel se usarán para cenas frías o meriendas.

La distribución sobre la mesa

Al comenzar a poner la mesa hay que tener en cuenta la distribución del número de invitados, de modo que estos puedan comer, sentarse y levantarse con comodidad sin empujarse mutuamente ni tropezar con las patas de los muebles. El espacio destinado para colocar el servicio (platos, cubiertos, vasos, etcétera) de cada comensal, si se usan manteles individuales, viene determinado por ellos mismos, ya que todo el servicio estará colocado en la superficie de los manteles. En el caso de usarse mantel de una sola pieza, recordamos que la distancia entre cada comensal ha de ser de sesenta centímetros como mínimo y setenta como máximo. Se evitarán los palilleros y el uso de mondadientes, en cambio se distribuirán en el centro de la mesa, o al lado de cada comensal, varios saleros, comprobando previamente que la sal esté fresca y sin humedad. Los dueños de la casa son quienes indican a cada cual dónde debe sentarse.

Encima del mantel se colocarán los platos de modo que su borde coincida con el de la mesa. Si hay plato sopero, irá encima de los llanos; si hay consomé, se colocará el plato del juego y luego se pasará al tazón de doble asa ya servido. El cuchillo se colocará con el filo hacia adentro, a la derecha de los platos.

A continuación, la cuchara, si hubiera sopa o caldo. Los tenedores se colocarán a la izquierda del plato, con la parte cóncava hacia arriba —lo mismo para la cuchara—. Si hay plato de pescado y se tiene una cubertería completa con servicio de pescado, se colocarán igualmente el tenedor a la izquierda, a continuación del normal, y la pala de pescado a la derecha, después del cuchillo. El servicio de postres (tenedor, cuchillo y cuchara más pequeños) se colocará cerrando el plato por arriba y haciendo ángulo recto con los demás cubiertos.

A la izquierda de la parte superior del plato, colocaremos el platito para el pan. Del centro del plato grande hacia la derecha, las copas o vasos: para agua, para vino blanco, para vino tinto, cerrando con la copa de champaña, si lo hubiera, por este orden. La servilleta, bien doblada y planchada, se colocará sobre el plato o a la izquierda de este junto a los cubiertos. Los dobleces y plegados complicados están pasados de moda.

El orden de los platos

Con la casi total desaparición del servicio doméstico, las normas de servir la mesa están cambiando fundamentalmente.

La sopa aparece servida al empezar la comida. Si hay consomé, quien sirva irá depositando las tazas en el plato de cada comensal, preferentemente por el lado izquierdo. Al terminar cada plato, debe retirarlo por el lado derecho, mientras por el izquierdo coloca el plato limpio. Las fuentes o bandejas se ofrecen por la izquierda a la altura del comensal, lo más cerca posible del plato, de modo que pueda servirse cómodamente. Los vinos y el agua se sirven por la derecha y el pan por la izquierda. Si un invitado necesita un cubierto cualquiera, se le ofrecerá colocado sobre un plato.

Antiguamente, había un orden riguroso que seguir para servir a los comensales, comenzando por las señoras de mayor edad o rango social, siguiendo por los señores y acabando siempre por el dueño de casa. Todo este ceremonial requería un criado o doncella para atender debidamente a diez comensales. Si el número era mayor, se necesitaba más servicio, ya que los dueños de la casa, y especialmente la dueña, si bien debían estar atentos y vigilantes al desarrollo de la comida y la actuación del servicio, no debían levantarse ni atender personalmente a los invitados más que para servir el café. Este debe tomarse en el salón, al acabar la comida, y se entrega la taza, con su plato y cucharilla, y el café ya servido. A continuación, se sirven los licores.

Sobre la distribución de invitados

Se va perdiendo la costumbre de que los dueños de casa señalen a sus invitados, si estos son amigos íntimos o familiares, el lugar donde deben sentarse. Sin embargo, ante la inevitable pregunta «¿Cómo nos sentamos?», la timidez de algunos, o el hecho de que luego puedan quedar en un ángulo de la mesa los más charlatanes o, por el contrario, los menos animados, es conveniente que se tenga previsto dónde va a sentarse cada persona. Como norma general, se «separan» las parejas establecidas y se intercala un hombre con una mujer, un adulto con un adolescente o niño, para que todos participen de la conversación general y no se formen grupos aislados o alguien se sienta marginado. Si los invitados son menos íntimos, más «de cumplido», se sentará siempre al hombre que se considere más importante, o que se quiera distinguir, a la izquierda de la dueña de la casa, y a la mujer en las mismas condiciones, a la derecha del dueño de la casa. Las mesas alargadas o rectangulares con sus correspondientes «cabeceras» pueden reservarse también para las personas de más edad o importancia social, o, para evitar complicaciones, sentarse en ellas los dueños de la casa, uno en cada extremo, decisión que eliminará perder el tiempo en indecisiones. La casi desaparición del servicio doméstico requiere que junto a la mesa haya un elemento auxiliar que soporte útiles de servicio, bebidas o próximos platos, evitando así tanto viaje a la cocina. Puede utilizarse inicialmente para acarrear los platos y cubertería, y, una vez puesta la mesa, se dejará sobre el carrito cuanto haga falta: la jarra de agua, los vinos, el pan y todos los alimentos fríos ya preparados, como ensaladas, salsas, etcétera. En la bandeja inferior se dejarán los platos y cubiertos limpios, si hay que cambiarlos, y los de postre. También puede dejarse la fruta, pasteles, etcétera. Es preferible sacar los quesos en el momento de servirlos, ya que su fuerte olor predominaría sobre el de otros alimentos.

Acabado el primer plato, se retirarán los platos usados, dejándolos en la bandeja inferior del carrito y pasando los limpios a continuación. Se repetirá la operación con los postres. De este modo, el dueño o dueña de la casa únicamente tendrá que levantarse para traer el segundo plato y los quesos, si los hubiere.

Al sentarse a la mesa, uno de los anfitriones traerá el primer plato y lo pasará para que cada comensal se sirva y lo siga pasando a su vecino, o bien lo dejará en el centro de la mesa y lo servirá él mismo a cada uno. El otro anfitrión se cuidará de servir el agua y el vino y de pasar el pan, y estará atento durante la comida para que no falten estos elementos, que se pueden dejar en el centro de la mesa a fin de que cada cual se sirva.

Arte cisoria

Al llegar a este punto el lector puede pensar que nos hemos movido en el territorio de la obviedad, la simple reproducción fotográfica de un saber convencional. No se lo discuto. Allá cada cual con su saber convencional. Me he limitado a reproducir las normas habituales que suelen darse en los manuales enciclopédicos sobre cocina y servicio de mesa, pero un apartado dedicado al trinchado de las carnes me parece una chuchería del espíritu sumamente conveniente, porque por ahí se tuercen cenas muy bien escenificadas. El *Arte cisoria* de don Enrique de Aragón, marqués de Villena, es un texto que desde el Renacimiento ha servido de punto de encuentro entre la antigua cultura del trinchado y los actuales usos. El libro refleja el refinamiento alcanzado por la tecnología del trinchado en tiempos tan dedicados al despiece y trinchado del cuerpo humano, así como a la quema de libros, justo castigo a sus propietarios demasiado liberales para su tiempo. La biblioteca de Enrique de Villena fue quemada por orden de un censor, en un ajuste de cuentas ordenado por Juan II. Años después, la copia de este libro retenida en el Real Monasterio de El Escorial fue afectada por un incendio que la socarrimó, pero no lo suficiente como para convertirla en cenizas. El fuego en este caso ha sido un peligro para un monumento al saber cisorio. En el prólogo a la edición de 1766 se dice que don Enrique «... comía y bebía mucho, y como su natural complexión era sanguínea y fogosa, determinó casarse y en efecto lo ejecutó con doña María de Albornoz, señora de Valde Olivas» y un etcétera de títulos. Los designios reales forzaron a don Enrique a declarar nulo su matrimonio previo reconocimiento de impotencia, para llegar a ser gran maestre de Calatrava, sin que el recelo real le abandonara de por vida e incluso después de la muerte. Sospechoso de escribir y leer de muy heterodoxa manera, el rey Juan II pidió asesoría a un experto en exorcismos de la inteligencia, el obispo de Cuenca, quien dispuso la cremación de la biblioteca del de Villena. Así se hizo y solo se salvaron las obras que el inquisidor obispo se reservó para su regalo y las que otros nobles cultos se apalancaron antes de que llegaran a ser fogata. Juan de Mena lamentó la hazaña:

> Perdidos los tus libros sin ser conocidos
> y como en exequias te fueron ya luego,
> unos metidos al ávido fuego,
> y otros sin orden no bien repartidos.

Casi sin rastro de las obras y la biblioteca del señor de Villena, el *Arte cisoria* traduce un espíritu refinado, y las ordenanzas actuales de cualquier buen trinchado tienen en su tratado justo punto de referencia, aunque traducidas sus claves a la comparsería del festín burgués contemporáneo. El arte de trinchar carnes, aves y pescados siempre estará a cargo de los dueños de la casa, tanto si se hace en la cocina como en la mesa. La carne trinchada en la cocina deberá mantenerse caliente, y los pedazos cortados se colocarán conservando la forma original del asado. Trinchar el pescado es una de las operaciones más difíciles y delicadas para volver a componer la pieza.

Para trinchar las carnes correctamente, además de práctica, hace falta un cuchillo bien afilado y, en ocasiones, unas tijeras. Salvo pequeñas diferencias, todas las aves y la caza se trinchan por un estilo: dislocando y cortando las articulaciones con un buen cuchillo o el denominado especialmente trinchante. Se introduce sólidamente el trinchante entre el muslo y el cuerpo y se separa el muslo lo suficiente para que quede la articulación al descubierto, que se cortará sin dificultad. Una vez cortados los muslos, se trinchan las alas buscando la articulación, que se dislocará con la hoja del cuchillo y se cortará procurando que la pechuga salga entera. Para terminar con la operación, se invierte la posición del ave y se parte por el centro de la armazón, levantando el cuello al mismo tiempo. Se vacían también las cuencas o alvéolos de las articulaciones de los muslos, en las que hay adherida una carne de color oscuro que es un manjar exquisito. Si el ave es muy grande —capón, gallina, pavo—, se hacen varias porciones de las pechugas y los muslos, en el caso de no servirse enteros alternándolos en la fuente, y, si se sirve la armazón, se procura reconstruir el ave de manera que parezca entera.

Fuego en la mesa

Y ya que de llamas censoras he hablado, lo hago ahora de llamas festivas aplicadas al buen comer. El flambeado debe hacerse siempre al lado de la mesa en donde están los comensales y requiere, por lo tanto, una seguridad en el *savoir-faire* que anticipe la futura bondad gustativa del plato. Normalmente, se flambean los *steaks au poivre* (sea a la pimienta verde o a la pimienta negra), los riñones, las *crêpes,* las bananas y otras frutas. Se ha de disponer de un fogoncillo de alcohol junto a la mesa y de una sartén muy manejable, en la que se cuecen muy ligeramente en mantequilla o en cualquier otra grasa los alimentos, sea el *steak* o las bananas, y, cuando ya están casi hechos, se vierte sobre ellos el licor que se desee: coñac o whisky para el *steak,* y ron, preferentemente, para las bananas. Cuando el licor ya se ha calentado, se le prende fuego y se deja la llama el tiempo suficiente para que el alcohol se reduzca. Se separa, en este caso, el *steak,* y en el fondo que haya dejado se añaden granos de pimienta, vino blanco, una cucharada de mostaza, otra de caldo concentrado y una cucharada grande de crema fresca. Se liga esta salsa y se napa el filete. En cuanto a las bananas, se hacen directamente con el licor, el azúcar, quizás algo de canela, y se sirven una vez apagada la llama con el jugo que haya dejado la cocción.

Sobre los vinos

Ante todo, los vinos deben ajustarse, hasta cierto punto, a una temperatura que casi nunca es la temperatura *chambrée.* Se aconseja que los champañas o espumosos, los vinos dulces naturales, los de aguja, los rosados, se sirvan a 5º. Los vinos blancos dulzones, entre 5º y 8º. Los vinos blancos de clase y secos, entre 6º y 10º. Los vinos tipo Alsacia, los rosados secos y los muscadets, entre 10º y 12º. Los vinos nuevos, del tipo Beaujolais o burdeos *clairet* o los vinos riojanos del cosechero, pueden oscilar en torno a los 14º. Y se reserva la más alta temperatura, entre 16º y 18º, para los vinos tintos de crianza, sólidos, grandes reservas, vinos serios.

Es aconsejable servir los vinos y espumosos fríos dentro de cubos especiales con hielo, y los vinos a temperatura *chambrée,* bien dentro de cestitos portadores, o bien la botella sobre el mantel directamente. Es importante vigilar que los vinos de reserva no hayan criado poso; de ser así, hay que «decantar» el vino, es decir, traspasarlo, con mucho cuidado, a una botella de cuello ancho o una jarra de cuello estrecho, de manera que la botella original se quede con la solera. En cualquier caso, el anfitrión que reparta el vino deberá verter las primeras gotas en su propio vaso o copa, por si quedaran restos de corcho, y a continuación servir a los demás.

Es conveniente que las botellas permanezcan unos cuantos minutos destapadas antes de servir, para que el vino se oxigene, y que se utilicen copas correctas: de cristal transparente, sin grabados ni obstáculos visuales para comprobar el color y con la boca suficiente para que el bebedor pueda introducir la nariz al tiempo que bebe y así recibir aroma y sabor al mismo tiempo. Hay que tirar al suelo y pisotear las supuestas copas de vino blanco que sean de colores, y a continuación, una vez realizado este acto higiénico, pedir disculpas al anfitrión si se le viere sorprendido. Cada servicio de vino deberá ocupar dos tercios de la copa, nunca se ha de llenar hasta arriba; no por usura o por miedo a la embriaguez del bebedor, sino porque en la copa ha de quedar sitio para meter la nariz o, al menos, asomarla. La cultura del vino tiene tantos niveles como anfitriones según unas veces su información, según otras veces su dinero. Pero cada vez más se estila que cada casa tenga su pequeña reserva de vinos, muchas veces en condiciones lastimosas que atentan contra la conservación de los elixires. No importa que el lugar destinado a guardar las botellas de vino sea grande o pequeño; los requisitos que demanda son: que sea aireado, ni muy seco ni muy húmedo, a ser posible orientado hacia el norte, a una temperatura constante de 10° a 12°, silencioso, oscuro, salvaguardado de trepidaciones que destruyen el *bouquet* del vino y al abrigo de olores fuertes y desagradables.

Licores, tabaco y todo lo demás

Los licores deben servirse a una temperatura *chambrée* y los aguardientes requieren tratamientos diferenciados. Por ejemplo, el coñac y el armañac deben servirse a temperatura *chambrée,* y, en cambio, el marc, el calvados, el ron, los orujos, aguardientes en general blancos, pueden servirse incluso fríos o helados. En cuanto al tabaco, hay que servir cigarrillos y cigarros, estos últimos a ser posible desde un humectador portátil y acompañados de un cortador tipo guillotina, y teas de cedro o cerillas de rabo de madera largo para encenderlos. Lo que se deduce de todo lo dicho es la obligación del café o el té, y en ocasiones incluso de un chocolate ligero o cualquier infusión de hierbas, que ayude a conseguir la sensación pletórica de que la comida ha acabado bien. De un tiempo a esta parte, se ha puesto de moda el *Irish coffee* como síntesis de café, postre, copa, por sus ingredientes fundamentales. Esta utilización conlleva que se hagan *Irish coffees* heterodoxos y muy alejados del modelo original, en los que hay más nata y whisky que café, acercándose peligrosamente al ibérico carajillo español para constipados, es decir, con leche. El *Irish coffee* original es un prodigio de equilibrio entre dos partes de café, una de whisky y una ligera capa de *cream,* es decir, no de nata montada, sino de nata fresca fluida. Sin duda alguna, el *Irish coffee* es lo mejor que han aportado los irlandeses a la historia del paladar y una de las cosas más positivas, entre otras muchas, a la historia en general.

Las cocinas de España

¿Existe una cocina española? La pregunta se la han planteado desde hace más de un siglo todos los teóricos y divulgadores de la cocina española, y en líneas generales, tales esfuerzos reflexivos han permitido llegar a la conclusión de que es más legítimo hablar de las cocinas de España que de una cocina española. También en Francia existe una cocina regional, pero allí el poder acuñador de París ha forjado una posible cocina francesa unitaria como referencia de los demás universos culinarios de las Francias, del mismo modo que siempre se toma un modelo lingüístico, hablado y escrito, como referencia y verificación del idioma generalizado. Pero en el caso de España, Madrid no ha creado esa posible cocina española referencial, sino que se ha limitado a dar cabida a todas las cocinas de España y a convertirse en capital del escaparate de las diferentes gastronomías celtibéricas.

Luis Antonio de Vega, en su *Guía gastronómica de España,* se empeñó en una compartimentación de las cocinas españolas por archidiócesis, a partir de la afirmación inicial de que «la España gastronómica no tiene los mismos límites que la España política, pues dos de sus tres archidiócesis se prolongan más allá del Pirineo, con fronteras un tanto inciertas por la parte oriental. Existen geógrafos de la culinaria que los sitúan en la zona del ajo y la bullabesa, es decir, en Provenza, en el país de la lengua de oc, tierra de bien cebadas ocas». Para el autor citado, la cocina vasca limita al norte con Burdeos y la catalana con Toulouse, afirmación que exagera lejanos pero ciertos lazos entre paladares a uno y otro lado de las fronteras políticas. Una vez resuelto —es decir, no resuelto— el problema de límites, De Vega se atreve a afirmar, aunque curándose en salud, que en España hay cuatro o cinco regiones gastronómicas: la septentrional o de las salsas, que va desde Burdeos hasta Finisterre e incluye parcelas de León y Portugal; la central o de los asados, que llega hasta Despeñaperros; la meridional o de los fritos, es decir, Andalucía, y la levantina, «donde no se come», precipitado apunte que De Vega corrige inmediatamente, aunque solo sea por no poner en marcha otra guerra civil: «Esta última definición es totalmente errónea. Gente que aborrece el arroz la puso en circulación, pero ya explicaremos en el capítulo correspondiente la gran importancia de la zona gastronómica de Levante, históricamente la más ilustre de todas, edificada con cimientos cartagineses». A su vez, cada una de estas regiones se subdividía en archidiócesis, en correspondencia con la división administrativa eclesiástica, porque el autor pertenecía a la penúltima generación empeñada en asumir el magisterio de los obispos sobre las cocinas, asunción o hija de respeto, en el caso que nos ocupa, o del anticlericalismo.

Bastantes años después del discutible «encierro metodológico» de Luis Antonio de Vega, se publicó la *Guía gastronómica de España,* de Carlos Pascual, mucho mejor organizada y evidentemente más racional. La obra de Pascual, editada en 1977, a comienzos del *boom* gastronómico español, insistía, no obstante, en vincular la cocina española al buen y en ocasiones casi exclusivo uso que habían hecho de ella los curas y los obispos: «Mientras en Francia, por ejemplo, la tradición de buena mesa se recoge en los castillos de los señores y en las confortables casas de los burgueses, en España es en los monasterios y en las abadías donde se refugia la tradición del buen comer». Razona el autor que dentro y fuera de los conventos lo religioso impregnaba las normas de los cultivos y las ganaderías, las fiestas y sus goces gastronómicos, las celebraciones del santoral y las dulcerías. Visto bajo este prisma, evidentemente hay un nexo importante entre la cocina española y la religión, pero ese nexo no explica la razón de la variedad de unas cocinas montaraces que han ido por la historia un tanto a su aire, asumiendo o rechazando, autodespreciándose o autoexaltándose, hasta llegar a la interesante situación actual, en la que las cocinas de España se han sacudido de encima el complejo de inferioridad y se aceptan tal como son. Carlos Pascual cita las divisiones hipotéticas de las cocinas de España que más fortuna han tenido en la historia. Empieza por la del francés Raymond Dumay, empeñado en que España se dividió en seis regiones culinarias: la del rincón del mar (País Vasco, Cantabria, Asturias, Galicia), la cocina de los antiguos romanos (las dos Castillas, León, Extremadura), la cocina de los dioses (Andalucía), la de Blasco Ibáñez (Valencia) y la cocina de los catalanes. Esta división evidentemente tiene cabeza, pero no pies, peca de reduccionismo metafórico y arbitrario. Otra división que amplía la visión de De Vega es la que junta la zona de salsas, asados, fritadas y arroces —la de los chilindrones aragoneses y navarros— y una supuesta cocina catalana «de las cazuelas». Finalmente, hay que asumir como la más sensata, aunque no del todo afinada como corresponde a un saber mágico y arbitrario, la que establece Carlos Pascual: cocina gallega, asturiana, leonesa, santanderina, vasca, navarra, riojana, aragonesa, catalana, levantina, andaluza, extremeña, manchega, del centro y castellana, balear y canaria. De estas propuestas cocinas regionales, ¿puede sublimarse una cocina española? ¿Por cuál procedimiento? El más utilizado es cuantitativo: qué platos españoles son los más conocidos y pasan por característicos de un talante culinario nacional. El balance es sabroso, pero tristísimo: la tortilla de patatas, la paella, el chorizo y el jamón de pata negra. Únase a estos platos, a manera de bebistrajo, la sangría y un nebuloso concepto del vino de Jerez, y obtendremos el retrato *instamatic* que la sabiduría convencional internacional se ha formado de nuestra cocina.

La historia nos hizo así

En plena dictadura de Primo de Rivera se publicó el que ha pasado por ser el estudio más sabio y equilibrado sobre la cocina española, la famosa *Guía del buen comer español,* de Dionisio Pérez, «Post-Thebussem». Pérez se rebela porque «la cocina española ha sido desconocida y calumniada» y llega a llamarla «cocina nacional», a pesar de lo poco nacional que era la cocina nacional española en los años veinte. Busca Dionisio Pérez el refrendo de las autoridades que le han precedido en la materia y cita en su ayuda desde el *mestre* Rupert de Nola, cocinero del Reino de Aragón que codificó la cocina realmente existente en el siglo XV en la corte de Alfonso V, hasta la condesa de Pardo Bazán, pasando por Ángel Muro, Granados, Thebussem, Martínez Montiño, etcétera. Se indigna ante la mala literatura que ha tenido la cocina española, entre la que incluye la que elaboraron los franceses en su batalla por la hegemonía de los fogones, y concluye: «Fatigada la gente de esta mediocre literatura y desilusionada en los fogones de los engañosos recetarios, más mediocres aún, advino otro período de indiferencia y olvido en que la moda francesa se apoderó enteramente de la opinión española y de la industria hotelera, y en que chefs franceses sustituyeron a los buenos cocineros españoles en las cocinas españolas bien dotadas y retribuidas». Contemporáneo de Pérez era Julio Camba, radicalmente escéptico ante la cocina española, a la que veía «llena de ajo y de prejuicios religiosos». Camba confiaba en que la popularización del automóvil y la extensión de la red de carreteras forzarían la aparición de una industria viaria del buen comer. Se equivocó, evidentemente, y durante casi cincuenta años, entre los años veinte y los setenta, la socialización del automóvil contribuyó a que se instalase una mediocre cocina de carretera que consiguió incluso aplastar la mejor tradición del figón de cocina sabrosa, por muy cargada que estuviera de ajo y prejuicios religiosos. Pero volvamos a Dionisio Pérez y su bíblica obra, para retomarlo en el momento en que invoca a los romanos como padres de la cocina española y francesa. Aquella cocina romana, mediterránea, entra primero en conflicto y luego en síntesis con el sustrato gastronómico original, preferentemente con el celta, tanto en Francia como en España, y se produce la primera cocina mestiza. Luego llegarían las aportaciones árabes: los agrios, el limón, la cidra, la naranja amarga, el azafrán, la nuez moscada, la pimienta negra, la caña de azúcar, y con todo ello otra nueva síntesis a partir de la cocina mozárabe. «Y ya —afirma Pérez— cuando se rompe el aislamiento de Europa en que España viviera durante la ocupación musulmana, esta cocina, la más rica y completa que existía, la más perfecta, adelantada y civilizada, se adentra en Francia, se expande por el Mediterráneo, llega a Nápoles y Sicilia con los aragoneses y catalanes de Alfonso el Magnánimo, domina el Rosellón y el país bearnés, rinde la enorme capacidad consumidora de los tudescos que acompañan a Carlos v y con ellos lleva la fama de su excelencia a Flandes y Alemania. Y he aquí la curiosa paradoja. Este pueblo al que se acusa de sobrio, torpe guisador, de hampón alimentado con migajas, de burlador del hambre, de "villano harto de ajos", fue el que enseñó a comer a Europa y echó los cimientos de la cocina moderna, toda fundada sobre platos determinada y característicamente españoles».

El fervor patriótico de Post-Thebussem queda respaldado por la evidencia del *Llibre del coch,* escrito en catalán por Rupert de Nola en 1477, traducido al castellano por iniciativa de Carlos v con el título de *Libro de guisados* y convertido, según Pérez, en el «tratado de Escoffier» de su tiempo. No hay que desmadrar el tema. Las culturas gastronómicas no permanecían aisladas, aunque tampoco gozaban entonces de la facilidad actual de comunicación y difusión que permite familiarizar a un camerunés con los guisos de Guérard o de Arzak por el simple procedimiento de leer una revista especializada. Pero intercomunicación la había. La cocina arábigo-cristiana ejerció, sin duda, una influencia europea derivada del prestigio político del Estado, porque no solo la lengua de hablar, sino también la lengua de comer es compañera del Imperio. A esta supuesta cocina arábigo-cristiana o arábigo-romano-celta se suman productos llegados de América en el transcurso de los siglos xvi y xvii: tomate, patata, ciertas frutas, chocolate, maíz, productos que en un primer momento son caros, privativos de privilegiados sectores sociales, pero que en cien años se convirtieron no solo en alimentos de consumo generalizado, sino en alimentos fundamentales. Hay que imaginar, por ejemplo, la batalla de la patata para sustituir a otros alimentos calóricos, complementarios o sustitutivos de carnes y pescados: las legumbres secas, el arroz o incluso frutas como la pera, la manzana o el melocotón, muy presentes como elementos de hartazgo en la cocina renacentista y hoy prácticamente sustituidos por la patata en todos los recetarios de larga memoria popular, con excepción del Empordà y La Mancha albaceteña, en donde aún sobreviven el pato o la oca con peras al estilo ampurdanés, plato de raíz evidentemente precolombina.

Dionisio Pérez compartió su nacionalismo culinario con toda una generación de restauradores o tratadistas, en la que se incluyó el prolífico catalán Ignacio Domènech Puigcercós, empeñada en un ajuste de cuentas con la prepotencia gastronómica de Francia. No hay afirmación de lo propio sin negación de lo ajeno, y se descubren acentos de «victimismo» culinario español a cargo de los franceses. Porque los desconsiderados vecinos, no solo se habían apropiado de la salsa mahonesa, rebautizada *mayonnaise* por el «nefasto» Carême, sino que el mariscal napoleónico Junot, en su retirada de España, se llevó un recetario de moluscos y mariscos del monasterio de Alcántara, que, al decir de los ultras gastronómicos españoles, fue la base de la gran cocina burguesa francesa del siglo XIX. Y no contentos con quitarnos la salsa mahonesa y los recetarios, los franceses envían espías como Dumas (don Alejandro) a copiar nuestras fórmulas y a despreciar por escrito nuestras cazuelas, instalando una malvada fama universal de país mal guisador y comedor. También la llegada de la casa de Borbón al trono de España significó la definitiva entrada de modos afrancesados que incluían la cocina y una cierta esquizofrenia del paladar: por una parte, pendiente de la propia memoria y, por otra, de una cocina de prestigio, evidentemente francesa.

Hace sesenta años

Hace sesenta o setenta años, el exagerado nacionalista gastronómico Pérez se dio una vuelta por España y nos dejó un brillante cuadro de posibles cocinas españolas en las que aún había memoria de guisos tan excelsos como estos: la caldereta de los pastores y los pollos rellenos de migas, en Extremadura; los gazpachos y el menudo gitano, las yemas de San Leandro, los guisos marineros de Isla Cristina, los fritos gaditanos, el ajo caliente cortijero, el caldillo de perro, la meloja, el ajo blanco con uvas, las habas a la rondeña, la tortilla a la granadina, el salmorejo, en Andalucía; la paella «bruta», el arroz al horno, el *arròs amb fèsols i naps,* el *all i pebre,* la paella, el *flaó,* el turrón, en Valencia; de Cataluña, cita Dionisio Pérez la *escudella i carn d'olla,* la tortilla de judías cocidas, un inencontrable bacalao con romesco a los caracoles, la zarzuela, el *pa de pessic* y los *alliolis;* chilindrones, recao de Binéfar, conejo en salmorejo, ternasco, tortas de chicharrones, en Aragón; cochifritos, bacalao al ajo arriero, potajes, en Navarra; bacalao al pilpil, la *zurrukutuna Xamurra,* el besugo a la donostiarra, el txangurro a la vasca, el marmitako al estilo de Lekeitio, la purrulsada, el bacalao a la vizcaína, en el País Vasco; botillos, empanadas, migas canas, perdices, anguilas, truchas con unto, higos en almíbar, en León; fayuelas, fabadas, frisuelos, calderetas, mano de cerdo, en Asturias; mariscos, empanadas, lacón con grelos, filloas de matanza, quesos, en Galicia; arroz a la zamorana, sopa a la burgalesa, cordero asado, farinatos, hornazos, quesos, chanfaina, en la entonces llamada Castilla la Vieja; los garbanzos, las judías del Tío Lucas, los churros, melindres, mazapanes, en Madrid; morteruelo, gachas, guisado de trigo, pistos, quesos, pestiñitos, arropes, mantecados, en La Mancha; sobrasadas, tortillas de sardinas, calderetas de langosta, sopas mallorquinas, el puchero de las siete carnes, el frangollo, el gofio, la cultura del plátano en la entonces llamada España insular, es decir, en Baleares y en Canarias.

Pues bien, este inventario reduccionista pero sabroso, establecido por Dionisio Pérez en el primer cuarto del siglo xx, prácticamente estaba fuera de la memoria y de la circulación culinaria de los españoles veinte, treinta, cuarenta, cincuenta años después, y hubo de producirse la gran reacción del paladar de los años setenta para que las cocinas españolas recuperaran sus propias y diferenciadas memorias. Comparando el inventario de Pérez con el que Carlos Pascual hiciera en 1977, se percibe una mayor riqueza informativa en el segundo inventario, aunque quizás una mayor arqueología, porque en tiempos de Pérez los platos que cita estaban vivos, y en los años setenta se empezaba a investigar en sus ruinas, en busca de sabores y recetarios perdidos. Obra importante para la conservación de recetarios había sido *La cocina regional,* editada por la Sección Femenina, pero eran recetarios poco secundados por los usos culinarios normales. La cocina de España no tenía prestigio entre los «académicos de la otra lengua», más influyentes durante los años cuarenta, cincuenta y sesenta, a pesar de que políticamente España respiraba aires de ultranacionalismo. De hecho, tuvo que aparecer una nueva promoción de tratadistas desmitificadores y el gran movimiento recuperador y adaptador de la cocina tradicional que implica la filosofía de la *nouvelle cuisine* para que restauradores, tratadistas y público «redescubrieran la cocina española». Lógicamente, Covadongas de esta recuperación fueron la cocina vasca, que nunca había perdido la fe en sí misma, y la catalana, pues no en balde un prohombre nacionalista contemporáneo de Dionisio Pérez, Ferran Agulló, había escrito: «Cataluña es una nación porque tienen una lengua, un derecho y una cocina propia». Y hay que tomar la restauración madrileña por su capacidad de representar las distintas cocinas del país.

Desde los años setenta, muy especialmente a partir de 1975, y comienzos de los ochenta, se ha vertido un río de tinta sobre gastronomía española, del que merece salvarse, en primera instancia, el notable esfuerzo del doctor Manuel Martínez Llopis, quien se ha atrevido a abordar una *Historia de la gastronomía española,* que sigue siendo más ensayística que científica, por la imposibilidad de fundamentarse en las historias básicas particulares, aún pendientes del interés de los investigadores. Pero, sin duda, la obra de Martínez Llopis es considerable y significa un esfuerzo racionalizador a propósito de los conocimientos existentes sobre los orígenes y la conformación de las distintas cocinas de España, según elementos obvios: lo que daban de sí la tierra y las aguas, los mercados como centros de aprovisionamiento y de intercomunicación de culturas gastronómicas, las culturas gastronómicas de los invasores violentos o pacíficos, la información de otras pautas culturales, las vanguardias y su tarea modificadora de los gustos (cocineros, tratadistas, esnobs del paladar). Todos estos elementos, más la evolución del utillaje y de la filosofía del comer, han hecho de la cocina española lo que es hoy día: una cocina pluralista, porque obedece a diferentes tradiciones nacionales y regionales, que conserva antiquísimas memorias y que ha incorporado nuevas curiosidades que la convierten en una obra abierta. Pero es inevitable que se plantee la pregunta: ¿qué diferencia las cocinas de España entre sí y qué diferencia esas cocinas españolas de otras cocinas nacionales?

El aceite como grasa fundamental no es una respuesta suficiente, porque no es cierto que el aceite sea la grasa fundamental en muchos platos de la España interior o de Cataluña, basados en la manteca de cerdo. Tampoco lo es la presencia de elementos casi desconocidos en otras cocinas, como el pimiento en el sofrito o el uso de los garbanzos, o el chorizo como embutido peculiar ibérico que acompaña buena parte de platos navarros o riojanos. Hay que caer, pues, en la combinación entre casuística e historia. Las cocinas de España son el resultado de la evolución de una cocina eminentemente popular, que es la que aún hoy les da carácter, y el encuentro actual entre los residuos de esa memoria peculiar y el saber y la tecnología de los nuevos restauradores. Lo que salga de ese encuentro será la cocina o las cocinas de la España del futuro, porque la situación ya no se limita al País Vasco o Cataluña, sino que implica a todas las regiones y nacionalidades del Estado. Otra cosa es cómo se consigue una muestra de «cocina de Estado» que permita hablar de una cocina española de escaparate exportador. Recurso necesario y a todas luces no acometido suficientemente, aunque tengo en mis manos una *Guide gastronomique de l'Espagne. Cuisine typique espagnole,* firmada por Beatrice Wehrli y publicada en 1968, en la que se hace una excelente selección de los platos más característicos de nuestras cocinas. En el inicio del movimiento de recuperación, la señora Wehrli censa platos que por entonces aún eran desconocidos o menos apreciados por los expertos españoles: el gazpachuelo, la olla gitana, las sopas de ajo, potajes de garbanzos, pollo con langosta, txangurro a la vasca, tortilla de Sacromonte (o tortilla granadina), caldeirada, kokotxas en salsa verde, salmonete al hinojo, ajiaco cartagenero, costillas de cordero con chocolate, empanadas, romesco de conejo a la catalana, gallina en pepitoria, escaldums, garbanzos guisados con piñones, horchata de chufa, carquinyolis, leche frita, etcétera. La señora Wehrli pasaba por encima del cadáver histórico de aquel mal mirón de nuestra cocina que fue Alejandro Dumas.

La burguesía y la comida

Si la burguesía francesa o italiana tomó la antorcha de la gran cocina aristocrática o de la gran cocina regional, respectivamente, la burguesía española, clase endeble, insuficiente y subdesarrollada, practicó en relación con la cocina las mismas ausencias históricas que practicó con otras dimensiones culturales. Tal vez su desprestigio se deba a su falta de fuerza histórica, a su incapacidad para servir de modelo y marcar la pauta de una cultura gastronómica generalizada, del mismo modo que fue una clase social incapaz de dirigir una ilustración que homologara el nivel cultural del pueblo español con el de otros pueblos europeos.

Mientras las clases populares practican en el campo o en la ciudad una cocina de la supervivencia, la burguesía española conforma una cocina propia de raíces tradicionales, pero muy influida por los recetarios internacionales, en especial por los franceses. Era la clase social que disponía de posibilidades y de intermediarios para recrearse en la operación de cocinar, de la misma manera que como cliente de restaurantes podía condicionar la evolución de una cocina profesional. No fue así. En una reciente e importante obra de Rafael Castellano de la Fuente, La cocina romántica, se inventaría o inventa una supuesta cocina burguesa española imaginativa, entre la tradición y el afrancesamiento, pero sumamente interesante. Carlos Delgado González, en *Comer en Madrid,* se refiere a los dos hitos de la restauración madrileña en el siglo XIX y en el XX: primero fue la aparición de Lhardy como oferta de cocina europea a la Villa y Corte, y luego la de Jockey, el restaurante que ha dirigido el mejor gusto de la burguesía madrileña y española en los últimos veinte años. La burguesía barcelonesa del siglo XIX impulsó sobre todo una restauración a la francesa o a la italiana, y a este segundo empeño se debe la asimilación de las pastas italianas por parte de la cocina popular, especialmente los fideos, los macarrones y los canelones. Consecuencia de estas afinidades, fue que el primer restaurante burgués reputado de Barcelona se llamara precisamente Grand Restaurant de France y que efluvios franceses, maravillosos, por cierto, salieran de los grandes restaurantes barceloneses de los siglos XIX y XX: Continental, El Suizo, Chez Martin, Maison Dorée, el Glacier... Si los patriarcas de la familia salían de casa a comer a la francesa, las matriarcas se cuidaban de que las cocineras afrancesaran su saber o de que sus hijas recibieran una educación culinaria en línea directa o indirecta con monsieur Escoffier.

Pero, cuando menos, aquella burguesía precreativa y preexpansionista, dentro de lo que cabía en una España subdesarrollada, sabía comer, o quería saber comer, y fiel a la regla de la eficacia se entregaba a la bondad legitimada de la gran cocina francesa. Historia muy distinta fue, por ejemplo, la de la burguesía de la posguerra civil, depredadora y estraperlista en su inmensa mayoría, que hizo del comer una cuestión de cantidad y dinero, al margen de la educación del paladar. La crisis de la restauración española durante los años cincuenta y sesenta es reflejo de la mediocridad de los sectores sociales que estaban en condiciones económicas de comer «culturalmente». De la constatación de tales hechos se derivan conclusiones que quisiera que se tuvieran en cuenta a la hora de viajar, rápida y sucintamente, sobre las cazuelas de España. Las cocinas españolas no le deben nada a la burguesía. Lo que no es memoria tradicional es artificio de los cocineros más nuevos, empeñados en modificar viejos platos y, en ocasiones, en dejarlos tan cambiados que no los reconocerían ni sus padres. Cualquier recetario honesto sobre cocinas de España debería basarse en la cocina tradicional y en las aportaciones que durante los últimos años han hecho jóvenes cocineros al servicio de una supuesta *nouvelle cuisine* a la española.

El movimiento de consideración de la antigua dignidad de nuestros guisos lo iniciaron los partidarios de Thebussem y los que vinieron después de él, y, muy especialmente, Dionisio Pérez desde Madrid e Ignacio Domènech Puigcercós desde Cataluña; pero la filosofía de la recuperación de lo tradicional y la escritura adecuada para la transmisión de ese placer se deben a Josep Pla, escritor catalán antropólogo *malgré lui,* quien hizo de la rememoración de la cocina de su infancia el *leitmotiv* para la reconstrucción de un paisaje y un paisanaje. Fue Pla quien enseñó la dimensión profundamente cultural de lo culinario vinculado a lo que da la tierra, el agua y la imaginación del paisanaje. De la «manera» de ver las cuestiones de cocina de Josep Pla arranca la escuela catalana de críticos gastronómicos que encabeza Néstor Luján y tiene posteriores estribaciones y variaciones en la obra de Perucho, Bettonica, Xavier Domingo o Llorens Torrado. Mientras en la tradición crítica de la cocina vasca sobresale el magisterio del malogrado Busca Isusi. Tradición y cultura han hecho posible salvar de la destrucción las señas de identidad de las cocinas de España, y hoy día, quizá como principal saldo positivo de la nueva administración política de España, el Estado de las autonomías, habrá que citar el que cada autonomía se haya preocupado por sus raíces gastronómicas, así en los recetarios como en los restaurantes. El restaurador español se ha visto obligado a recuperar la cocina tradicional bajo la presión del gusto de la clientela de vanguardia, y gracias a esa presión social España no se ha convertido en una hamburguesa correosa, que limita al norte con la *quiche lorraine* y al sur con el cuscús.

Y en el principio fue el caldo y el potaje

El poco caso que las clases dirigentes españolas dedicaron a la propia cocina se vio complementado con ofensivas consideraciones llegadas del extranjero y basadas en el prejuicio. Así puede el *Nouveau Larousse gastronomique*, en su edición de 1967, empezar el artículo dedicado a la cocina española de esta manera: «Un viejo dicho pretendía: "... en los albergues de España solo se encuentra lo que uno lleva". El turismo ha cambiado esto en parte». Mayores majaderías en menos líneas, imposible, y las majaderías continúan: «Esta cocina es sangre y oro: sangre del pimentón, oro del azafrán, los colores de la bandera. Cocina variada del sur (arroz y cerdo), del norte (buey y patatas), pasando por las provincias pobres del centro (corderos flacos y garbanzos). Y sobre las costas de toda la península, pescados y crustáceos que "soportan" el aceite».

No aparece firmado el artículo, pero sin duda es obra de un imbécil indocumentado que se limita a mencionar la olla podrida, la paella, los escabeches y un supuestamente «famoso» pollo a la valenciana que no conoce ni la gallina que lo parió. No hay duda de que los criterios extranjeros han cambiado, entre otras cosas porque los críticos y tratadistas han entrado en contacto directo con la restauración y no se han limitado a reproducir los tópicos que la cultura gastronómica francesa arrastra desde los tiempos de Dumas, Gautier o George Sand. Y fruto de ese conocimiento directo es que las guías internacionales otorgan estrellas suficientes a restaurantes españoles como para dar sentido al valor de una buena cultura del paladar.

Y para marcar sus características, hay que empezar hablando de los caldos y los potajes, de la cocina «más primera», conservada a lo largo de los siglos. Es cierto que la olla podrida burgalesa, el gran cocido barroco, es el punto de referencia, pero se trata de un plato arqueológico que solo se elabora en contadas ocasiones. En cambio, están vivos los cocidos regionales, como el cocido madrileño, o la *escudella i carn d'olla* a la catalana, o el puchero canario, con influencias americanas, o el cocido andaluz, con rasgos arabizantes. El garbanzo está presente en todos ellos, pero así como el color dominante en el cocido madrileño, el andaluz o cualquier otro cocido regional se lo debe al chorizo (y en el andaluz se acentúa con una majadura de ajo, azafrán y pimentón), la *escudella i carn d'olla* catalana renuncia al chorizo y se acerca más a los *bollitos* italianos.

Y dentro de la misma teología de las muchas cosas que cocer suavemente en la misma agua, la cultura de los potajes merece una consideración aparte. La palabra emparenta con la raíz del *pot-au-feu* y sirve para significar los potajes propiamente dichos basados en las legumbres, las patatas y el acompañante proteínico del cerdo o del bacalao o los platos de legumbres más sólidas, como la difícilmente narrable fabada asturiana aunque haya tenido su narrador y glosador en la persona de Paco Ignacio Taibo, autor de un *Breviario de la fabada.* Devuelve Taibo a los franceses parte de sus agravios contra la cocina española en su comparación entre el *cassoulet* y la fabada:

El *cassoulet* es una fiesta de fuegos artificiales.

La fabada es una profesión de fe.

El *cassoulet* es un alarde.

La fabada es una verdad contenida en sí misma.

El *cassoulet* es un invento francés.

La fabada es un hallazgo asturiano.

El *cassoulet* es un cuadro pompier.

La fabada es un bisonte pintado en una roca.

El *cassoulet* es una fabada que se perdió el respeto.

Potajes peculiares de la cocina española son los de castañas pilongas (castañas, canela y azúcar), de coles (hueso de jamón, lomo, patatas, tocino, col, guisantes, judías verdes, salchichas) o el granadino potaje de habas secas, sin olvidar el barroquismo huertano del potaje murciano, en el que intervienen los garbanzos, las judías blancas, espinaca, tomate, harina, huevos, aceite, cebolla, miga de pan, pimentón, vinagre, sal, bacalao, pan rallado. Este potaje murciano es una maravilla final, porque el bacalao se da en forma de albóndigas flotantes sobre un espeso líquido amalgamado por la deliciosa solera de las legumbres. Sopas de ajo de tantas variantes como comarcas, o de bacalao, a la andaluza con bacalao desmenuzado y almendras o la espléndida *zurrukutuna* vasca. No hay que insistir en la cocina del pan a la española, con la variedad de migas ya aportada y el añadido de fantasía a todas las posibilidades de la hogaza bien horneada. Tal vez subrayar que las sopas a la mallorquina, basadas en el pan sin sal, verduras del tiempo y el caldo de hervir esas verduras, no tienen equivalente en otras cocinas, y que las sopas frías españolas, como el gazpacho o el ajo blanco, merecen un lugar de honor en cualquier posible capítulo que relacionara cocina con imaginación y sabiduría dietética.

Salsas y ensaladas

La cocina española tiene dos salsas reinas: la mahonesa y la salsa romesco. Tanto una como otra entroncan de forma evidente con las salsas romanas, destacando especialmente la mahonesa por poseer un lugar de excepción en la cocina nacional e internacional. El *allioli* o ajiaceite es una salsa rigurosamente mediterránea, y sobre todo catalana, de ahí incluso la fijación de la palabra «alioli» en la lengua castellana (de *all,* ajo, y *oli,* aceite), que admite tres variantes fundamentales: el ajiaceite químicamente puro, compuesto de la emulsión del ajo picado y aceite, sin otro aderezo que la sal y una gota de vinagre, trabajada con la mano de un correspondiente mortero. Este alioli básico puede modificarse y asegurar su solidez mediante el añadido de una yema de huevo, y puede considerarse también en cierta manera alioli la mahonesa acompañada de ajo. En algunas zonas de España se utiliza también la patata cocida para amalgamar el alioli, aunque el resultado es una salsa demasiado espesa que carece de la transparencia sutil propia del alioli ortodoxo.

El romesco es o bien una salsa independiente basada en la almendra tostada, el tomate, el pimiento seco, el ajo, el pan tostado, el aceite y el vinagre, o bien un guiso de pescado que utiliza el fondo obtenido con los ingredientes de la salsa. Derivada o emparentada con el romesco, la *salbitjada* es una salsa localizada en Tarragona como acompañante de los *calçots* o cebollas dulces que se consumen asadas en compañía de la salsa. Interés especial tienen los mojos canarios, a manera de vinagretas picantes, excelentes compañeros de las patatas arrugadas o de los pescados. Es una salsa de evidente parentesco con los aderezos centroamericanos. La gama de las picadas que dan el sabor determinante a muchos guisos es infinita, aunque la picada esencial, muy utilizada en la cocina catalana, se compone de almendras y avellanas tostadas, piñones, pan tostado y un ajo. Los murcianos utilizan la patagorrina, picada de ajo, vinagre y pan frito, muy sabrosa para acompañar los platos de vísceras, especialmente de asadura o pulmón de cordero cocido.

En cuanto a las ensaladas, las hay tantas como comarcas, y tienen en España la manía de basarse en una hierba fundamental: la lechuga. Están en el olvido hierbas importantes, desde el perifollo hasta la achicoria, pasando por la exquisita pamplina de los ribazos salmantinos; a lo sumo, se acepta que la escarola haga compañía a la lechuga o la sustituya en ocasiones. Ensaladas singulares son la llamada «a la valenciana», basada en la escarola acompañada de naranjas y una vinagreta, plato muy parecido a algunas ensaladas de la Andalucía oriental, en las que la naranja combina con la lechuga o la escarola y el bacalao seco ligeramente remojado y acompañado de aceitunas negras. Ensaladas de enjundia son la pipirrana murciana de lechuga, pepino, bacalao, aceitunas negras, ajos tiernos asados, tomate y ñoras (guindillas), o las derivadas del asado de algunas hortalizas como el pimiento, la berenjena, la cebolla y el tomate. La más famosa de estas ensaladas «asadas» tal vez sea la escalivada catalana o los pimientos del Pico asados a la vasca, o a la riojana, indispensables compañeros de los asados de carnes rojas. Los murcianos han inventado una original ensalada de perdiz, que no es otra cosa que el espléndido cogollo de las lechugas rizadas, cortado por la mitad y aderezado con una vinagreta de la que forman parte yemas de huevo duro.

Por extensión, se llama ensalada a toda suerte de combinaciones de alimentos fríos aderezados con vinagretas más o menos complejas, y aceptando esta denominación se incorporan al capítulo todas las aportaciones de una gastronomía de bufet, creadora de ensaladas de arroz o de pastas frías. Valdría la pena recuperar una casi olvidada ensalada del Alto Aragón, llamada ensalada de grumos, compuesta de cogollos de col blanca, un cardo y vinagreta, o los mojetes de Viernes Santo de Albacete, en los que intervienen los tomates, los pimientos morrones asados, las aceitunas negras, los huevos duros y la vinagreta correspondiente. En ocasiones, vale la pena respetar la supervivencia de un plato aunque solo sea por su nombre de pila, como son los casos de los mojetes albaceteños o de la ensalada de col de corazón de toro, castellana por más señas, que se hace con la col de corazón de toro, tomate, ajo, vinagre y aceite.

Sabios de hierbas y de sus hierbas, los murcianos han conservado una interesante ensalada de hierbas, en la que intervienen la colleja, las orejas de liebre, los correjones, el lizón o alisma…, es decir, toda clase de hierbas silvestres comestibles que admitan el aderezo de la vinagreta y la curiosidad de nuestro espíritu.

Huevos y fiambres y embutidos

La tortilla de patatas es uno de los platos emblemáticos de la cocina española y poco se puede añadir acerca de ella, salvo que puede ser metafísicamente pura y reducirse a la composición de huevo y patata, o tornarse impura mediante la cebolla. Si la pérdida de pureza se agrava y se añaden al cuerpo del delito chorizo, pimiento y ajo, sale una maravillosa construcción que se llama tortilla de Betanzos, si se quiere particularizar, y tortilla a la gallega, si se prefiere generalizar. Los catalanes han aportado a la tortillería universal la de judías cocidas, la de butifarra blanca y la de butifarra negra o de sangre. Los aragoneses disputan a los catalanes la creación de la tortilla de chicharrones y los vascos pasarán a la historia por su tortilla de bacalao, una exquisitez basada en el bacalao desalado, la cebolla y el huevo. Los canarios reivindican una tortilla canaria basada en el tomate, la cebolla, el ajo y las hierbas aromáticas que se deseen, aunque se aconseja que predomine el estragón, después del perejil, la hierba más amiga de los huevos. Tortilla de ajos, de chorizo, de jamón, de lo que sea, antes de asumir que con los huevos se pueden hacer muchos platos sin necesidad de atortillarlos y que desde antiguo se conoce la fórmula de los huevos a la flamenca, sevillanos naturalmente. Pero antes de meternos en huevos propiamente dichos, hay una tortilla granadina que merece especial atención, llamada por algunos Sacromonte y por otros «granadina», sin más, la cual es parienta de las inenarrables tortillas a la jardinera. En el caso de la Sacromonte, el interés de la tortilla radica en que, junto a la patata, la cebolla, los guisantes, el tocino o el jamón y el pimiento morrón, abriga también el huevo sesos cocidos.

Los huevos a cuerpo limpio aceptan en España adjetivaciones de origen según quién los acompaña. Si el acompañante es una rodaja de sobrasada, se llaman «a la mallorquina», y si la rodaja es de chorizo, «a la riojana». Un restaurador barcelonés de la «nueva cocina», Antonio Ferrer, adaptó a la española la fórmula de Guérard de huevos con caviar. Se trata, en el caso barcelonés, de huevos fritos con las yemas espolvoreadas con el mejor caviar soviético y acompañados de una rotunda rodaja de morcilla aragonesa frita. Pero, dentro de terrenos más convencionales, hay que hablar de los huevos a la flamenca, horneados en sus cazuelitas en compañía de un buen sofrito y de variadas hortalizas previamente cocidas: judías verdes, guisantes, espárragos, más su chorizo na indispensable copita de jerez, que es la que tivamente el asunto. Interesante la gama de s, muy cultivados por riojanos y vascos con hortalizas locales o incluso con ingredientes pesqueros: bacalao, angula, chanquete.

País rico en fiambres y embutidos, España ha sabido sacar partido a una cocina de sus jamones excelentes y peculiares: magras de jamón con tomate, jamón y habas, jamón serrano con salsa al estilo de La Palma del Condado. Del mismo modo, ha sabido guisar su embutido más peculiar, el chorizo, frito, cocido o cocido en diferentes vinos ligeros o sidra, sin olvidar el chorizo al jerez, porque toda excepción confirma su regla. Los catalanes han hecho de un embutido fresco, la butifarra, uno de sus platos característicos, bien sola, bien acompañada de setas, de judías cocidas o en tortilla, y en cuanto a los gallegos, han hecho del chorizo la razón más sabrosa de algunos de sus cachelos, aunque yo me inclino a glosar un plato irrepetido en ningún rincón de la galaxia y titulado «castañas con chorizos»: más galaico, imposible. Se compone este comistrajo de castañas cocidas con judías blancas y cebollas, y luego acompañadas en su hervor de chorizos fritos, con preferencia bastante grasientos, es decir, característicos chorizos gallegos de guiso. Los canarios asan como nadie los jamones, acompañándolos de patatas dulces, y los mallorquines asan sus sobrasadas, mientras toda España es una pura morcilla de sangre con cebolla o con arroz, a cual más inmejorable. Pero de toda la cultura culinaria basada en la búsqueda del fiambre, por el procedimiento que sea, permítaseme que elija para la glosa y la exaltación el morteruelo, engrudo excelso de las Castillas, hijo putativo de la antigua olla podrida.

El morteruelo no fue otra cosa que las carnes de la olla podrida, una vez cocidas, majadas en un mortero en compañía de orégano, alcaravea, canela, clavo de especia, pimentón y sal. Hoy puede hacerse un morteruelo vulgar, por la vía más rápida y basado casi exclusivamente en el pollo, el cerdo, un hígado del mismo cuadrúpedo y los aderezos. Pero hay que reivindicar aquella carnicería que conducía al morteruelo, compuesta de carne de liebre, perdiz, pollo, vaca, cerdo, hígados y aun cordero, para obtener una amalgama suficiente en compañía de las grasas de la panceta y las mantecas del cerdo. Plato semiolvidado, fue repescado y adoptado por Cuenca, y desde Cuenca, en los diez o quince últimos años, ha conseguido acceder al universo e incluso a excelentes páginas literarias.

Los arroces

En Europa, solo la cocina italiana tiene una cultura del arroz propiamente dicha, pero en ningún caso puede competir con la española. Es evidente que el arroz es la base alimentaria de buena parte del mundo, pero en ocasiones se limita a ser «paisaje de fondo» para sabores más determinantes, cuando no alimento meramente energético, equivalente al pan. En España se ha desarrollado el arroz como ingrediente *per se* de una sabrosa gastronomía que se centra en lo que los tratadistas antes llamaban «Levante español» y que hoy habría que despedazar entre las diferentes autonomías que lo conforman o darle el nombre más ajustado de «Mediterráneo». Hay una cultura del arroz que se extiende de Málaga a Gerona y que en lo fundamental se divide en dos grandes reinos: la carne y el pescado. De carne es la paella auténtica, estrictamente de carne de pollo y conejo, con judías tiernas, bajocons, caracoles —si es la temporada— y un sofrito de ajo y tomate. Esta es la paella popular. Pero la paella no es todo lo que el español sabe hacer con el arroz, ni siquiera con el arroz de carne, porque a muchos kilómetros de Valencia, en Zamora, nos encontramos con un arroz a la zamorana que recuerda mucho a otro espléndido arroz de carne a la valenciana, el *arròs amb fèsols i naps* (con alubias y nabos), que puede ser solo de *fèsols i naps,* pero también ir acompañado de nobles partes del cerdo, la ternera y el pollo o la gallina.

Excelentes son algunos arroces mallorquines, como el *arròs brut,* «arroz sucio», hecho con los menudos del pollo y del conejo y ligeramente caldoso, o la *greixera d'arròs de terra,* igualmente mallorquina, realizada con cabeza de cerdo, ajo y patatas. Pero dignos de radical glosa son los arroces de la familia del arroz a banda; y me explicaré sobre esta estructura familiar, porque es larga, ancha y profunda. De Málaga a Tarragona, se hacen en España arroces a banda de la misma intención, pero por diferentes procedimientos. Lo que se trata es de hacer un intenso caldo de pescado (generalmente, de pescados de roca) y cocer el arroz para que coja toda la sustancia. Originariamente, fue un arroz pobre de pescadores que aprovechaban la morralla, pero con el tiempo se ha convertido en plato selecto de dos vuelcos: el del pescado cocido y acompañado de alioli y el del arroz seco y solo. Desde el arroz a banda propiamente dicho hasta variantes sofisticadas como el arroz a banda de langostinos, pasando por el espléndido caldero murciano, cada uno de estos guisos se apunta una variante, según el sabor dominante en el sofrito o en los caldos. El caldero murciano impone la contundencia de las ñoras; en cambio, el arroz a banda malagueño tiene fondo de gambas.

Otro arroz más o menos a banda es el *arròs arrossejat,* paella de arroz previamente sofrito y cocido con caldo de pescado bien concentrado. Un arroz extraordinario, emparentado con un plato italiano basado en los espaguetis, es el arroz negro, con la negritud debida a la tinta de la sepia o del calamar, a diferenciar de un espléndido *arròs negre* gerundense, de color oscuro obtenido exclusivamente por la cremación de la cebolla. Más que arroz parece una falla valenciana el famoso arroz con costra de la zona de Elche, arroz de carnes, vísceras y embutidos locales, que se hornea con huevo batido por encima hasta conseguir una capa dorada que cubre todo el ruedo de la cazuela. Francisco Gonzalo Seijo Alonso, compilador de arroces sobrevivientes en el País Valenciano, propone hasta cien arroces, algunos tan audaces como la *paella amb pilotes*, «paella con albóndigas», o el arroz con habas y bacalao, con bacalao y garbanzos, «de los tres puñados» (arroz, habichuelas, lentejas y fríjoles) o el de pato de agua o con anguilas o con rata de agua o con pava de huerto, etcétera.

Menos legitimados, aunque no menos sabrosos, son los arroces de pescado a la catalana, algo caldosos y muy prósperos en las costas de Tarragona y Gerona. Suelen cocerse en cazuelas cóncavas de hierro colado o aluminio grueso, y tienen un punto de cocción muy diferente del arroz de paella. El arroz cocido en la paella es más entero. El hecho a la cazuela tiene el corazón entero, pero una cierta blandura en los bordes que nunca debe llegar a ser blandura total.

No hay que olvidar dos arroces modestos, pero sublimes, como son el de bacalao y el vegetal. El primero suele complementarse con habichuelas o patatas y requiere la contribución de la ñora y la mejoría del ajo tierno. En cuanto al segundo, tiene su mejor patria en la huerta murciana y se basa en las verduras del tiempo, sean las que sean, pero agradece, sobre todo, la judía tierna, la acelga, el bróculi, las habas y los guisantes. Los catalanes del interior hacen espléndidas cazuelas de arroz de conejo y costillas de cerdo, también ligerísimamente caldosas.

Comerse el paisaje y otras menudencias

España es un país muy consumidor de pescado, cuando puede, y de carne, aunque no tenga una gran cocina de la carne y sí, en cambio, pueda ofrecer exquisitos platos de pescado, muy peculiares. Pero lo verde, es un decir, ha sido siempre compañero de la pobreza española, y durante una larga compañía histórica ha dado lugar a una cocina interesante, que cuenta incluso con platos señeros como la lombarda a la tocinera turolense, las patatas con chorizo a la riojana (con pimiento) o a la salmantina (sin pimiento), las espinacas a la catalana, la menestra de verduras murciana o navarra, el pisto manchego, las habas a la catalana o a la andaluza, las berenjenas a la mallorquina, y, considerando las legumbres como respetables miembros del reino vegetal, hay que hablar de lo que se sabe hacer en España en el campo de los potajes, y ya glosadas las alubias y las habas, presentar a la humilde lenteja, materia prima de platos populares que pueden aceptar la riqueza de la costilla de cerdo y las albóndigas o la pobreza del estricto tocino y algo de chorizo.

Tal vez para combatir la tristeza de comerse el paisaje, la cocina española ha impulsado importantes platos de rellenos en los que la carne o el pescado tienen la coartada del vegetal o de otra bestia con alma de gabardina. El pimiento español rellena lo que sea, desde picadillo de carnes, como en el País Vasco, hasta *brandades* de bacalao o codornices guisadas, como en Cataluña. Igual puede decirse de berenjenas, calabacines y tomates, que, complementados con la patata igualmente rellena, componen un sabroso plato castellano, a medias olvidado, llamado «rellenos». También se cocina el pimiento relleno de arroz, plato mediterráneo común en Valencia, Grecia, Turquía y el norte de África, y hay que retener la manzana rellena de picadillo de carne, plato importante ampurdanés, o las cebollas rellenas que tanto gustan a los astures.

Y cuando se trata de otros rellenos, de los menos dependientes del vegetal y más de un cierto canibalismo entre carnes y pescados, hay que hablar de los calamares rellenos, familia amplísima llena de parientes pobres y ricos, cercanos y lejanos, en la que cabe desde el calamar relleno de sí mismo y guisado en su tinta hasta el calamar relleno de otras carnes y de lo que sea, incluyendo, en este apartado de lo que sea, aceitunas, guisantes, atún..., en fin, lo que sea. Muy comestible es el pato relleno con manzanas, de raigambre catalana, y más estatal el recurso de rellenar capones con *farce* de carne picada, ciruelas y piñones. Merece una cierta filosofía esta práctica que puede asumirse como una cierta poética del *collage* culinario, puesto que el paladar, predispuesto al sabor de lo «rellenario», recibe la textura y los sabores añadidos de lo «rellenante».

Y se entra de lleno en la cocina de las menudencias cuando se trata de saber todo aquello que los pueblos de España aprendieron a cocinar con las sobras de la naturaleza, sea por la vía de la depredación o por la vía de aprovechar las partes internas y limítrofes de las bestias. Para empezar, España pregona su variada cocina de caracoles, aunque en la calidad de las bestias no pueda competir con los gordísimos caracoles franceses. Caracoles, setas y ranas los da la naturaleza y se encuentran al alcance gratuito del hombre, si sabe cazarlos; de ahí se derivan platos como las trufas al jerez, el popurrí de setas a la catalana, las setas a la brasa o al horno, las criadillas de tierra a la extremeña, las ranas al ajillo o a la romana y la variedad caracolera de las Españas, porque no hay pueblos sin caracolada de origen, y hasta hay un gazpacho de tortas manchegas con caracoles. De todos los caracoles que he tenido el gusto de probar en este curioso país, destacaría un plato ampurdanés en el que el caracol se rellena de butifarra, se aliña con una picada de ajo, almendra y perejil y se pone a gratinar.

Y en cuanto a los menudos, constituyen un apartado importante en una cocina y una alimentación que no han podido desperdiciar nada. Ahí están las cabezas de cordero al estilo de Aragón o los rabos de cordero guisados a la extremeña, las asaduras, los sesos, las criadillas, las manos de cerdo o de cordero, las lenguas, los corazones, los higadillos, los vientres de estas o aquellas bestias esperando su sofrito y su picada o su caldo corto y aromatizado. Hay platos absolutamente señeros en este reino, como los callos a la madrileña o a la andaluza, también llamado menudo gitano, o las manos de cerdo, guisadas con nabos negros catalanes, o con pan, como se hace en Castilla, es decir, cocidas las manos hasta la blandura, sazonadas con sal y pimienta, revolcadas en pan rallado y puestas a gratinar. Un plato serio, la perolada de morros y orejas, y los morros de vaca o ternera, a la vasca o a la castellana.

En cuanto a vísceras fundamentales como son riñones e hígado, ahí quedan los figados de cabrón con ruibarbo, de la más sólida y rancia cocina castellana, o los riñones al jerez, una de las maneras más serias de emborrachar las vísceras.

Las cocinas carnívoras

Se guisan bien en España el pollo, el cerdo, el conejo y el cordero, pero se respeta demasiado a la vaca, al buey o a la ternera, por ser animales o demasiado grandes o demasiado caros. Hay excelentes platos de pollo y otras aves, especialmente los basados en el contraste entre las carnes y otros bichos u otras hierbas: pollo con manzanas, oca con peras, pollo con langosta, perdiz con uvas, pollo salteado con higos, pavo con manzana, pato con melocotones. Pero el pollo por sí solo no ha dado otro plato hispánico singular que el guisado a la pepitoria, porque cualquier otra variante es igualita a la que puede utilizar cualquier cultura gastronómica del extranjero.

El conejo, al ser objeto de depredación, ha despertado siempre mucha afición en las cazuelas, y los canarios se han atrevido hasta a guisarlo al café, simple conejo guisado con su tomillo, su laurel, su ajo y su cebolla, sometido el conjunto al tratamiento de choque de una tacita de café bien cargado. A esta notable excentricidad hay que añadir el excelente conejo con caracoles, el conejo en piparrada, el conejo con chanfaina —a la catalana— o pisto —a la castellana—. Ascendido a la condición de caza, el conejo de monte o la liebre pueden someterse a un sólido y serio tratamiento cosmopolita, como el *civet,* o a guisos más hispánicos de lomo de liebre: el guisado a la leñadora con moras o el acompañado de tartaletas de castañas y salsa de grosellas. Excelentes los escabeches de caza, especialmente los aplicados a la perdiz, y merece un respeto y un minuto de silencio el faisán o la perdiz *à la mode d'Alcantara,* denominación francesa de un plato extremeño en el que intervienen el oporto, las trufas, la hierbabuena, el perejil, el perifollo y el tomillo.

Claro está que en España se guisan otras cazas mayores, ciervo o jabalí, pero los procedimientos para hacer comestibles estas bestias son universales, y un guiso de jabalí a la española es lo más parecido que hay a un guiso de jabalí a la austríaca o a la francesa. En cambio, el cordero ya es otra cosa. Hay tantas variedades de ternascos como comarcas de la España interior, aunque sean famosos los aragoneses, y los navarros y los castellanos se apliquen a asados mayores. Los cochifritos de cordero compiten en una amplia marca, que va de la Castilla manchega a Extremadura, y los platillos de cordero tienen acento catalán en Cataluña, pero castellano en Castilla y navarro en Navarra: es un antiguo plato de carnes menores, troceadas y guisadas con los más variados complementos y aderezos. Corderito al chilindrón, caldereta extremeña, pierna de cordero a la asturiana: después del cerdo, el cordero es el mejor amigo proteínico de los españoles. Aragoneses y catalanes son especialmente amantes del asar directamente las costillas y chuletas de cordero sobre las brasas, acompañadas de *allioli,* como a los vascos les entusiasma asar chuletones de medio kilo. No me atrevería a morir defendiendo la tesis de que asar no es cocinar, porque un asado se basa en dos saberes muy elementales: la calidad de la vianda y el punto justo del fuego en su tiempo. Pero, sin duda, cocinar es algo más que asar.

La vaca, o su hermana pequeña, la ternera, reúnen poca cocina española. Hay excelentes carnes en Ávila, el País Vasco y Gerona, que gozan de justiprecio y que son riquísimas bien asadas, pero la vaca en España no ha ido poco más lejos que del estofado y sus derivaciones. Los andaluces le han echado aceitunas y almendras a su ternera guisada, los catalanes, anchoas, y los mallorquines, sobrasada, sin que los resultados sean malos, aunque tampoco son sobresalientes. Tal vez, la mejor aportación española a la historia de la cocina de la ternera sea el nombre de un plato: «tojunto» o «tocrúo», excelente estofado en el que la ternera se cuece en una olla de cuello estrecho al mismo tiempo que sus compañeros de guiso, los compañeros tradicionales de cualquier buen estofado, acompañados a su vez de unas hebras de azafrán.

Tema aparte, en cambio, es el cerdo, que en España se deja guisar las patas traseras, dando lugar a una excelente gama de lacones. Se lleva la fama el lacón con grelos gallego, pero hay un espléndido lacón asado a la asturiana, como se lleva la fama el lechón asado a la segoviana, sin que desmerezcan de este los lechones de otras denominaciones de origen. Especialmente sabrosos son el cochifrito de lechón y una serie de platos muy populares que hacen de la cocina española del cerdo una de las más inspiradas del mundo: el cerdo agridulce a la ampurdanesa, las chuletas de cerdo a la riojana, el espinazo de cerdo con patatas, el lomo al estilo vasco, el tostón zamorano (absolutamente exquisito y sin otros recursos que cortezas de cerdo y salmuera), lomo al vino rancio, costillar de cerdo aderezado y asado a la brasa, y lomo de cerdo al estilo del Alto Aragón, un guisote extraordinario.

El bacalao y los demás animales acuáticos

Al meternos en el agua de mar se nos dirá enseguida que no hay cocina marisquera como la española, especialmente la gallega y la cantábrica. Pero no hay que correr tanto. Antes de hablar de peces y mariscos propiamente dichos, hay que hacerle caso a un elemento que pertenece a un reino natural propio, el bacalao, nacido pez, convertido luego en cartón y recuperado para la gastronomía por el procedimiento del remojo. España ha creado la mejor cocina del bacalao del mundo, después de la portuguesa, en cuanto a imaginación de variantes, pero por encima de cualquier otra si tenemos en cuenta cumbres cualitativas como el bacalao al pilpil, el más sobresaliente de todos, el *bacallà a la llauna* catalán, el bacalao a la vizcaína o el bacalao al ajo arriero, si va acompañado de gambas o langostinos. Los manchegos y los murcianos hacen una *brandade* sabrosa y salvaje, a la que llaman «atascaburras», que se compone de bacalao, patata, ajos y ñoras, convenientemente cocidos y amalgamados con aceite en un mortero; sobrevive un medieval bacalao con miel; merece la pena el bacalao catalán con espinaca, pasas, huevo duro y piñones; también las albóndigas de bacalao, asimismo a la catalana, pero sobre todo hay que retener en la memoria un plato por nacimiento y difusión circunscrito a la zona ampurdanesa de Palafrugell, llamado *es niu,* «el nido», consistente en un guisote de bacalao, *peixopalo* (*stock-fish,* pescado aplastado y secado al aire sin salar), tordo, sepia, patata, guisantes, garbanzos y *allioli.*

El marisco es el marisco, y si está bueno de nacimiento, pues está bueno y poco arreglo necesita. La mezcla de pescados duros y cefalópodos y mariscos ha dado origen a la zarzuela, que asciende a la categoría de «ópera» si lleva langosta. Pero la zarzuela no es otra cosa que una versión a lo rico de los *suquets* mediterráneos, cazuelas de patatas y pescados de roca con su picada y leve sofrito. Por la langosta han ido los desaprensivos, y, en lugar de dejar que se asara sobre las brasas, la han mezclado con chocolate en Vigo y Cataluña y elevado a la condición de madre superiora en Ibiza, en donde protagoniza una caldereta con pan sin sal, realmente recomendable a la mismísima momia de Brillat-Savarin. La vieira es un marisco que admite un buen guisar y se ha difundido como moda en la especialidad al champán, del mismo modo que se han puesto de moda las ostras fritas, prosperando poco a poco la fórmula derivada del arroz con almejas de Arzak, consistente en poner vieiras donde Arzak puso almejas. El txangurro es una de las mejores alquimias que puede padecer un cangrejo, especialmente el txangurro a la vasca, que necesita medio vaso de coñac y medio de jerez para reunir la malicia del *bouquet* característico.

En cuanto a los pescados, hay tres grandes familias de guisos: los cocidos de pescado, las frituras y las horneadas.

Entre los cocidos de pescado sobresalen los *suquets* catalanes, hermanos lejanos de la bullabesa, y los hervidos de bonito o atún, que en el norte dan lugar a esa maravilla llamada marmitako y en Tarragona al *patacó.* Las frituras tienen su reino en Andalucía y prefieren pescados de estructura delgada, para que el aceite llegue a las últimas esquinas del alma de la bestia. Las horneadas tienen carácter en el País Vasco, en donde reina el besugo en los hornos, y en Cataluña, en donde se prefiere la dorada, el pagel o la lubina. También hay buena cocina para los pescados baratos, especialmente la sardina y la caballa, que requieren tres tratamientos básicos para llegar a la excelsitud: el asado, el escabeche o el horneado en compañía de un lecho de patatas, con picadillo de ajo, cebolla y perejil. Cada pueblo de España cree haber descubierto la cocina de la sardina, y hay que dejarlo en ese conveniente error, porque a causa de tal error un abanico de variantes se despliega.

La cocina sólida de la mar utiliza en España dos peces «carnales»: la lamprea y el atún. Con la primera se hace hasta *civet,* sin que el *civet* disculpe de probar la empanada de lamprea. En cuanto al atún, se consume asado, frito con chanfaina, guisado como carne, con hierbas aromáticas y vino rancio, y mechado y escabechado a la manera de Isla Cristina. La merluza ha sido siempre buena compañera de los vascos, así en salsa verde como prestando sus kokotxas para placeres gelatinosos sublimes. Pero quizá ningún guiso de merluza tan sabroso como el del cogote a la sidra. Tras la merluza, la dorada llega como pescado duro de carnes pero fino de espíritu, que se presta a ser cocido a la sal en el mar Menor o ir acompañado de una crema de erizos, receta entre provenzal y catalana. Hay una receta de dorada poco conocida, al estilo de Alcántara, que demuestra, por lo historiado de su composición, el amor que las gentes del interior dispensan a las cosas de la mar. En cuanto a los sosos peces de río, los españoles descubrieron hace tiempo que hay que guisarlos en compañía de estimulantes, y así aparecen notables cocinas hispánicas de peces fluviales, especialmente de la trucha, que es el pez de río menos desconocido: truchas al vino tinto, truchas a la navarra, a la aragonesa, rellenas, en escabeche, ahumadas. Tras la trucha, la anguila, que origina el plato valenciano más popular después de la paella, las *anguiles a l'all i pebre.* Gozan de más prestigio en el País Vasco y Cataluña las angulas, que primero se comieron exclusivamente al pilpil, luego aderezadas en ensalada y ahora incluso revueltas en huevo, como si el paladar o la naturaleza se hubieran hecho un lío con las angulas y los chanquetes.

Animal de importante pasado fluvial fue el cangrejo de río, que estuvo a punto de agotarse, hasta que se hizo animal de granja, como el pollo, la langosta, la trucha, el cerdo y el caracol. Abundante en los ríos castellanos, el animalito necesita el complemento de fuerza de un rotundo aderezo, como el que perpetran los riojanos, que le echan guindilla, jamón serrano y vino blanco, sin que los cangrejos de río, hasta el presente, hayan expresado la menor queja.

Pero hubo una vez cinco mil dulces…

Un repaso de cualquier índice de repostería española nos alarma por la cantidad de dulces diferenciados que nos ofrece. Luego, leídas las recetas, resulta que la dulcería estrictamente española se basa casi toda ella en la harina, cómo no, la almendra, la miel y el huevo. Otra cosa es la pastelería de las comarcas catalanas de antiguo vinculada a la erudición artesanal francesa o vienesa; pero la pastelería tradicional española es cualquier cosa que se pueda hacer con harina, huevo, almendras y miel. Nadie crea que la expresión «cualquier cosa» es despectiva, al contrario, sobre estos cuatro elementos la repostería popular ha conseguido auténticas obras de arte. Debe decirse que las posibilidades de variar son infinitas, si tenemos en cuenta que a los cuatro elementos hay que añadir una grasa, que puede ser manteca de cerdo, aceite o mantequilla, y que un bollo nunca o casi nunca es igual a sí mismo, porque, por ejemplo, en Burgos, y más concretamente en Aranda de Duero, le dan el *bouquet* acompañándolo de zumo de naranja, canela y una copa de vino de Jerez.

Hay bizcochos en todas partes de España, ya puede llamarse *pa de pessic* en Cataluña o bizcocho pasiego en Cantabria; hay *coques* en Cataluña, Valencia y Baleares, preferentemente muy vinculadas a las *festes del foc,* es decir, a la celebración del solsticio de verano; buñuelos de dátiles, de viento, de cuaresma rellenos, de manzana; almojábanas de Albarracín; pastel de higos, bollos de chicharrones y de aceite; todos los roscos, roscones y rosquillas que quieran: de Ribadavia, de palo, de Reinosa, de Nonaspe, roscón madrileño de Reyes, tortas y tortadas de naranja, en Valencia naturalmente, o de aceite, en Cariñena, tortas de Cascante, de aguardiente; cremas o natillas componen un submundo dulce y líquido que embalsa el subconsciente infantil de todos los ciudadanos del Estado de las autonomías: crema frita, natillas castellanas o vascas, a la catalana con azúcar quemado; yemas las ha habido y hay en todos los conventos en donde las monjas han practicado la consigna del «A Dios rogando y con el mazo dando», aunque algunos pueblos y villas se hayan quedado con denominaciones de origen, como Almazán o Illescas; hornazos, monas catalanas de Pascua, sequillos de Uncastillo, aceitadas manchegas, pestiños en Castilla y pestiñitos en Andalucía; huesillos de Béjar o huesos de santo; soplillos de orejada o de Segovia; orejas y orejuelas; mojicones; mantecados de Astorga o de donde sea; polvorones de Estepa o de cualquier otra estepa más propia; almendrados de Allariz; *carquinyolis* de Cardedeu; piñonate; codoñate y letuario de nueces; torrijas; frangollo canario; ahí es nada, mantecado de chicharrón con chocolate; arroz con leche; suspiros de España... Y si se trata de guisar dulces con fruta, pues no acabaremos ni en quinientos tomos: peras con vino, dulce de manzana, de membrillo, higos a la crema, naranja para flanes, mermeladas de toda fruta —que en Canarias llega a ser de papaya—, dulce de corteza de melón, cuajada de manzana, manzanas con vino tinto, melocotones flambeados, melocotones al moscatel o al vino rancio, manzanas a la malvasía, melón al vino rancio...

Tome un descanso el lector para recordar la metodología de la enumeración caótica de Neruda, tal como la estudiara Leo Spitzer, y convenga en que la enumeración de tantos dulces enunciados se convierte en el *collage* poético de la imaginación del niño que según los filósofos cursis todos llevamos dentro y algunos fuera. Y tomado el descanso, ya sin más reposo, cense en su memoria la familia del arroz con leche, con miel, los taquitos de patata endulzados y anaranjados, canutillos de crema bilbaínos, *punys d'ou* («puños de huevo») baleáricos, ensaimadas, mostillo con nueces, mazapanes, mazapancitos, turrones de Jijona, sí, pero también de Cádiz o Canarias, rellenos de miel, *flaons,* frisuelos, fiyuelas, rejadillos, filloas de matanza, requesón verde, quesadillas, cajicas de Tauste, *casadielles* fritas.

Hay dulcerías que parecen guisos de fondo, como los higos chumbos a la canaria, la tortilla con mermelada al ron, la tortilla golosa, la sopa borracha, las sopas de miel navideñas; hay dulces que merecen el examen del historiador, aunque solo sea por la polisemia del nombre: mostachones de Utrera, bienmesabe, pan del rey, lenguas de gato. Los hay que parecen un taco, como la leche frita, y los hay que parecen la prolongación de un vicio, como la crema de vino manchega, porque siempre van del brazo, aunque con los ojos apunten a distintos horizontes, la virtud y el vicio.

La dulcería española está vinculada con celebraciones hoy patronales y católicas, ayer paganas y relacionadas con el intento, a veces vano, de aplacar la fuerza de los cuatro elementos básicos de la naturaleza. Cuatro elementos, cinco o seis, han bastado para crear un muestrario inenarrable, del que me he limitado a hacer una selección onomástica. Y ya que de la vinculación entre fiesta, dulce y religiosidad hablamos, ahí quedan los huesos de san Expedito en los que interviene el aguardiente con la harina, los huevos y el azúcar, o los obispos, dulce rico hecho con bizcochos previos, o los tocinillos de cielo, o esos piononos de Santa Fe, que aunque parezcan tradicionales, se urdieron en el siglo XIX para homenajear al santo padre de por entonces.

¿Dulcería competitiva con el saber pastelero, con lo que podríamos llamar repostería internacional tan bien adaptada por los maestros pasteleros de las Españas? Evidentemente, los cinco mil dulces populares españoles merecen ser probados, aunque solo sea una vez en la vida. Y si Pavese dijo que todo hombre que ha estado en la cárcel vuelve a ella cuando muerde un pedazo de pan, parafrasearíamos el invento pavesiano para añadir que todo español vuelve a su pueblo o a su infancia cada vez que muerde un polvorón o una rosquilla.

Los placeres elementales: pan, vino, queso y jamón

Los egipcios llegaban a utilizar quince palabras, o al menos ese era el número de ellas que se les conoce, para designar distintas variedades de panes y pasteles; según la harina, el grado de cocción o los elementos que mezclaban con la harina: miel, leche, huevos, fruta, manteca y otras grasas. Utilizaban básicamente tres cereales: el trigo, la cebada y el trigo redondillo o almidonero. En su *Historia de la alimentación vegetariana,* Maurizio habla de las dos grandes revoluciones alimentarias condicionadas por el utillaje de que se valía el hombre primitivo: el paso de omnívoro a carnívoro básico, producido a fines del Paleolítico gracias al empleo de armas que le permitían cazar grandes animales, y la aparición de la agricultura en el Neolítico, que facilitaba la cultura de los cereales e inmediatamente después la harina y el pan.

La carne y el pan han estado históricamente alejados por la frontera que separa la riqueza de la pobreza. Los ricos y poderosos, o consumidores de carne, y los pobres, con la alimentación condicionada por las buenas o malas cosechas de cereales: el trigo como cereal básico, en el Mediterráneo, Próximo Oriente y su área de expansión cultural; el maíz en América; el arroz en Asia. Trigo, mijo, cebada, avena, centeno, serán la materia prima para la cultura del pan, mientras que el arroz se utiliza sobre todo en grano y equivale al pan como alimento básico de los asiáticos. Se reconoce a los egipcios como buenos artesanos del pan, y un fresco de la época de Ramsés II nos muestra a panaderos amasando la harina con los pies. Los egipcios conocían la fermentación del pan mediante la levadura, según testimonio de Heródoto: «Todo el mundo teme que los alimentos fermenten, pero los egipcios fabrican una masa de pan fermentado». La transmisión de un conocimiento cultural se debía a la conquista y el comercio como principales instrumentos de comunicación en el mundo antiguo. La innovación egipcia permaneció a las puertas del mundo mediterráneo, mientras los pueblos consumían el pan fundamental, resultado de cocer harina amasada con agua, el pan ázimo judío o la galleta, alimento básico de las capas sociales inferiores de Grecia. En la misma Grecia, el pan fermentado era casi una golosina al alcance de ricos y notables. Así, Dinias, contemporáneo de Aristófanes, escribe: «El pan que hoy se trae a esta mesa y el que se compra en el mercado es de una blancura deslumbrante y de un gusto sorprendente. El arte de fabricarlo, perfeccionado, que nació en el siglo pasado en Sicilia, se revela en nuestra patria con todo su esplendor y hemos de decir que se ha mejorado extraordinariamente en la fabricación de los amasados. Hoy poseemos mil medios de transformar toda clase de harinas en una alimentación tan sana como agradable. Añadiendo un poco de aceite o de sal a la harina de cereales, encontraréis los panes más delicados».

No se ha ido mucho más allá en cuanto a la sustancia misma del pan, aunque gustos y tecnología hayan llevado la morfología del pan hasta los límites del preinfinito. El propio Dinias propone un somero pastel, padre de toda la cultura pastelera occidental de la harina y la miel: «Amasad la harina en miel, extended la pasta en forma de una hoja bien delgada que el panadero puede arrollar a su guisa y tendréis estos pasteles que son exquisitos cuando, aún calientes, pueden ser mojados en vino. También estos bollos tan dulces y ligeros, cocidos al horno con harina de sésamo, miel y leche, constituyen uno de los adornos de nuestra época». Y de las próximas. En la primitiva Roma austera de la Monarquía y la República, el pueblo consumía cereales cocidos o pastas de harina, y hubo que esperar al siglo II antes de Cristo para que el pan fuera un elemento de la alimentación popular básica y uno de los dos términos de la fórmula básica de control social: «pan y circo». Y cuando crece el árbol de la ciencia del Bien y del Mal del cristianismo, el pan ya cuelga de él como alimento esencial y simbólico de vida. Incluso el cuerpo de Dios se materializa en el pan y se introduce en los feligreses a través de la eucaristía. Alimento histórico en Egipto, esnob en Grecia, popular en Roma y sagrado en la cristiandad, el pan penetra en la historia de Occidente como un milagro vivificador.

Pan, panaderos, panaderías, elementos de paisaje urbano de las ciudades antiguas y culto secreto en las casas campesinas, donde el ritual de amasar, cocer y conservar el pan es la sagrada liturgia invocadora de la supervivencia de la familia.

Pero ¿qué es el pan?

Primero hay que saber qué es la harina: polvo procedente de la molienda, ya sea de cereales como el trigo, el centeno, la avena, la cebada, el arroz, el maíz, el trigo sarraceno, o de leguminosas como guisantes, habas, lentejas o alubias. De las harinas de cereales se obtiene el pan mediante un proceso que implica una serie de manipulaciones y de palabras que las denominan.

Trituración. Triturar el grano mediante muelas o cilindros, aunque actualmente la industria harinera utiliza exclusivamente trituradoras.

Cernido. Tamizar el resultado de la trituración. Cuando se separan las sémolas de los fragmentos de grano o cáscara, y se vuelven a pasar por la trituradora, se obtiene una harina más fina llamada «flor de harina».

Clasificación. Clasificar las sémolas obtenidas según su finura.

Conversión. Las sémolas obtenidas pasan a trituradoras de cilindros lisos que darán lugar a las harinas definitivas y a las sobras igualmente definitivas, es decir, los moyuelos. Una vez cernido de nuevo este conjunto, la harina se destinará a la alimentación humana y los moyuelos se utilizarán para cebar ganado.

Una harina de calidad requiere características tales como ser suave, aterciopelada al tacto, saber a engrudo fresco y tener un olor ligero y agradable a humedad. Cada cereal da lugar a harinas diferentes, en relación con el color, el aroma y el sabor, y desde antiguo se ha glosado la harina pura y desdeñado las mistificaciones; las más frecuentes son: mezclar la harina buena con otra alterada o vieja; manipularla añadiendo elementos químicos para blanquearla, como por ejemplo el peróxido de nitrógeno; devaluarla o amputarla restando de su composición la flor de harina, muy buscada por la pastelería.

Una vez obtenida la harina, comienza el proceso de elaboración del pan a través de tres fases: amasadura, fermentación y cocción. Amasar consiste en hidratar la harina para formar la masa básica antes de añadirle la sal y la levadura, si se quiere obtener el pan hoy más común. La fermentación se obtiene al mezclar esta masa con una porción proporcional de levadura; dura unas cuatro horas, durante las cuales la levadura consume el dos o el tres por ciento de los azúcares, que se transforman en gas carbónico y alcohol (el gas carbónico es el que aumenta el volumen de la masa). La cocción consiste en meter los cuerpos de pan diferenciados dentro de un horno y esperar a que la acción del calor, en torno a los cien grados, dilate la miga, seque la corteza y, a una temperatura que llega a los doscientos grados, la tueste.

El misterio de cómo la quietud del grano recolectado se convirtió en la exactitud del procedimiento que lo transforma en pan, hay que sumarlo a la lista inacabable de misterios que conforman la prehistoria de la alimentación humana, constituyendo, de hecho, buena parte de su misma historia. Más detectable es el origen de las variedades de pan aún hoy conservadas, acumuladas a lo largo de una historia hecha de necesidad y curiosidad. En el mercado español se distinguen las siguientes variedades de pan:

Según el peso

Pan grande: peso superior a 1 kg.

Pan de fantasía: 600-700 g. y 60-80 cm. de longitud.

Pan francés: 400-500 g. y 75 cm. de longitud.

Pan flauta: 250 g. y 70-80 cm. de longitud.

Pan de barra: 250 g. y 50 cm. de longitud.

Bastón: 100 g. aproximadamente.

Panecillo o bollo: 50 g. aproximadamente.

Según la morfología

Pan salchichón: pan de forma cilíndrica.

Pan polca: pan plano con incisiones en forma de cuadros o de espiga.

Pan gordo o rechoncho: pan de longitud inferior y mayor cantidad de miga.

Pan hendido: pan al que se le ha practicado una canaladura en el centro con ayuda de un rodillo.

Pan corona: nombre que se da también al pan hendido.

Pan tabaquera: aquel en que la masa ha sido hendida en partes desiguales.

Pan harinado: el que se deja reposar sobre una capa de harina para que esta se adhiera a su superficie.

Dentro de la industria y el comercio de la panadería, se distingue otra clase de pan llamado especial, que se ha granjeado una gran clientela en el mercado burgués moderno, un tanto cansado del pan estándar y alejado dietéticamente del pan en general:

Pan vienés: pan que contiene productos lácteos (leche en polvo o fresca) y materias azucaradas, generalmente azúcar o extracto de malta.

Pan de molde corriente: pan que tiene la misma composición que el pan normal, pero que ha sido cocido en un molde.

Pan tostado: pan corriente cocido con un poco de grasa en un molde cerrado.

Biscotte: pan tostado, cocido en molde cerrado.

Pan campesino: pan cocido con harina más oscura.

Pan de levadura: pan campesino cocido con levadura natural, sin mezcla de levadura de pastelería.

Pan sin sal: pan desprovisto de dicho ingrediente básico.

Pan de centeno: pan preparado con 65% de harina de centeno y 35% de harina de trigo.

Pan integral: pan elaborado con la harina resultante de la molienda completa, incluida la cáscara del grano.

Entre la dietética y el capricho

El pan ha sido uno de los alimentos más combatidos por la moderna dietética, especialmente el llamado «pan blanco» calificado por un tratado vegetariano con evidente poco respeto: «El pan blanco es agradable a la vista y al paladar y generalmente, fácil de digerir, pero por ser elaborado con harinas compuestas casi exclusivamente de almidón de trigo carece de una serie de elementos y propiedades altamente interesantes para la salud».

A ese pan blanco no se le reconoce otro valor que el calórico y en cambio carece de minerales, vitaminas y fermentos que están en el grano de trigo y que no pasan los filtros depuradores que conducen a la maravilla golosa del panecillo blanco.

Los dietistas aconsejan consumir pan integral según características muy precisas: no debe componerse íntegramente de harina de trigo, sino incluir también al menos un ocho por ciento del salvado obtenido por la cascarilla. Este pan integral tiene todas las virtudes; insisto en que, según los especialistas en dietética, reúne todos los elementos del pan blanco, los del germen rico en aminoácidos, grasas, minerales y vitaminas; los elementos de la capa periférica, también llamada capa de oro, entre los que hay células de aleurona (materia proteica), fermentos, diastasas, enzimas, gluten y minerales, el salvado menudo, con una elevada proporción de fluorina y minerales. Así analizado y así visto, podríamos llegar a la conclusión de que el pan integral es el alimento no natural más completo y asequible: además de los principios inmediatos, o sea, los hidratos de carbono (almidón), las grasas y las proteínas (representadas por los aminoácidos, indispensables para la salud), las células de aleurona y el gluten (rico en ácido glutámico, alimento de las células nerviosas), este pan proporciona en cantidades fisiológicas los minerales y vitaminas más necesarios para el organismo. Hierro, calcio, fósforo, magnesio, vitaminas B, D, E…; para qué seguir. Todo esto contiene el pan integral que puede elaborarse en casa, al decir de los expertos, con mucha mayor garantía que si se recurre al pan integral industrial. He aquí la fórmula por si alguien se anima a aprender el oficio de panadero integral:

Se mezclan 500 g. de harina cernida al 90-92% (es decir, en la que permanece un 8%, al menos, de cáscara y germen), 30 g. de levadura y 20 g. de sal. A esta mezcla se le añade agua suficiente, amasándola hasta obtener una pasta homogénea. Se deja fermentar durante treinta minutos. Luego se fracciona la masa según los panes que se quieran obtener y se mete en el horno caliente, donde se deja cocer.

Los portugueses obtienen un curioso pan integral que es en sí mismo un alimento hipercompleto. Se compone de leche, mantequilla, miel, sal yodada, agua o caldo de verdura, levadura, un huevo, harina integral y salvado de trigo. No disponemos de estadísticas suficientes, pero se sospecha que después de comer un pan tan alimenticio todos los demás alimentos huelgan y el consumidor tiene la íntima sensación de ser Supermán. Necesidad o capricho, la cultura del pan ha padecido una degradación de la que empieza a salir, gracias, precisamente, al culto de los panes especiales que la dietética ha revalorizado o descubierto. El rey de esos panes especiales es el *biscotte* o pan tostado de producción industrial, inventado por los franceses. El *biscotte* normal y corriente no tiene propiedades dietéticas especiales, aunque los consumidores mitológicos crean que un pan tostado y, por lo tanto, menos hidratado, engorda menos. Pero no todos los biscotes son «normales», los hay sin sal y al gluten, el primero muy adecuado para los hipertensos y el segundo para diabéticos y sufridores de colitis.

Todos los cereales tienen su pan, aunque los más utilizados con el fin panificador sean el trigo, el maíz y el centeno. Y cada uno de esos panes tiene sus características, de creer la información que nos suministra Seymour en la *Guía práctica ilustrada para la vida en el campo:*

Pan de harina de cebada: esta harina compone por sí sola un pan de sabor refrescante. Con harina de cebada y de trigo, a razón de 1/2 y 1/3 respectivamente, se produce pan de buena calidad, que resulta más sabroso si se tuesta previamente la harina de cebada.

Pan de harina de avena: es también fragante y compone un pan esponjoso y húmedo que sacia agradablemente. Con harina de avena y trigo a partes iguales se consigue una mezcla equilibrada.

Pan de harina de arroz: el pan hecho con harina de arroz resulta mucho más agradable si se mezcla esta con harina de trigo a partes iguales.

Pan de arroz tostado: al igual que cualquier otro cereal, el arroz tostado y la harina de trigo mezclados componen un pan de una calidad inusitada.

Pan de sorgo: la harina de sorgo o mijo, por sí sola, compone un pan que resultará agradable y crujiente añadiendo harina de trigo.

Pan de harina de soja: mejora si se le añade harina de trigo, pero en esta mezcla la harina de soja representa la mayor parte del valor nutritivo.

Pan sin levadura o ázimo: el pan ázimo es una sustancia compacta completamente distinta del pan fermentado, que al fin y al cabo se compone de aire en un cincuenta por ciento. A mi juicio, el pan ázimo sólo es comestible si se corta muy fino. Un buen medio para que empiece a ablandarse el almidón de la harina es usar agua caliente o incluso hirviendo. Mediante la amasadura se libera el gluten. Si una masa sin levadura se deja reposar toda la noche, se obtendrá un pan más ligero, pues el almidón se ablandará más y comenzará una somera fermentación. El anhídrido carbónico generará algunos huecos de aire. Recomiendo para el pan ázimo las mismas proporciones de harina integral de trigo y otras harinas que para el pan fermentado.

Seymour, uno de los naturalistas que más han hecho por el redescubrimiento del placer de la vida en la naturaleza, recomienda que cada cual se haga su pan, práctica que también pertenece a la cultura *beat,* algunos de cuyos poetas, como Lawrence Ferlinghetti, predicaron con el ejemplo cociendo su pan en el San Francisco contracultural de los años sesenta. A los panes elementales, sean de la harina que sean, integrales o no, que hoy día pueden conseguirse en cualquier panadería puesta al día, la artesanía casera puede añadir panes de capricho como el pan de soda, hecho con leche normal, leche agria, mantequilla y huevo. Pueden conseguirse unas espléndidas tortas blandas, mezclando 1,4 kg. de puré de patatas con 1/2 kg. de harina de centeno; aconsejable espolvorearlas con azúcar y comerlas acompañadas de crema agria. Capítulo aparte merecen los panecillos griegos, de fácil receta y manipulación casera, realizados con pasta de harina fermentada con el añadido de aceite; han de ser de pequeño tamaño, se han de cocer en el horno en bandejas engrasadas (horno sobre los 230°) y humedecer con agua fría antes de que comience la cocción. Este tipo de panecillo, una vez frío, debe conservarse envuelto en paños, lejos del aire, pues por su escasa miga podría padecer una rápida desecación.

Son excelentes compañeros de pequeñas maravillas gastronómicas de fácil hallazgo: arenques ahumados o en vinagre, encurtidos o simplemente con mantequilla y cebolla. Pero el capricho no conoce límites aplicado a la panificación: puede hacerse pan de acelga o los más diversos panes según las más impensables especias. ¿Necesidad alimentaria, gastronómica o industrial para tanta variedad? Digamos que el consumo del pan se activa gracias a la variedad, después de una caída en picado en el hemisferio occidental, el más «panero», frente al «hemisferio del arroz» como complemento calórico.

Retengamos estas rápidas estadísticas sobre consumo de gramos de pan por cabeza al día para establecer una aproximación al mapamundi real de la supervivencia de la vieja cultura del pan:

Austria	172
Canadá	87
España	231
Estados Unidos	115
Finlandia	127
Francia	180
Gran Bretaña	149
Grecia	300
Italia	228
Japón	30
Luxemburgo	206
Noruega	186
Países Bajos	145
Alemania Federal	156
Suiza	140
Yugoslavia	230

A mayor desarrollo económico e industrial, menos consumo de pan. Estados Unidos, con 115 g. por día, tiene el consumo hinchado por el uso y abuso del bocadillo como único alimento del mediodía; pero el Japón, la gran potencia industrial de Asia, solo consume 30 g. al día. Como suele ocurrir, se está volviendo del viaje de ida del horror al pan y se pretende darle el lugar que le corresponde dentro de una alimentación equilibrada. Tal vez un camino consista en que el pan deje de ser un alimento aburrido. «Pan con pan, comida de tontos», dijo el primer enemigo del pan. El pan siempre ha necesitado la compañía gastronómica de la fantasía.

Pan, alimento y fantasía

Los cereales se han consumido crudos o cocidos en forma de grano, y todavía hoy buena parte del recetario más peculiar de la cocina española se basa en un cereal descascarillado: el arroz, por no hablar del uso del mismo cereal en la cocina asiática o del consumo de las mazorcas de maíz, asadas, cocidas o fritas, en la cocina americana. La harina y el pan tienen su dietética y su cocina. Las harinas han dado lugar a una amplísima gama de sopas que van de la liquidez a la espesura, de los caldos ligeros enharinados a la polenta italiana o las gachas españolas. Por otra parte, la harina amasada se presta a troceados diversos que, una vez cocidos, configuran una de las cocinas más peculiares de la historia gastronómica de la humanidad: las pastas chinas e italianas, que, según la tradición, tuvieron su origen en China y llegaron a Europa a través de Marco Polo. Pero no queda a la zaga la cocina derivada del pan como ingrediente básico, cocina eminentemente popular y rural hasta el presente siglo y que en aras de la prisa y la cocina de la brevedad se ha metamorfoseado en las mil flores del bien y del mal de las llamadas sandwicherías, barbarismo derivado de un tal John Montagu, cuarto conde de Sandwich, militar inglés colonizador, precursor de la prisa, quien se hacía preparar combinados de distintas viandas en las cuales el pan servía de contenedor y se los hacía traer a la mesa de juego para poder comer sin dejar de jugar. No es que el tal Sandwich inventara el bocadillo, pero sí generó toda la modernidad de la cocina del pan de urgencia que hoy se extiende por todo el mundo bajo la bandera imperial de la cultura anglosajona. Frente a esa cocina panívora utilitaria, hay que mantener la memoria de dos grandes cocinas tradicionales panívoras: la francesa y la española. Y entenderlas en la doble vertiente del pan que sirve como vehículo de otros ingredientes y sabores o el pan como materia prima para la elaboración culinaria de otros platos. Usos elementales de gran exquisitez pueden serlo desde el pan con tomate a la catalana hasta el pan con mantequilla y ajo de los franceses del sur. Usos más sofisticados son las sopas de pan o las migas; entre las primeras, dos reinas indiscutibles, la sopa francesa de cebolla y la *zurrukutuna* vasca, y entre las segundas, la excelencia plural de las migas españolas, desde las austeras migas con grasa de cordero, aragonesas, hasta las barrocas migas con jamón y chorizo, adornadas con un huevo frito y acompañadas de una taza de chocolate, que habitan en la memoria de la gastronomía castellana. Empecemos por el pan con fantasía, cocina imaginada en las culturas pobres y que ha dado lugar a platos arqueológicos no solo sobrevivientes sino incluso hegemónicos y caracterizadores de un talante nacional, como el pan con tomate a la catalana, compuesto exclusivamente de rebanada de pan con la pulpa de un tomate maduro frotada, sal y aceite. Junto a este producto genial e híbrido fraguado en el siglo XVIII y con memoria por escrito desde el siglo XIX, la cocina campesina ofrece desde la antigüedad el pan con la fantasía del aceite y sal, aceite y azúcar, mantequilla, manteca de cerdo y azúcar, tostado y frotado con ajo y untado de aceite, pan con vino, pan con vino y azúcar, pan con chicharrones derretidos. También hay que hablar del pan combinado con sabores únicos idóneos, por ejemplo, el pan con queso, rey de las combinaciones elementales, o el pan con salazones. Uno de los platos típicos de la Cataluña rural era el pan con sardinas saladas y un racimo de uvas: aseguro que la combinación es tan exquisita como sofisticada y sabia en la combinación de sabores y texturas.

La loa al pan como fruto gastronómico tuvo, cómo no, en Grimod de La Reynière su poeta gastroerótico:

Charmante boulangère,
que j'aime la tournure
des petits pains au lait
que la simple nature
a mis dans ton corset.[1]

La exquisitez gastroerótica de Grimod de La Reynière está respaldada por una gran cocina francesa del pan que tiene en las sopas de cebolla *à la mode des Halles* su plato más memorizado, pero que va más allá, hasta el hoy de una nueva cocina que no se ha desentendido de tan noble y vieja materia. Ginette Mathot y Lionel Poilâne han ofrecido hasta ciento cincuenta recetas «fáciles, divertidas, ligeras y sabrosas para utilizar el pan».

1 Encantadora panadera, | cómo me gusta la forma | de los panecillos de leche | que la sencilla naturaleza | ha puesto en tu corsé.

El origen de esta cocina es la sagrada utilización del pan viejo o duro; pero de aquel antiguo ritual de pobres sobrevivientes han derivado sopas como la *panade* de miga de pan con leche y crema de leche, que los argelinos sazonan con menta y comino; la *panade* aderezada con madeira, azúcar, canela y cerezas confitadas, que se convierte en una exquisita sopa de pan dulce; la sopa de pan con champiñones; la sopa de cebolla gratinada al oporto, y la *zurrukutuna* vasca, monumento sencillo pero gastronómico de sopa de pan con bacalao.

Lo que en España llamamos torrijas, o pan seco remojado con leche, pasado por huevo, frito y espolvoreado con azúcar, tiene sus equivalencias en otras culturas, pero escojo, quizá por su poético nombre, la del *pain perdu,* «pan perdido»: rebanadas de pan untadas con huevo y doradas en mantequilla; se disponen sobre una bandeja y se aderezan con una mezcla compuesta de canela en polvo o vainilla y azúcar pulverizada. Lejano pariente de este sencillo *pain perdu* es el *pain perdu aux raisins de Corinthe et au rhum,* budín excelso compuesto de miga de pan, leche, pasas de Corinto maceradas en ron, yemas de huevo, claras montadas, todo introducido en un molde caramelizado y cocido al baño maría en el horno.

En Alemania, hay que hablar de una sopa de pan con cerezas, vino y canela, que resucita al más amargo de los muertos, o de un potaje de pan negro hecho con cerveza negra, vino blanco, mantequilla, yemas de huevo y crema espesa; los pueblos del Mediterráneo oriental mezclan migas de pan en sus exquisitas hamburguesas *(koftes)* cominadas; los ingleses han creado un pastel de pan en Devonshire, casi un *plum cake* hecho con pan migado, para no hablar de los budines panívoros que aceptan desde el conejo hasta el ruibarbo; los italianos amparan una ensalada de pan hecha con pan tostado y humedecido, acompañado de pedacitos de tomate, cebolla, albahaca, aceite, sal, pimienta, vinagre, a la manera de gazpacho sólido, que no llega a la genialidad de la gran sopa panera vegetal y fría de Occidente: el gazpacho andaluz.

No adelantemos acontecimientos y, antes de llegar a España, reseñemos la *fondue* suiza, en la que el pan es el ingrediente principal, en forma de cubitos pinchados por un largo tenedor y untados de un engrudo caliente formado con queso de Gruyère o de Emmental, vino blanco, ajo, aguardiente, nuez moscada y pimienta.

El pan con tomate

«Y la fantasía con pan se queda en el pan con tomate. Pan y aceite. Luego puedes poner el manjar moreno con sal o el manjar rubio con azúcar, y si eres charnego puedes permitirte el lujo de añadir pimentón rojo al pan con aceite y siempre comértelo, salado o dulce, con un racimo de uvas moscatel, con atún de playa o con una sardina salada, de la costa por más señas, sin que nadie haya dicho nunca de qué costa. Y si puedes hacerte con vino del Priorato, sólido como un filete de toro, emborrachas el pan que se pone morado de contento y le regalas el mineral de azúcar hasta que parece un monumento diamantero. Los dientes saben, la lengua sabe, que el satén ácido y salado del pan con tomate es un prólogo a la ristra de fantasías de los restantes juguetes del paladar que los catalanes hacen y deshacen desde que nacen, con una economía de materiales que la lengua, cualquier lengua, solo supo alcanzar cuando Bertolt Brecht aplicó la economía del lenguaje al idioma poético alemán. Cuando los dientes taladran la costra de azúcar y vino y llegan a la patria blanda del pan, saben que han entrado en el ciclo de la relación hombre-naturaleza: ni la contempla ni la transforma; simplemente se la come en sus más químicas purezas.

Pero la traición no ha respetado ni siquiera tan sencillo reino. Y el patriota recoge el vía crucis de los anuncios de paradores del camino donde los rótulos mienten un pan con tomate hecho con pan de barra, tomate de pote triturado con la batidora, aceite de soja, sal bastarda, húmeda, desleal. Nadie crea que el pan con tomate carece de tecnología. El pan ha de ser fresco pero reposado, la hogaza ancha y honda, el tomate rojo y maduro. El tomate debe exprimirse sobre la hogaza y luego frotarse partiendo de los bordes de la corteza para que los cantos arranquen la pulpa dormida y luego la podamos distribuir como un pringue sangriento. Que nadie se tome la libertad de sustituir este ritual por la pintura esforzada de pan con tomate exhausto por las frotaciones, como suele hacerse en esos bares mañaneros, cuando el dueño aprovecha los tomates supervivientes como si estuviera racionada la pintura de brocha gorda. El pan con tomate es cosa delicada y no hay hogaza que niegue espacio a más de un tomate, aunque la pulpa, las semillas y la agüilla roja desborden sus cuatro puntos cardinales. En cuanto al aceite, es preferible que sea de esos que se quedan entre el verde y el amarillo y que al caer hacen ruido de pozo hondo, aceites casi tan desaparecidos como el de Redondela, aceites de antes, mucho antes de la guerra de Corea, trágico ecuador que separó definitivamente la realidad y el deseo».[2]

2 Extracto de Manuel Vázquez Montalbán, *La cocina catalana. El arte de comer en Cataluña,* Península, Barcelona, 1979.

Gazpachos y migas

La cocina española del pan es inacabable y rica porque obedece a las necesidades de un país pobre que tuvo que imaginar toda una cocina del desperdicio. La palabra «gazpacho» designa por igual la genial sopa andaluza hecha con miga de pan, ajo, tomate, pimiento, aceite, sal y vinagre, o un recio guiso manchego basado en redondas galletas sobre las que se colocaban diferentes guisos vegetales o carnales, o ambos a la vez, para cuyo recetario aconsejo la inestimable guía de Carmina Useros sobre la cocina manchega. Del libro *Cocina regional* elaborado por la falangista Delegación de la Sección Femenina del Movimiento, real y única aportación de la cultura franquista al acervo cultural español, selecciono el gazpacho manchego con conejo o el gazpacho de pastor, sin olvidar otra gran sopa fría panívora española, el ajo blanco: miga de pan, almendras frescas trituradas, ajo, sal, vinagre, pimienta blanca y agua fresquita. Pero en ese mismo libro destaca un balance de migas que requiere especial y detenida consideración. Este injustamente olvidado y suculento intelectual orgánico del franquismo censa hasta once variedades de migas ibéricas, basadas en el uso del pan migado por distintos procedimientos: o bien remojado, desmigado y escurrido, o bien cortado en pequeñísimas porciones dispuestas a la absorción de cuantos sabores queramos añadirles. He aquí la casuística referencial:

MIGAS CANAS: leonesas migas hechas en un caldero con sebo de cordero, pan cortado, algo de agua, sal, pedacitos de riñón de la bestia, dos moletes y leche.

MIGAS MANCHEGAS: pedacitos de pan humedecidos con agua, salados, fritos en una sartén con aceite, jamón cortado y chicharrones, y ajos pelados y cortados. Se sirven bien calientes, en verano acompañados de un racimo de uvas.

Migas de Córdoba: simplemente hechas de pan, ajo, aceite y leche. Hay quien las acompaña con un tazón de chocolate.

Migas duras: migas castellanas viejas, hechas de pan, sal, ajo, aceite y pimentón rojo dulce. Se acompañan de huevos fritos.

Migas con huevos fritos: igual que las anteriores, pero con el añadido barroco de pedacitos de jamón y chorizo.

Migas extremeñas: pan duro ablandado en agua, escurrido y frito con ajo, pimiento rojo y tocino ahumado.

Migas de matanza: merecen incluso un lugar en el recetario francés más exigente y se consideran de ubicación granadina. Hechas con pan migado rehogado en un pringue compuesto de los pedacitos de la asadura, el hígado y el tocino del cerdo recién muerto. Es típico comerlas en la misma sartén.

Migas de Huelva: pan con pimienta, agua y leche en partes iguales, fritas en manteca de cerdo con pedacitos de jamón y longaniza.

Migas aragonesas: sobrias y sabrosas, pedacitos de pan frito en aceite y ajo (en Teruel) o en sebo de cordero (en Zaragoza).

Migas de trigo: entre las migas y las gachas; plato hecho con harina candeal removida sobre una sartén en la que hay algo de agua y a la que se van añadiendo aceite frito y ajo, trajinando bien la masa hasta que forma bolitas, a la manera de los *gnocchi* italianos. Se acompañan de tajadas de lomo frito, pimiento, longaniza, aceitunas y racimos de uvas.

Cocina del pan son también las pizzas y empanadas, porque se basan en pan que crece con cualquier cosa sabrosa encima o en cajita de pan que aguarda el alma de los barrocos alimentos: desde el picadillo de pechuga de ave, *foie gras* y menudillos a la manera francesa, hasta las dos empanadas reinas de la cocina gallega: la de chorizo, tocino, pimiento y cebolla, y la de lamprea. Si el pan con pan se ha considerado siempre comida de tontos, el pan con todo lo demás, y casi solo, no es ninguna tontería. Zoroastro, en el *Avesta,* decía que cuando se toma un pedazo de pan, si se reflexiona, se comprende que viene del universo infinito, que «el espíritu del Sol ha penetrado en vosotros y se ha vivificado en vosotros». Sabor más triste tenía el pan, siglos después, glosado por Cesare Pavese en aquel poema de *Trabajar cansa* (*Lavorare stanca*, 1936) que comienza así: «El hombre que ha estado en la cárcel vuelve a la cárcel cada vez que muerde un pedazo de pan». Para Zoroastro el pan era el Sol, Dios, el Universo. Para Pavese, un punto de referencia en la memoria.

El vino en el mundo

El inevitable Brillat-Savarin abogaba en pro de esa droga llamada alcohol, blanda o dura, según se sepa o quiera utilizar. Con un cierto cinismo de bebedor nada arrepentido, decía el ilustre gastrósofo que el agua es la única bebida que apaga verdaderamente la sed, y por este motivo solo puede beberse «en cantidad bastante pequeña». Prosigue Brillat-Savarin con su cínico razonamiento: «Si este [el hombre] se contentase únicamente con agua, nunca hubiera podido decirse que uno de los privilegios humanos era beber sin tener sed». Comer es necesario, y este principio ilustra y moraliza la diversidad del paladar. Beber también es necesario, pero bastaría con beber agua.

El consumo del vino y de los otros alcoholes implica, pues, movimientos humanos hacia un éxito tan sofisticado como es crear un líquido no para apagar la sed, sino para saborearlo y añadir a la sangre del cuerpo energía de cambio o afirmación de personalidad. De todas las bebidas, el vino es la más amable, afirmaba Brillat-Savarin: «El vino, de todas las bebidas, es la más amable; ya se deba a Noé que plantó la viña o a Baco que exprimió el jugo de la uva, data de la infancia del mundo. Y la cerveza, atribuida a Osiris, asciende a épocas remotas, inciertas y oscuras». Pero el vino y el alcohol en la contemporaneidad del gastrósofo ya no solo se justificaban por ser una alternativa al agua o por calentar la sangre, sino que proponían un capítulo completo de virtudes, entre las que figuraba la de servir de armamento del imperialismo europeo. «El alcohol es el monarca de los líquidos y lleva al último grado la exaltación del paladar. Las diversas composiciones de que forma parte han abierto nuevos manantiales a los placeres; a determinados medicamentos da fuerzas que no tendrían sin este intermediario, y hasta puede decirse que, en nuestras manos, se ha convertido en arma formidable, *porque las naciones del Nuevo Mundo sucumbieron y fueron destruidas tanto por aguardiente como por arma de fuego*». De la cursiva solo yo soy el responsable.

En los tiempos de Brillat-Savarin —no olvidemos que estamos en pleno origen del esplendor burgués—, París, como capital gastronómica de Occidente, memorizaba los que a su criterio eran los vinos principales del universo. Veamos un resumen de esa memoria en la obra de Grimod de La Reynière: «Pero es necesario que el vino sea bueno, viejo y natural. Los buenos vinos, y bajo este nombre comprendemos también los de entremés, tales como los de Clos de Vougeot, Romanée, Chambertin, Saint-Georges, Pommard, Volnay, Vosne, Nuits, Beaune, Tonnerre, Mâcon, Château Lafitte, Château Margaux, Saint-Julien, Saint-Estèphe, Picpoul, Tavel, Saint-Gilles, y los blancos de Montrachet, de Meursault, Pouilly, Chablis, Sillery, Pierry, Aï, Sauternes, Graves, Barsac, Condrieu, Saint-Péray, Hermitage, Côte-Rôtie, del Rin, Mosselbaai, etcétera, y los vinos dulces, tanto nacionales como extranjeros, como los moscateles de Lunel, Frontignan, Riversaltes (el mejor moscatel del mundo), y los de Málaga, Alicante, Jerez, Pacherenc du Vic-Bilh, Lacrima

Christi, Canarias, Don Pedro Ximénez, etcétera, no son los únicos que se ofrecen en la mesa, incluso son a veces un objeto de lujo. Lo esencial es ofrecer un buen vino diario en el primer servicio». El inventario de Grimod de La Reynière es chauvinista, aunque constituye un espléndido resumen de los mejores borgoñas y burdeos que le eran contemporáneos.

Para llegar a este saber, a esta sabiduría convencional sobre los buenos vinos y su función en una armoniosa gastronomía, hay que comentar brevemente una vieja historia y una lenta tecnología que se ha acelerado en los últimos lustros como consecuencia de la generalización del mercado mundial del vino, de la aparición de nuevas zonas de producción, de un utillaje al servicio de la eliminación de mano de obra y de un vino capaz de soportar largos recorridos y tener una graduación y un *bouquet* adecuados al paladar y al metabolismo del hombre moderno.

Los equívocos orígenes

Según la tradición hebrea, fue Noé el primer ser humano que plantó la viña y obtuvo el vino, con tan dramáticos resultados que, por culpa del vino, cayó sobre el pueblo africano la maldición tercermundista. En efecto, borracho como una cuba, quedó Noé en cueros, y mientras su hijo Cam contempló la escena con cierto regocijo, sus hermanos Sem y Jafet se cubrieron la cara y taparon al padre sin querer ver su desnudez. Cuando se despertó Noé y supo lo sucedido, se indignó con el lúdico Cam y lo maldijo en la persona de su hijo Canaán, que a partir de entonces sería, junto con su descendencia, siervo de Sem y Jafet. Habida cuenta de que los camitas, o descendientes del *voyeur*, fueron los pobladores de África, a su mal proceder original deben el haber sido siempre colonizados por los semitas o los invasores jaféticos. No tuvo en cuenta Lenin, ni siquiera Rosa Luxemburg, a pesar de ser judía, este posible origen teológico del imperialismo, pero ahí queda como propuesta de reflexión.

Y sigue la Biblia empeñada en darle al vino un papel histórico. Tras la destrucción de Sodoma y Gomorra y la conversión de la mujer de Lot en estatua de sal, las hijas del patriarca temieron por la desaparición del género humano y reflexionaron y obraron de esta guisa: «Y entonces la mayor dijo a la menor: nuestro padre es viejo y no queda varón sobre la tierra que entre a nosotras, conforme a la costumbre de toda la tierra. Ven, demos de beber vino a nuestro padre y durmamos con él y conservemos de nuestro padre generación. Y dieron de beber vino a su padre aquella noche. Y entró la mayor y durmió con su padre; mas él no sintió cómo se acostó ella, ni cómo se levantó». Volvieron a emborrachar a Lot al día siguiente para que fertilizara a su hija menor, por si la mayor no lo hubiera sido, del mismo modo que los fotógrafos precavidos tienden a repetir más de una vez la misma instantánea. Sabio proceder que permitió a la mayor parir a Moab, padre de los moabitas, y a la menor a Amón, o Ben-Ammi, padre de los amonitas.

Lo cierto es que, con Noé o sin él, fueran virtuosas o pendones las hijas de Lot, el vino es una vieja cultura que los griegos han incorporado no solo como lubricante del espíritu sino también como alimento: el pan con vino, desayuno griego por excelencia, que aún hasta hace pocos años servía como despertar calórico de muchos pueblos del Mediterráneo. Los mismísimos catalanes utilizaban, más que utilizan, el *pa amb vi i sucre,* «pan con vino y azúcar», como alimento complementario y combustible calórico. Y Hugh Johnson se cree en condiciones de dibujar un mapa vitivinícola de la Península

Itálica durante el Imperio romano, en la que podían encontrarse casi sesenta vinos denominados. Se parte de la creencia de que la uva empezó a cultivarse en Mesopotamia e inició un desplazamiento hacia Europa pasando por Israel, Egipto, Grecia, Sicilia, Italia, el norte de África, España, Francia, los Balcanes, Europa central e Inglaterra... Desde tiempos remotos, el vino fue asumido como alimento y como placer, un alimento de origen divino, ya que:

> El dios hijo de Zeus
> da sin distinción al rico y al miserable
> el goce apaciguador del vino.

El vino como aliado de la pacificación de los súbditos o del envalentonamiento de los guerreros ha sido desde siempre, como cualquier droga, aliado del poder. Cada cultura lo ha adaptado a su modo de vida, hasta llegar a una cultura contemporánea internacionalizada que codifica el empleo de los vinos más adecuados para las comidas, para entre horas, su temperatura, su descorche... Todo el ritual que hoy conocemos es relativamente reciente y lo crea o recrea la burguesía decimonónica, entre otras cosas porque es la que desarrolla el primer utillaje industrializador de elixires y descubre técnicas de conservación que permiten al vino luchar contra las limitaciones del espacio y el tiempo. Hoy se sabe que el vino es un alimento relativo, y que su contribución a lo bueno o lo malo de la conducta humana se debe más a la cantidad que a la calidad. La calidad del vino, la apreciación de esa calidad, constituyen una cuestión de cultura, de una larga y plural experiencia de cata.

También la historia del vino traduce una íntima batalla por su propia identidad. Los griegos lo mezclaban o con agua o con resina; hasta la Edad Media fue costumbre perfumar los vinos con especias y consumirlos al mayor grado posible para que mayor fuera también la sensación de alimento. Pero ya las vanguardias sibaríticas habían descubierto un vino «esencial», un vino que debía su sabor y su aroma a sus propias virtudes y que los romanos de la época imperial adjetivaron como *merum:* mero vino, es decir, vino puro. Del mismo modo que, a lo largo de su historia, el vino ha tenido que luchar por su dignidad, por su sentido moral, frente a persecuciones hipócritas o sinceras.

En la propia cultura peninsular, conviene citar un tratado moral sobre el buen beber y el buen comer del catalán Francesc Eiximenis, escrito en el siglo XIV, tercer volumen de una vasta enciclopedia parcialmente perdida que llevaba por título *Lo chrestià (El cristiano).* Curioso moralista Eiximenis, cuando dice: «Alguno podrá beber vino en gran cantidad porque tenga sed, no por amor al vino, sin tener en cuenta su fortaleza; en este caso podría embriagarse sin cometer pecado mortal».

Cata del vino y su vocabulario[3]

Aspecto del vino

Aguindado: tinto joven, tal vez con mucho tanino.

Brown: excepto en el jerez o el madeira, el vino *brown* es demasiado viejo.

Gris: rosado muy pálido, especialidad de Francia.

Intenso: referente al color.

3 Hugh Johnson, *El vino. Atlas mundial de vinos y licores,* Blume Editorial, Barcelona, 1977 (1986).

Ladrillo: color del clarete maduro.

Maderizado: brown o en camino de serlo por el efecto del oxígeno y la edad.

Pelure d'oignon: «tela de cebolla»; el rosado tostado de los vinos *rosés* provenzales.

Pétillant o perlant: con burbujas que se adhieren a la copa.

Purpúreo: color joven; traslúcido en el Beaujolais joven, acusado en el vino tinto.

Rosado: ni tinto ni blanco.

Rubí (en el oporto, en particular): el rojo intenso del vino joven.

Tawny (en inglés, «leonado»; en el oporto, en particular): el ámbar oscuro y acompañado del vino viejo.

Turbio: algo no marcha bien, pues todo vino ha de ser brillante.

Olor del vino

Acético: vino que está picado o que se ha agriado.

Aromático: el simple olor a uvas del vino joven.

Azufrado: el olor caliente y picante a menudo presente en el vino barato, en el que se ha utilizado el azufre para garantizar su preservación.

Bouquet: olor complejo procedente de la madurez en un buen vino.

Complejo: aromas dentro de aromas.

Corcho: olor (muy raro) de la botella con tapón enmohecido.

Foxy: olor característico de la cepa nativa de Estados Unidos.

Levadura: el olor de la levadura es atractivo en un vino joven, pero indica inestabilidad.

Lleno: buen contenido alcohólico.

Mohoso: olor desagradable, quizá por una duela podrida.

Punzante: buena señal indefinible, olor fresco y abierto de un vino que es joven y durará.

Rancio: olor del vino generoso y oxidado, especialidad del sur de Francia y de Cataluña.

Sève: «savia» en francés; estilo directo y vigoroso de un buen vino joven.

DESCRIPCIÓN DEL VINO

Ahumado: este sabor aparece en muchos vinos blancos.

Almendrado: usual en los vinos de buen envejecimiento. Muy acusado en un buen jerez seco.

Avinado: un olor a uvas frescas.

Especiado: muy pronunciado en los Traminer y Gewürztraminer.

Florido: utilizado generalmente para un aroma atractivo.

Frambuesas: sabor común en tintos muy buenos, en particular en Burdeos y valle del Ródano.

Grosellas: olor y sabor de muchos tintos.

Manzanas: el ácido málico es común en un buen vino joven.

Melocotones: asociado con una cierta acidez de fruta.

Miel: asociado en particular con la «podredumbre noble».

Pedernal: olor de chispas de pedernal en algunos vinos blancos.

Roble: carácter dado al vino por el barril.

Terrero: virtud o defecto, según el contacto. Cualidad común en los vinos italianos.

Trufas: el más elusivo de todos los aromas, hallado en el Borgoña, Barolo y Hermitage.

Vainilla: aroma conferido al vino, y mucho más al aguardiente, por un componente del roble.

Verde: olor a madera verde que puede proceder de una vendimia poco madura.

Violetas: otro aroma elusivo que algunos encuentran en su vino favorito.

TÉRMINOS GENERALES DE APRECIACIÓN

Abocado: vino con marcada tendencia a ser dulce.

Acabado: después de catado.

Distintivo: poseedor de su propio carácter.

Duro: característica de ciertos tintos jóvenes, debida al tanino.

Elegante: como en una mujer; indefinible.

Fino: de finura, en su sentido literal.

Firme: joven y con un estilo decisivo.

Flexible: opuesto a duro.

Flojo: opuesto a firme.

Indeciso: sin la edad suficiente para que sus componentes hayan armonizado.

Insulso: que no ofrece sus plenas cualidades.

Largo: lo que debería ser el acabado.

Límpido: refrescante, libre de defectos.

Linaje: equilibrio de cualidades en el buen vino.

Noble: máxima combinación de cuerpo, linaje y maduración.

Pasificado: aroma resultante de un sol ardiente sobre las cepas.

Peleón: mediocre calidad, barato.

Raza: linaje, estilo y excitante.

Redondo: robusto y satisfactorio.

Rígido: similar a insulso.

Seco: opuesto a dulce.

Sedoso: palabra acertada para una cierta textura (la de un buen Beaujolais).

Tozudo: vigoroso; intenso.

Viejo: por sí mismo, este término significa a veces «demasiado viejo».

Vigoroso: joven y sano.

Uvas y vinos

En el mundo actual hay aproximadamente medio millón de productores de vino, que no actúan en las áreas históricamente vitivinícolas, sino que se han instalado más allá del límite de Britania, tierra final adonde llegó el impulso vitivinícola nacido en la prehistoria. Figura a la cabeza, en una relación entre cantidad y calidad, Francia, y la siguen Alemania, Italia, España, Portugal, Suiza, Austria, Hungría, República Checa y Eslovaquia, la ex Yugoslavia, Rumanía, Bulgaria, la antigua Unión Soviética, Grecia, Chipre, Malta, norte de África, Estados Unidos, Australia, Nueva Zelanda, República de Sudáfrica, Chile, Argentina, Gran Bretaña. Pero hablar de vinos nacionales sería casi tan inexacto como hablar de cocinas nacionales. Los vinos se caracterizan por el tipo de uva en el que se basan, adaptada a una tierra y un clima y luego sometida a una técnica de elaboración perfectamente comunicable, universal. Dice Hugh Johnson en su *Atlas mundial de vinos y licores:* «Los últimos ochenta años han presenciado la revolución industrial del vino, y, sobre todo, en los últimos veinte años, el fondo científico en la elaboración del vino ha aclarado la situación de tal modo que muchas cosas que antes parecían imposibles, hoy son fáciles. Un vino realmente malo es hoy una rareza en cualquier parte, y el Nuevo Mundo tiene vinos tan buenos como los mejores del Viejo».

La ciencia de la enología lo sabe casi todo sobre el vino, pero no por ello impide una sobrecogida perplejidad ante un proceso mágico que en Europa se inicia entre abril o septiembre, según sea el norte o el sur: el momento en que brotan las primeras yemas del sarmiento, ese esqueleto atormentado y cárdeno que ha conservado durante el invierno el secreto de su vida escondida. Es el momento de podarlo y comprobar la maravillosa efervescencia vital de hojas y zarcillos que convierten el sarmiento en una percha de delirantes vegetaciones. Luego nacen las flores, a manera de racimos embrionarios que se abrirán para dar lugar a una florescencia expuesta a la depuración de la naturaleza. Las flores que resisten el agua, el viento, la lluvia, se convertirán en racimos inasequibles a cualquier desaliento. Cien días. Cien días entre la florescencia y el fruto, durante los que hay que pedir a los cielos que no llueva demasiado, porque el agua, lógicamente, la excesiva agua, es el peor enemigo del vino.

Cada uva es un mundo. Cada uva tiene su vino predilecto, al que otorga su sentido secreto. Tengamos en cuenta la clasificación de Johnson:

Cabernet Sauvignon: uva tintoazulada, causante de los vinos de Burdeos, aunque por el éxito del gusto Cabernet Sauvignon se haya implantado en Australia, Chile, República de Sudáfrica, California y en España, en Cataluña.

Carignan: también uva de batalla francesa, de tanta batalla, que ocupa ciento sesenta y dos mil hectáreas. Vino tinto poco atractivo. Excelente para mezclarlo con sifón.

Catawba: en efecto, tiene nombre de posible uva precolombina, pero nació de un cruzamiento casual de la *Vitis labrusca.* Responsable de uno de los primeros vinos autóctonos norteamericanos, natural del Estado de Ohio.

Chardonnay: uva blanca y madre de maravillas —Chablis, Meursault, Pouilly-Fuissé...— que se presta a buenos vinos en Bulgariamo, en el norte de California.

Chenin Blanc: uva vecina del Loira que tira al castaño, madrina de vinos espumosos como el Pineau de la Loire. En California, se la llama White Pinot.

Folle Blanche: Johnson la llama «uva de batalla francesa», y con eso está casi todo dicho en relación con esta uva peón que se ha apoderado de más de doce mil hectáreas en Francia. Se la utiliza para vinos de base. Y el resto lo ponen otras uvas u otras químicas.

Gamay: uva tinta a la que le va el Beaujolais y que, sin embargo, sosea en Borgoña.

Garnacha: uva morada que, mezclada, consigue apadrinar el Châteauneuf-du-Pape y en España está en la base de los buenos riojas, mientras que en Banyuls se sacan de la teta vinos dulces y espesos de postre, y, en Australia y California, vinos rosados llamados Grenache.

Kerner: uvas de enólogo, procedentes de la Escuela Vinícola de Geisenheim, resultante de la mecánica genética mediante un cruzamiento de Riesling y Trollinger.

Merlot: cepa tinta parienta de la Cabernet, responsable del Saint Émilion y el Pomerol.

Moscatel: tinta o blanca, dulce y olorosa, responsable de los mejores moscateles que se disputan todos los países mediterráneos, aunque la competencia real se establezca entre los moscateles franceses y españoles.

Müller-Thurgau: tan alemana como la Sylvaner y precursora de los cruzamientos de Riesling con otras cepas, en este caso se trata de un cruzamiento con la Sylvaner. Le salen vinos aromáticos.

Palomino: uva dorada y española, o andaluza, por más señas, que uno no pretende herir susceptibilidades autonómicas. Madre del jerez, raptada por cosecheros australianos, sudafricanos y californianos, dispuestos a crear segundas o terceras partes del jerez.

Pinot Blanc: rubia pálida parienta de la Chardonnay. Los franceses la aprecian menos que los italianos, que la utilizan para sus spumanti.

Pinot Noir: uva tinta, casi negra, que es responsable de los tintos de la Côte d'Or y, por lo tanto, del Chambertin, Romanée, Corton, Beaune. También se utiliza en la Champagne, prensada antes de la fermentación, para sacar de ella un vino blanco que sirve para conseguir los mejores champañas.

Riesling: uva de un rubio dorado, reina, por lo tanto, de la viticultura alemana y alsaciana. Profusamente implantada en otras tierras para producir vinos blancos, ligeros y afrutados. Recientemente incorporada a la viticultura catalana.

Sangiovese: uva roja de Toscana a la que el chianti se lo debe todo. Parienta rara de esta uva es la Brunello, utilizada solo para elaborar el Brunello di Montalcino, un vino que según la leyenda vivía eternamente, es decir, envejecía eternamente.

Sauvignon Blanc: uva cárdena que con el Sémillon y el Muscadet produce el Graves seco o el Sauternes dulce. En otros lugares, consigue un vino propio y con carácter, como en California.

Sémillon: uva a la que le van la putrefacción y el azucaramiento, por lo que se emplea para matizar vinos como el Sauternes.

Seyval Blanc: de un color entre el blanco y el verde, también llamada Seyve-Villard, es decir, como el enólogo que la parió. Híbrido de cepas norteamericanas y francesas. En Francia está casi prohibido mencionarla. En cambio, en Estados Unidos es como una heroína nacional.

Sylvaner: uva alemana, rubia como los arios más metálicos, radicada en Hesse y responsable de vinos blancos y secos que suelen tomarle el apellido.

Syrah: uva roja del Ródano, que produce el Hermitage, uno de los vinos más oscuros del mundo. Recientemente emigró a Australia y le están saliendo bien las cosas.

Traminer: más conocida, tras el proceso de embotellado, por Gewürztraminer, nombre de un aromático blanco de Alsacia. Uva dorada hasta alcanzar casi el color anaranjado.

Zinfandel: uva morada de mucho éxito en California, que, al decir de los expertos, puede producir tintos capaces de envejecer cincuenta años y ser tan buenos como sus compañeros bordeleses de raza.

Estas son las uvas que pertenecen a la prestigiosa nomenclatura internacional. En España se utilizan algunas de ellas y se están introduciendo actualmente la Cabernet Sauvignon o la Riesling para conseguir sabores foráneos. Pero los vinos españoles se han basado tradicionalmente en uvas propias e intransferibles, en su mayor parte equivalentes a las uvas extranjeras, pero modificadas en razón de tierra y clima.

Las vides más empleadas para la vinificación en España son, en La Rioja, la Tempranillo, la Gracián y la Mazuela, para los tintos, y la Viura y Malvasía, para los blancos. En Andalucía, Palomino y Pedro Ximénez son la base del jerez, y los vinos de Málaga son posibles gracias a la Pedro Ximénez y la Doradilla. Los vinos blancos de Valladolid y los de La Nava-Rueda se obtienen con Verdejo y una uva local que allí llaman Jerez y es una variante de la Palomino. En Galicia hay vides autonómicas: los tintos de Ribeiro se consiguen con la Caiño y la Brancellao, los blancos o «tostadillos» con la Godello o la Treixadura. Los excelentes vinos leoneses, tan excelentes como poco conocidos, tienen sus orígenes en las cepas de Prieto Picudo Negro, Verdejo Negro o Gualrido. Tempranillo y la Garnacha, por tierras de Aragón y Navarra; Aurén y Cancibel, para blancos y tintos manchegos; Monastrell, para los sólidos vinos de Jumilla; Maccabeo, Xarel·lo y Perelada, en el Penedès; Garnacha y Cariñena, para el Priorato. Estas son las uvas de España que capacitan a las denominaciones de origen aceptadas: Alicante, Almansa, Condado de Huelva, cavas o espumosos, Jerez, Manzanilla, Jumilla, Málaga, La Mancha, Méntrida, Moriles-Montilla, Navarra, Ribeiro, Rioja, Valdeorras, Valdepeñas, Valencia, Utiel-Requena, Yecla, Rueda, Cariñena, Penedès, Alella, Tarragona, Conca de Barberà, Priorato, Terra Alta, Ampurdán-Costa Brava.

Experiencia y tecnología

Se elige un viñedo, se planta y se establece una sutil relación con el clima. Los viñedos del norte de Europa son más sensibles a los cambios climáticos imprevistos; los del sur resisten mejor la despiadada arbitrariedad de la meteorología. Son preferibles los años secos a los húmedos, pero cuando la ciencia ha querido establecer un equilibrio óptimo y exacto entre los factores representados por la lluvia, el sol, la temperatura y la humedad, que son las claves de una buena cosecha, nunca lo ha conseguido. Según Johnson, lo que da carácter a una vendimia es la interacción entre los siguientes elementos: «Un sol radiante que causa una temprana maduración, un cielo cubierto que modera el crecimiento, pero que a veces enriquece las uvas con minerales que dan al vino complejidad y larga vida, y largas temperaturas que reduzcan la acidez». No hay dos años iguales, diría cualquier enólogo. Nunca se combinan los mismos factores, y las variables son incalculables.

Vayamos por la anatomía de la uva. Aparentemente es un grano o baya unido por un pedúnculo al escobajo, sostén leñoso ramificado que conforma los racimos. Las semillas o pepitas ocupan la zona central de la pulpa, que está cubierta con una piel u hollejo. Las uvas negras tienen la pulpa incolora, pero su coloración epidérmica se debe a unos pigmentos naturales localizables en las células de capas subepidérmicas. Retengan estos datos para explicarnos cómo se consigue el vino tinto, según lo explica Leandro Ibar en *El libro del vino:* «Mientras las células [de las uvas negras] están vivas, las de la película retienen enérgicamente el pigmento coloreado; por esta razón el prensado de uvas maduras recién vendimiadas produce un mosto muy poco coloreado. Estos pigmentos son muy poco solubles al agua, pero en cambio lo son en el alcohol que resulta del fermentado del mosto. Por lo tanto, si se quieren obtener vinos tintos, la fermentación del mosto deberá hacerse en contacto con el hollejo, y al cabo de unos días de fermentación deberá procederse a la separación de la parte líquida por medio del prensado: cuanto más tiempo haya estado el hollejo en contacto con el mosto en fermentación, más coloreado estará el vino, pudiendo obtenerse toda la gama de vinos rosados, rojos y tintos». Es decir, el color del vino dependerá del tiempo que la piel permanezca junto con el líquido obtenido de un primer prensado.

Apenas una mirada al proceso general de elaboración:

Desraspado. Separar en lo posible los granos del raspajo o escobajo, para evitar que el vino sea demasiado astringente.

Pisado. Una vez contenida la uva en las cubetas, se procede al pisado humano o mecánico para obtener el líquido, es decir, el mosto. El pisado es un ritual adaptado a cada región. Puede hacerse con los pies desnudos, con alpargatas de esparto o con botas claveteadas, sistema utilizado en Jerez.

Prensadura. La uva se ha abierto y hay que prensarla, con mayor o menor rapidez según la coloración de vino que se quiera. La prensadura consiste en el procedimiento para separar el líquido de los elementos sólidos.

Mosto. El mosto es el líquido resultante del pisado o la prensadura de las uvas frescas, mientras no haya empezado su fermentación natural. Se compone en un ochenta por ciento de agua y de un quince a un veinte por ciento de azúcares (fructosa y glucosa) y ácidos libres (málico y tartárico). El mosto contiene taninos y sustancias colorantes en mayor o menor cantidad, según el procedimiento de pisado o prensadura; estas materias, juntamente con sustancias nitrogenadas y sales minerales, darán lugar a la vida del vino, al desarrollo de levaduras microscópicas, seres vivos procedentes de la parte exterior de la uva que, mediante la fermentación, actuarán como agentes transformadores de los azúcares en alcohol.

Fermentación y levaduras. Las levaduras producen la fermentación y esta, el alcohol. Este proceso ancestral fue examinado por la naciente ciencia química en el siglo xviii. Antoine-Laurent de Lavoisier escribió lo que habían visto los ojos viticultores de los descendientes de Noé: «Los efectos de la fermentación del vino se reducen a dividir el azúcar, que es un óxido, en dos partes, la una más oxigenada, el anhídrido carbónico, a costa de desoxigenar la otra, el alcohol, que es una sustancia combustible, de tal manera que si fuera posible combinar estas dos sustancias, el alcohol y el anhídrido carbónico, se regeneraría el azúcar». Louis-Joseph Gay-Lussac convirtió la reflexión de Lavoisier en fórmula, y la comprensión de que la reacción química de la fermentación provoca gases residuales dio la razón a una práctica antiquísima: que las bodegas estuvieran ventiladas. Años después, Louis Pasteur descubrió con el microscopio que las causantes de la fermentación eran las levaduras.

A qué llamamos vino

La fermentación debe producirse en cubas y dura entre dieciocho y veinte días. Hay que agitar el mosto cada doce horas con el fin de evitar la formación en la superficie de una capa alcohólica que en contacto con el aire pueda convertirse en ácido y crear a la larga un vino acidulado, y favorecer la expulsión del anhídrido carbónico. En una bodega debe controlarse la entrada y salida de aire, así como la temperatura mínima inferior (en torno a los diez grados) y la máxima (no superior a treinta grados). Cada vez que se penetra en una bodega, es conveniente hacerlo con una vela encendida: si se apaga, es que la acumulación de anhídrido carbónico es superior a la de oxígeno y se corre peligro de asfixia.

Al terminar la fermentación, debe procederse lo más rápidamente posible a desencubar, operación consistente en separar la parte líquida de la sólida. Si se retrasa la operación, el vino resultará demasiado ácido o astringente. ¿Cómo se sabe que la fermentación ha terminado? «... La glucosa habrá desaparecido, transformándose en alcohol y anhídrido carbónico; la densidad también habrá disminuido; el sabor ya no será dulce; la temperatura habrá descendido, y el "sombrero" formado por las sustancias sólidas, resultantes del proceso fermentativo, descenderá al fondo del depósito, al desaparecer el anhídrido carbónico».

El vino empieza a ser vino. Se vacían las cubas mediante una llave inferior y pasa el líquido a depósitos de madera o cemento, en donde «reposará» a una temperatura entre quince y veinte grados durante unos dos meses. A continuación, un nuevo trasiego del vino, y otro, y otro, según lo requiera un proceso de afinación de la calidad, el sabor, la limpieza y el aroma. De hecho, el vino estaría listo para la venta pocos días antes del inicio de la nueva vendimia; en el fin está el principio de un nuevo ciclo, aunque, según la naturaleza del vino, puede consumirse al año o envejecer en busca de noblezas lógicas. A partir de ese «vino joven», de un año de vida, comienza la crianza, que no debe confundirse con el envejecimiento. El vino joven puede consumirse directamente, y cada vez se extiende más su demanda. La crianza consiste en la manipulación técnica y química legal para que ese vino pueda salir en otro año al mercado. Envejecer significa: «Coger un vino de la misma edad y características óptimas, sin defectos ni enfermedades contraídos durante el pisado o la vinificación y dejarlo que desarrolle sus reacciones naturales después de un primer año de fermentación, en grandes barriles de buenas maderas o en botellas adecuadas en el místico silencio de la bodega».

¿Cuáles son esas operaciones legales que permiten criar y envejecer un vino? Añadirle otros vinos más fuertes para aumentar la graduación, clarificarlo mediante el uso de sustancias coagulantes que lleven los posos hacia la superficie (clara de huevo, gelatina, albúmina líquida, arcillas muy finas), filtración, pasteurización por el procedimiento de someterlo a temperaturas superiores a las que puedan soportar los gérmenes microorgánicos; también se puede enfriar el vino por debajo de cero grados, operación que permite un envejecimiento más rápido. Cada país dispone de una legislación para garantizar que sus vinos sigan siendo sus vinos y no resulten desvirtuados por la presión del mercado. Para conseguirlo, crea unas denominaciones de origen, más o menos estrictas, según la seriedad con que el Estado se tome la industria, el comercio, la cultura del vino. Francia distingue la Denominación de Origen de los VDQS *(Vin Délimité de Qualité Supérieur)* de los *Vins du Pays* o vinos comarcales. Ingenieros y catadores, repartidos por toda Francia, velan por que se respeten las calidades supuestas, aunque, a pesar de tanto celo denominador y tanta vigilancia, salta de vez en cuando el escándalo y algunos críticos franceses se preguntan qué relación posible hay entre el vino embotellado como francés y las vides que realmente caben en Francia.

En España hay denominaciones de origen, cada vez más severas, y una clasificación de Vinos de Composición Particular y tipología de todos los vinos posibles.

VINOS ENVERADOS Y CHACOLÍES. Se obtienen de uvas que por las condiciones climáticas no han llegado a madurar del todo. Según la legislación, no pueden rebasar los 9º y se obtienen en las zonas húmedas de España.

Vinos dulces naturales. Contienen hasta 200 g. de azúcar por litro. Deben tener un mínimo de 8º.

Vinos nobles. Los elaborados con las mejores clases de uvas, con alcoholes exclusivamente naturales.

Mistelas. No son realmente vinos, sino mosto natural al que se ha añadido alcohol vínico, suprimiendo el proceso de fermentación.

Vinos generosos. Son vinos secos abocados o dulces que consiguen un alto nivel alcohólico (entre 14º y 16º) por procedimientos propios o mediante el añadido de alcohol vínico.

Vinos licorosos generosos. Elaborados a partir de variedades de uva selecta, con adición de alcohol vínico, de uvas dulces naturales, de mostos o de mistelas. Su graduación oscila entre 14º y 23º y deben contener 100 g. de azúcar por litro como mínimo.

Vinos espumosos naturales. Son los que, como consecuencia de una elaboración especial, contienen gas carbónico originado en su proceso de fermentación.

Vinos de aguja. Aquellos que conservan parte del anhídrido carbónico pero no llegan a formar espuma como los espumosos.

Vinos aromatizados, vermuts y aperitivos. Un vino base, complementado con sustancias vegetales, aromáticas, amargas o estimulantes, o sus extractos, esencias, mostos, mistelas y alcoholes vínicos.

Vinos mitológicos

Los vinos, históricamente, han padecido ciclos biológicos complejos, algunos definitivamente ultimados, otros que

tratan de renacer de sus cenizas, y finalment
llos que conservan el prestigio depositado e
de cientos de años. Pero de hacer un repaso
memoria más habitual sobre el vino, saldrían
los que siguen:

Barolo. Sin duda, el mejor tinto italiano, nacido de la cepa Nebbiolo, producido en el Piamonte, al sur de Turín, en los alrededores de Barolo. Los expertos italianos dicen que «Nebbiolo es el príncipe de las cepas y Barolo el rey de los vinos». Vino de la corte de Saboya, que el conde de Cavour, excelente gourmet, ligó a la suerte del *Risorgimento*. Vino tinto de sabores totales.

Beaujolais. Vino pariente pobre de los borgoñas, naturalmente criado en el sur de esta región. Vino fácil y agradable, sin duda mitificado por la relación que hay entre la cantidad y la calidad de su producción. Tintos ligeros que pueden tomarse frescos y consiguen sus calidades superiores quizás en el Moulin-à-Vent y el Brouilly.

Borgoña. Cepas nacidas de monasterios medievales, primero acreditadas en Beaune, luego en Nuits, para crear una micropatria del vino llena de denominaciones de origen, tantas como matices de sabor. Inolvidables tintos de Nuits-Saint-Georges, Chambertin o Beaune, y los blancos de Meursault o Chablis (quizás el vino blanco más singular).

Burdeos. Comparte con el Borgoña la hegemonía de los tintos franceses. Pero no hay que generalizar demasiado. Hay burdeos y burdeos, exactamente treinta y cuatro denominaciones de origen de tintos bordeleses, veintitrés de blancos y dos para los rosados. Algunas variedades pertenecen ya a la leyenda tanto como a la historia: Médoc, Graves, Sauternes. Vinos glosados por Columela o Plinio y que han repoblado zonas vitivinícolas de todo el mundo (La Rioja española o Chile).

Cava. Nombre de recurso asumido por los vinos espumosos catalanes tras la prohibición de llamarse champán. Esa prohibición parece hacerse ahora extensiva incluso a la simple utilización del procedimiento *méthode champenoise.* Los cavas se obtienen en su mayor parte en los aledaños de Vilafranca del Penedès, en la provincia de Barcelona. Según la legislación vigente en España, se denomina vino de cava a aquel cuya segunda fermentación se realiza en botella, en la que deberá transcurrir todo el proceso de elaboración y crianza hasta la eliminación de lías. Dicho proceso deberá efectuarse en cavas o locales acondicionados térmicamente. El cava utiliza cepas de Maccabeo, Xarel·lo y Perelada, así como de Monastrell, para los cavas rosados.

Chablis. Blanco de Borgoña, seco, fino, afrutado, compañero idóneo de las ostras y de cualquiera de los frutos de la mar.

Champagne. Región francesa que ha dado nombre a un vino espumoso, vino de fiesta por excelencia, el vino de la alegría universal. Esta región monopoliza la denominación de origen de los espumosos de todo el mundo; incluso los de otras zonas de Francia tienen prohibido llamarse champán. Junto a los más destacados o memorizados universalmente (Moët & Chandon, Veuve Clicquot-Ponsardin o Krug), hay que memorizar otras marcas gloriosas como el Pol Roger, Taittinger, René Lamotte, Bollinger, etcétera.

Châteauneuf-du-Pape. Vino de la orilla izquierda del Ródano, tinto absoluto de intenso sabor inicial que perpetúa la habitación del paladar.

Chianti. El más famoso de los vinos italianos, aunque no el mejor. Popularizado internacionalmente por su característica botella envuelta en paja. Tinto de Toscana que va desde la vulgaridad hasta la más alta calidad en el Chianti Classico, precisamente embotellado a la bordelesa y no en el *fiasco* del chianti más divulgado.

Franconia. Región vinícola alemana que da nombre a un vino blanco muy peculiar, perfectamente diferenciable de los vinos del Rin, más seco, menos afrutado y que va ganando adeptos en relación con los blancos alemanes más «convencionales». La botella del Franconia es característica. Parece un laúd de cristal.

Gevrey-Chambertin. Tal vez el más mitológico de todos los mitológicos vinos franceses, indispensable en cualquier novela de costumbres para demostrar que el protagonista era un hombre de mundo capaz de elegir un buen vino. Decir Gevrey-Chambertin es decir vino de Borgoña.

Graves. Si el Gevrey-Chambertin ha monopolizado durante décadas la mejor denominación de cualquier posible borgoña, los vinos de Graves han desempeñado parecida función en relación con el Burdeos. Los tintos del norte (fundados en la uva Cabernet) y los blancos del sur (Sémillon, Sauvignon, Muscadet) ofrecen casi todas las gamas posibles de los mejores caldos. Especialmente la gama de los blancos va desde el tradicional seco Borgoña hasta el límite de los Sauternes, vinos vecinos.

Jerez. El más famoso vino español fue «descubierto» por los británicos, que empezaron a importarlo sistemáticamente ya en el siglo xiv. La región y la uva Palomino son las bases del carácter de un vino que esconde cuatro almas: manzanilla, fino, amontillado y oloroso. La manzanilla es ligeramente amarga y tiene una graduación entre quince y diecisiete grados; el fino tiene color topacio, es fragante, se toma frío, como todos los jereces secos; el amontillado tiene color ámbar y, según los catadores, regusto de avellana, pudiendo alcanzar los 20°; el oloroso es el jerez envejecido de mucho cuerpo, color oscuro, vino de aperitivo y sobremesa. Otras variedades que tener en cuenta son el Palo Cortado, intermedio entre los amontillados y los olorosos; Pedro Ximénez y moscatel, dulces naturales; amontillados viejos, es decir, un amontillado de alta graduación, y el *cream,* fruto de una combinación entre oloroso y Pedro Ximénez. Del jerez se obtiene un excelente vinagre de vino muy utilizado por la *nouvelle cuisine* española para el aderezo de las ensaladas y verduras *al dente;* de los vinos de Jerez se obtienen aguardientes que dan lugar a los *brandies* oscuros, característicos de esta zona de Andalucía.

Lafitte-Rothschild, Château. Otro burdeos mítico, criado en el castillo que le da nombre desde que el barón James de Rothschild comprara la propiedad mediado el siglo xix. Vino de buen envejecer, considerado como el capitán de los vinos del Alto Médoc y que merece denominarse Château Lafitte en sus mejores crianzas.

Latour, Château. Disputa al Château Lafitte y al Château Margaux la capitanía de los vinos bordeleses del Alto Médoc. Vino robusto, rojo, intenso, acepta largas y seguras conservaciones que le permiten llegar hasta los cincuenta años.

Mâcon. Denominación de borgoñas blancos, rosados y tintos. Los blancos son secos y afrutados; los tintos son ligeros y recuerdan la fluidez corporal y espiritual de los Beaujolais.

Madeira. Vino dulce criado en la portuguesa y atlántica isla que le da nombre. Famoso desde las grandes hazañas oceánicas de la colonización de América, ha cedido puestos como vino de postre o aperitivo, pero sigue siendo un vino muy utilizado en cocina y repostería.

Málaga. Vino dulce español, basado en las cepas de las colinas que descienden hacia la ciudad que le da nombre. Alcanza su melosidad y su oscuridad características por la adición de arrope. En el pasado se le atribuyeron propiedades reconstituyentes o muy adecuadas incluso para el crecimiento de los niños.

Manzanilla. Misteriosa variante de los jereces andaluces. Se asegura que el especial *bouquet* y la ligereza de este vino se deben a la influencia de las brisas atlánticas. Tal vez sean esas brisas las que le otorgan ese característico sabor entre lo amargo y lo salado. Excelente vino de aperitivo en la variante manzanilla fina, a consumir preferentemente en el marco que le da vida: Sanlúcar de Barrameda.

Marsala. Blanco licoroso siciliano, cuyas definitivas características se atribuyen al inglés Woodhouse, quien en 1773 envió de Trápani a Inglaterra un cargamento de sesenta pipas de vino local con el añadido de alcohol de vino para asegurar su conservación. La resultante fue, ha sido y es el reputado vino de Marsala, vino de postre o para cocinar.

Meursault. Uno de los grandes vinos blancos y secos de la tierra, basado en la uva Pinot-Chardonnay. Secos pero melosos, de un inconfundible color de oro pálido, de aroma y sabor permanentes.

Montilla. Asociado al de Moriles, vino de las colinas situadas al sur de Córdoba, en otro tiempo utilizado como vino base del jerez, pero que en las últimas décadas ha alcanzado plena singularidad. Excelente vino de aperitivo si se toma frío, como los jereces secos.

Mosela. Vino irregular, que en malos años puede llegar hasta a producir suicidios de paladares exigentes, pero que en años buenos alcanza las mejores cotas de los blancos y rosados alemanes. Perfumado y suavemente dulce, bien frío es un vino adecuado para beber entre horas o para entremeses de charcutería en general y ahumados en especial.

Nuits-Saint-Georges. En Borgoña hay donde escoger, especialmente tintos. En las últimas décadas, el Nuits-Saint-

Georges disputa la hegemonía a cualquier tinto de Borgoña y se convierte en uno de los preferidos de los buenos bebedores. Predomina cuantitativamente el tinto, pero esta zona también produce blancos excelentes. Más ligero que el Gevrey-Chambertin, tal vez a esa ligereza le debe el haber conseguido casi desplazarlo como vino posmoderno.

PEÑAFIEL. Vinos de la provincia de Valladolid, tintos excelentes que alcanzan su máxima calidad tal vez en el Protos, tinto sólido y aromático de escasa comercialización.

POMEROL. Vino vecino del Saint-Émilion, famoso no solo por su *bouquet* sino también por la belleza de su color rubí y la ligereza de su textura. Según los catadores franceses, es un punto de equilibrio entre la firmeza del Médoc y el vigor del Saint-Émilion.

OPORTO. El más famoso vino licoroso del mundo. Procede de la región portuguesa del Alto Duero, poblada con cepas de Borgoña desde la Reconquista. De complicada elaboración, el oporto es uno de los vinos más característicos que puede asumir el paladar. Vino que exige más que acepta el envejecimiento y que tiene su mejor punto entre los veinte y treinta años. Los tintos son indispensables para una buena repostería, y los blancos secos son excelentes aperitivos.

POUILLY-FUISSÉ. Blanco borgoñés de tonalidad verdosa e indispensable para el marisco.

POUILLY-FUMÉ. Denominación que toman los blancos de Pouilly-sur-Loire, sin que los expertos se expliquen el origen del adjetivo *fumé*. Se atribuye quizás a un *bouquet* derivado de la composición del terreno en donde crece la Sauvignon que le da vida. Vino de ancho aroma y de larga vida, que exige, como los mejores blancos, largo reposo tras un traslado.

RIBEIRO. El más renombrado de los vinos gallegos, tanto en tinto como en blanco, aunque esa fama oculte la excelencia de otros vinos de la región, sobre todo el excelente aunque escaso Albariño de Fefiñanes o los vinos de Valdeorras. Los Ribeiros son de poca graduación, espeso y «entintante» el tinto, y turbio el blanco.

RIESLING. Vid que desde Alsacia monopoliza la historia y el presente de los vinos alemanes. Vino blanco, seco, nervioso —al decir de los catadores locales—, de evidente y delicado perfume. Según el doctor Gérard Debouige, responsable del *Larousse des vins*, el Riesling «es un vino seco, nervioso, de perfume delicado y sutil, de suave gusto en el que se funden en una maravillosa armonía el tilo, la acacia, la flor del naranjo y, a veces, un pellizco de canela».

RIOJA. Región vitivinícola española, el prestigio de cuyos vinos se remonta al siglo XVI y que toma su nombre del río Oja, pequeño afluente del Ebro. Hay, propiamente, tres grandes familias de vinos de Rioja, según se den en La Rioja Alta, La Rioja alavesa o La Rioja Baja. Las dos primeras dan vino de graduación media y La Rioja Baja de más alta graduación. Sabores emparentados con el de los burdeos, no en balde La Rioja fue repoblada con cepas bordelesas después de la terrible plaga de la filoxera del siglo XIX, y las prácticas de elaboración, hasta la gran innovación tecnológica de los últimos quince años, eran un calco de las utilizadas en la región bordelesa.

SAINT-ÉMILION. Otro vino de mención indispensable por parte del presumido de restaurante. Vino de tan vieja fama que ya lo cantara Ausonio. Tinto caluroso, trufado, oscuro, que en ocasiones está más cerca del Borgoña que del Burdeos propiamente dicho.

SANCERRE. Gran vino del Loira, especialmente el blanco, alcanza cotas de difícil acceso y competencia. Afrutado y ligero, aunque con cuerpo.

Sauternes. El rey de los blancos dulces del universo; su carácter licoroso lo obtiene por medios propios, sin aditamentos extraños. Adecuado para acompañar desde pescados hasta repostería, es un excelente vino de compañía, es decir, un excelente vino para beber entre horas, horas altas y horas bajas.

Sylvaner. Vino blanco de Alsacia, sin el prestigio del Riesling, pero también con su misma capacidad de adaptación a otras tierras, europeas y americanas.

Tokay. Vino húngaro de reputación universal. El más aconsejable es el Aszu, blanco dulce que consigue esa dulzura por procedimientos propios, como el Sauternes; es decir, por la *pourriture noble* de su piel (nobleza) y no por el aditamento de edulcorantes.

Valpolicella. Vino del norte italiano, tinto afrutado y ligero, de muy buen beber, así como vino del año que como vino de más largo alcance, aunque raramente mejora más allá de los cinco años.

Vega Sicilia. Tanto el Vega Sicilia como el Tinto Valbuena se obtienen de las escasas sesenta hectáreas de Valbuena del Duero. Cosecha limitada, pues, y vino muy buscado y muy caro que esconde su excepcional sabor y aroma para escasos privilegiados.

Verde, vinho. Aunque se tiende a identificar el *vinho verde* portugués sólo con el vino blanco, la identificación es inexacta. Hay blancos y tintos *verdes,* y el adjetivo lo merecen por un especial sabor de vino joven, debido al ácido málico acumulado durante la fermentación. Vinos de inútil envejecer. Deben ser consumidos inmediatamente. Los blancos son indispensables para el marisco, casi tan indispensables como el Chablis.

Vouvray. Vinos del Loira, llamados «los más espirituales de Francia», tal vez por su versatilidad y capacidad de variación por añadas, según el clima, o por marcas, según la artesanía de vinificación. Tienden a endulzar naturalmente, pero siempre conservan un fondo de sabor afrutado.

Todos los vinos aquí citados tienen un antiguo linaje y una histórica cotización. Pero el mercado mundial del vino no podía convertirse en una foto fija, y en los últimos años nuevos vinos y nuevos países productores han buscado su lugar bajo el sol de los vinos. En España, la industria y el comercio vitivinícolas más dinámicos han sido los que propician los vinos del Penedès, especialmente los blancos, unas veces basados en cepas tradicionales, y otras, utilizando cepas importadas de Alsacia. No muy lejos de los avances de los vinos catalanes, hay que situar el impacto de los blancos y rosados de Valladolid, especialmente los vinos de La Nava-Rueda, perfumados, sobrios y baratos, o los intentos de adaptación a la mesa moderna de los sólidos vinos de La Mancha Sur (Villarrobledo) o de Yecla y Jumilla. Pero, sin duda, el fenómeno más nuevo e importante con vistas al futuro lo representa la aparición de nuevos países vitivinícolas: Argentina, Chile, Estados Unidos, Australia, República de Sudáfrica. ¿Cómo son estos vinos?

Nuevos países vitivinícolas

Hace diez o quince años, hablar de los «nuevos vinos» cultivados en áreas sin tradición vitivinícola significaba entrar en una conversación un tanto desdeñosa. Los «nuevos vinos» americanos, asiáticos o africanos parecían condenados al triste papel de advenedizos en comparación con los vinos que tienen tras de sí cientos de años de tradición. Hoy se empieza a hablar de esos recién llegados con respeto, ganado por la aplicación de los viticultores en incorporar las mejores cepas y en saber adaptar los procedimientos tradicionales a la nueva realidad geográfica. Más que molestos advenedizos, hoy son contemplados como jóvenes miembros de una familia que de esta manera se ha enriquecido con nuevas aportaciones y nuevas posibilidades.

ARGENTINA. Producción cuantitativa aún no calificada, aunque se obtienen excelentes tintos. Las zonas vitivinícolas son subandinas, y se extienden formando un cinturón en la región de Cuyo (provincias de Mendoza y San Juan). También se elabora un champán con la concesión especial de Moët & Chandon.

CHILE. Los mejores vinos de América Latina son chilenos. Aunque en Chile se produce vino desde el siglo XVI, fue la replantación de cepas francesas del siglo XIX la que dio la savia fundamental a los excelentes vinos chilenos actuales (Cabernet-Sauvignon, Pinot, Riesling, Sémillon, Folle Blanche...). La memoria de los puntos de referencia europeos da lugar a vinos magníficos que «se parecen» al Sauternes o al Chablis o al Borgoña o al vino del Rin. Recientemente, Torres, un elaborador español, se ha aplicado a la obtención de vinos catalano-chilenos.

ESTADOS UNIDOS. Aunque la zona vitivinícola sea por excelencia el estado de California, y más concretamente el valle de Napa, también en los Estados de Washington y Ohio se producen vinos, aunque de menor éxito. California presenta el 90% del cultivo, y la producción de vino norteamericano busca variedades que imitan los vinos franceses, aunque también sobreviven cepas importadas por los españoles. De esa voluntad de imitación salen denominaciones como California-Chablis o California-Burgundy o California-Champagne. Estos vinos, tomados a broma hace veinte años por los expertos europeos, han alcanzado un elevado nivel de elaboración y resultan ya plenamente competitivos en el mercado nacional norteamericano, empezando a competir en el extranjero.

Australia. Desde hace doscientos años, los australianos se esfuerzan en conseguir vino y cada vez obtienen mejores caldos. Especialmente destacable es su preocupación por conseguir un jerez autóctono que los británicos auspician, no solo por una cuestión de nostalgia imperial, sino también por razón del precio.

República de Sudáfrica. Excelentes los vinos sudafricanos obtenidos a partir de cepas francesas, especialmente Pinot Noir, Carignan, Cabernet, aunque no desdeñen la Palomino para obtener un jerez propio. Curiosamente, a la Palomino la llaman «cepa francesa». En Tulbagh, en las montañas, se obtiene un excelente jerez.

De la destilación del vino o del hollejo de la uva, se obtienen distintos licores, tan específicos y de tan larga tradición y reputación como el coñac, el armañac, toda la gama del brandy, el *marc* de Champagne, los aguardientes españoles, italianos o portugueses (orujo, *grappa,* Bagaceira).

La cocina del vino

Una cosa es el conreo o ensambladura entre cada comida y su vino, y otra, el uso del vino en cocina. De antiguo se aplica la sabiduría de que el vino o sus derivados (coñac) realzan el sabor de las salsas y sofritos o que son indispensables para la maceración de las carnes rojas, sobre todo de las carnes rojas muy musculadas y tensas, por ejemplo la caza. Cada vino da un carácter diferente al plato, pudiendo establecerse, obviamente, algunas relaciones previas: vinos tintos y carnes rojas; vinos blancos y pescados o carnes blancas; champaña o cava y carnes blancas y pescados; vinos tintos o rancios para fondos y salsas; vinagre para salsas frías y escabeches. A partir de este esquema previo, las variaciones son infinitas. El vino, el coñac o el jerez se utilizan para asados estofados porque suben el sabor y el aroma de cualquier guiso. Pero si en otros platos se pone un chorrito del uno o del otro en el sofrito, tampoco se estropeará el resultado. Curnonsky, en su obra *Cuisine et vins de France,* nos presentaba un cuadro muy completo de la utilización culinaria del vino:

1) En marinadas crudas o cocidas. Para la marinada cruda, Curnonsky aconsejaba utilizar vinagre de vino, vino blanco, una pequeña parte de madeira, salvia, perejil, ajo, enebro, clavo de especia, pimienta, nuez moscada, sal y aceite; y para conseguir la cocida, añadía a esta fórmula zanahoria, cebolla, ajo chalote, ramo compuesto y agua. Se cocía todo hasta reducir, y luego se utilizaba la marinada caliente como fría.

2) En salsas, aparece el vino o sus derivados en múltiples ocasiones. He aquí un censo aproximado: Matignon (madeira), Mirepoix (vino blanco), fondo para caza, salsa americana (vino blanco), salsa Bercy, salsa bordelesa al vino blanco y salsa bordelesa al vino tinto, salsa borgoñona o salsa al vino, salsa de corzo o de caza en general (reducción de marinada con vino tinto y vinagre), salsa moscovita (vino de Málaga), salsa Périgueux (madeira), salsa provenzal, salsa Regencia (oporto o coñac), salsa Robert, salsa de Ruán para el pato (vino tinto), salsa Souchet.

3) En repostería, se utilizan los vinos dulces para emborrachar bizcochos.

4) En estofados, tan abundantes en la cocina española, el vino rancio, el jerez o el coñac son utilizados como ablandadores y aromatizadores.

5) En asados, se utiliza el vino para lubricar la pieza y luego se manipula el fondo obtenido para la elaboración de la salsa.

Una cosa es el abundante recetario que emplea el vino para proporcionar un determinado matiz, bien en el proceso previo de la marinada, bien a través de la salsa, y otra cosa las recetas en las que el vino se encarga de dar el carácter definitivo: por ejemplo, el zorzal malvís de Arzak cocido al vino o la legendaria *entrecôte au marchand du vin*. Recientemente, las campañas de promoción de vinos y champañas han unificado en recetarios toda la cocina que utiliza vino, desde el matiz hasta la cocción directa, aconsejándose que cuando un determinado vino domine con su sabor la elaboración de un plato, se beba durante la comida el vino más parecido al utilizado como ingrediente.

De un repaso de los recetarios aparecidos en España en busca de la vinculación existente entre el vino y la cocina, podríamos extraer desde las recetas más voluntaristas, en las que el vino está presente como por casualidad, hasta aquellas en las que es un ingrediente determinante. Fundamentalmente, en España, esta investigación ha sido orientada hacia los caldos con más necesidades competitivas: el jerez y el cava, el primero amenazado por otras bebidas utilizadas como aperitivos, y el segundo en plena lucha por superar su condición de vino de postre. A Lalo Grosso de Macpherson se debe un exhaustivo recetario a propósito del jerez, que podría servir a propósito de cualquier vino seco de cierta graduación e, incluso, de algunos tintos. Si pasamos por alto los canapés y ensaladas en los que el vinagre de Jerez aparece como aderezo de salsas frías (mahonesa) o vertido directamente, llegamos al capítulo de cremas, en el que una crema de almejas admite un jerez fino, como lo admite cualquier consomé. Sopa de langosta al jerez, es decir, una sopa de langosta convencional a cuyo *roux* se añade una copa de jerez o de vino blanco sólido en el momento de rehogar los pedazos de langosta. Destaca una *fondue* de quesos al vino de Jerez (cuatro partes de fino y una de amontillado), verdaderamente notable, o un atún a la cazuela con oloroso, chipirones al coñac (hay que imaginar un coñac «andaluz» oscuro y no un coñac francés claro), pollo a las uvas, en el que interviene medio vaso de fino, manitas de cerdo, bien emborrachadas con una botella de fino y un vaso grande de oloroso, *steak au poivre,* con oloroso, o un escabeche de perdices a la andaluza, en el que intervienen tanto el vinagre de Jerez como el fino. Hay que imaginar ese toque que el jerez puede dar a guisos de cocina internacional en los que interviene, en sustitución del coñac o el tradicional y popular vino rancio. Más sofisticado e inventivo es el champaña o cava como material culinario. Ya Luis Bettonica, en *Los cavas de Cataluña,* planteaba un interesantísimo inventario resumido de una «cocina al cava» practicada por grandes maestros. Ahí queda eso: *ragoût* de trufa fresca, hongos y vino de cava (Juan Mari Arzak), mousse de merluza con eneldo al cava (Pedro Subijana), verduras en papillote al vapor del cava (Víctor Merino), capón de El Prat al cava brut (Jacint Sanfeliu), salmón con espinacas al sabayón con cava (Jesús María Oyarbide), perdices gourmet (Raimundo González), salmonetes al cava y al romero (Paul Schiff), sopa de ostras al vino de cava (Josep Julià), filetes de gallo de mar al cava (A. de Luis Cruañas), pastel frío de pescados de roca al cava (Hijos de Josep Mercader).

A este muestrario portentoso de imaginación hay que añadir el intento ultimador de Georgina Regàs que, en *La cocina del cava,* aporta más de cien recetas, entre las que es forzoso glosar un arroz con azafrán al cava o unas truchas rellenas al cava. Digamos que el arroz se hace fundiendo mantequilla, rehogando en ella el grano, añadiendo cebolla muy picada, un pellizco de azafrán, sal, medio litro de cava y medio de agua. Hay que removerlo para que todo quede bien mezclado y dejar que se cueza con un trapo separador entre la cazuela y la tapadera. En el momento de retirarlo del fuego, hay que espolvorear el guiso con perejil picado y queso parmesano rallado. Hasta aquí la teoría de la simplicidad. Vayamos por las truchas. Se abren como un libro, se les quitan las espinas, se les echa pimienta y se las deja descansar a las pobres en compañía del zumo de un limón. Manos a la *farce:* pan rallado, perejil, la piel rallada del limón, sal, mantequilla y dos cucharadas de cava. Se remueve la *farce* y, una vez obtenida, se coloca dentro de las truchas y se cierra el libro-trucha con un mondadientes para que la *farce* no escape durante la cocción. Se sitúan los pescados en una bandeja de hornear, engrasada con mantequilla, y sobre ellos se vierte medio litro de cava para que les haga compañía mientras se cuecen en el horno veinticinco o treinta y cinco minutos.

Las recetas son tan ilimitadas como la imaginación. ¿Qué añade el cava? El anhídrido carbónico de sus burbujas y los paraísos imaginativos que el comensal pueda situar en cada una de ellas.

El misterio de los quesos

Sandy Carr, un experto en quesos universales, se pregunta por el origen del queso, a sabiendas de que no obtendrá respuesta. El queso nació de la leche, es evidente, y nació por casualidad, pero no se sabe ni cuándo, ni casi dónde, aunque se acepta un origen eurocéntrico situable en Oriente Medio, hecho que no impide descubrir culturas del queso en todo el mundo, y culturas desconectadas entre sí. Carr aporta una verdad obvia, pero enorme como un estadio de fútbol. Dice que normalmente consumimos una escasa gama de quesos, si comparamos nuestros quesos habituales con el patrimonio de mil variantes existentes en el mundo: «El queso no es una única cosa. Hay cientos, quizá miles de quesos diferentes. Algunos son fácilmente adquiribles en cualquier lugar del mundo; otros solo pueden comprarse cerca de la localidad donde se fabrican. Y, a pesar de que cada vez más y más quesos son comercializados en más lugares, seguimos escogiendo solo entre los viejos favoritos, sin atrevernos a experimentar con nuevos sabores. Abrumados quizá por la mayor variedad de oferta, seguimos fieles a los clásicos y nos es difícil apartarnos de un manchego, un camembert, un Cheddar o un danablu. Haciendo un esfuerzo, nos atrevemos a degustar un cabrales, un emmental o gruyère, un roquefort o un gorgonzola, pero no pasamos de ahí».

Dejemos atascado al señor Carr en sus perplejidades y recurramos al saber histórico de Barrau *(Les hommes et leurs aliments)* cuando se plantea otra pregunta, pero esta vez con respuesta. Los españoles llamamos queso al queso y debemos el origen de nuestra denominación al latín *caseum,* al igual que los holandeses *(kaas),* los alemanes *(Käse)* o los británicos *(cheese).* Pero los franceses, como Barrau, o los catalanes, como Enric Canut *(Els formatges a Catalunya),* tienen, al parecer, un importante problema etimológico antes de llegar a la explicación de que *fromage* (francés) o *formatge* (catalán) provienen de *forma,* es decir, del molde empleado para dar forma al queso. Pero volvamos a Carr, que sigue despejando perplejidades y enseñándonos en consecuencia. Cada variedad de queso nace ya en lo que consume el animal que lo va a hacer posible: hierba fresca, pienso artificial, arbustos, heno, granos, mezclas, etcétera. A continuación hay que tener en cuenta el factor climático local, y uno y otro factor, alimentación y clima, modifican quesos de distintas leches o mezclas de leches: vaca, oveja, cabra, búfalo, camella, yac o vaca del Tíbet, cebú o reno. «Cada queso será el resultado de una combinación original y única de todos estos factores que actúan ya desde mucho antes de que intervenga la mano del hombre. Esto explica la dificultad de reproducir determinadas variedades de queso fuera de su lugar de origen y por qué los expertos catadores pueden identificar no solo la zona, sino incluso la granja productora de un queso determinado, sobre todo si está elaborado con leche sin pasteurizar».

La pasteurización garantiza la duración y calidad digestiva tanto de la leche como del queso, pero extirpa sabores y aromas que ayudaban a caracterizar quesos singulares. Casi todos los quesos de vaca que se venden en el mundo están pasteurizados, no así los de cabra y oveja, y algunos países (Estados Unidos, cómo no) prohíben la venta de cualquier queso que no haya sido pasteurizado. Se trata de controlar sanitariamente el milagro del queso, ese milagro que varía en cada uno de ellos, porque cada queso tiene su agente productor, el agente que le da vida y carácter original. Pero pese a la evidencia de que cada queso es un sabor y un mundo, hay un proceso típico de elaboración común a todos ellos:

1.º) Coagulación o eliminación del agua contenida en la leche, separándola de los elementos sólidos que contiene: proteínas, vitaminas, grasa.

2.º) Manipulación de la cuajada o sólido obtenido por la acción de un fermento láctico y del cuajo, enzima digestiva extraída del estómago de un ternero o un cordero.

3.º) Moldeado, prensado y acabado: una vez que el sólido ha perdido todo el líquido o suero y adquiere consistencia, pasa por un moldeado que proporciona la forma al queso y responde a pautas tradicionales; la maduración o vida real de un queso puede durar de quince días —en un queso fresco— a cuatro años —en un queso duro parmesano—.

El período de maduración es el más delicado y requiere un estricto control de las condiciones ambientales de temperatura y humedad adecuadas a cada queso y a cada proceso de maduración. No todos los quesos maduran de igual manera. Los hay que lo hacen desde dentro hacia fuera y los hay que realizan el viaje contrario. Durante el proceso de maduración, cada queso adquiere los rasgos externos que luego los harán reconocibles a simple vista: las ramificaciones azules de los hongos de los quesos azules como el roquefort; los agujeros del emmental; el moho blanquecino del camembert; la pátina verde de los quesos de cabra…

Pero aunque los procesos son equivalentes y las variantes singulares, cabe establecer otras clasificaciones de quesos según sea lo que se contemple: su elaboración, el tipo de leche, la textura, la materia grasa, el sabor, el color e, incluso, la corteza.

Empecemos la casa por el tejado, por la corteza.

Casos y quesos

Proporcionamos a continuación una clasificación de los quesos, de acuerdo con los distintos posibles criterios que hemos señalado al final del apartado anterior.

Según la corteza

Corteza natural seca: formada por el secamiento de la propia cuajada. Como el manchego.

Corteza enmohecida: producida por microorganismos que crecen en la superficie del queso. Como el camembert.

Corteza bañada: a manera de entidades sin corteza que necesitan la protección de un agente externo: agua, salmuera, cerveza.

Corteza artificial: recubrimiento ajeno, a modo de protección, como en el caso de los quesos de bola o los cremosos de fabricación industrial. En algunos quesos tradicionales se utilizan hojas vegetales —como las de la higuera para el cabrales— o ceniza.

Según el color

No todos los quesos tienen el color natural que proviene del juego espontáneo de las fermentaciones. Desde tiempos remotos se ha recurrido a colorantes naturales para obtener quesos característicos (blanqueadores para el feta griego o anaranjadores para el cheddar anglosajón). Los colores realmente naturales son el blanco para los quesos frescos, progresivo oscurecimiento durante la maduración, y azulado para los quesos afectados por los hongos azules.

Según la materia grasa

La materia grasa mide el valor calórico del queso y hoy es obligado señalar su porcentaje en el envoltorio del producto. Pero la mayor abundancia de grasa indica también un mayor contenido de vitaminas A y D disueltas en las grasas. El porcentaje de materia grasa indicado en el envoltorio no significa que esa porción contenga exactamente ese porcentaje. Se establece en relación con la materia general de que está compuesto, ya que, a medida que envejecen, los quesos pierden agua y aumentan así la concentración de grasas.

Según la textura

Muy blandos: pueden cortarse y comerse con una cuchara, como el queso mozzarella o cualquier queso fresco.

Blandos: pueden untarse sobre el pan, como el brie o el camembert.

Semiblandos: igualmente extensibles sobre el pan pero con una mayor consistencia, como los quesos azules.

Semiduros: aquellos quesos que pueden cortarse en lonchas.

Duros: consistentes, densos, granulosos y más difíciles de cortar a medida que envejecen, como el parmesano.

Según la leche

De vaca: son los más abundantes, precisamente por tratarse también de la leche más abundante. Influyen en la calidad de este queso los factores de alimentación y clima reseñados, así como el factor de que en verano la leche de vaca tiene mejores condiciones para producir queso que en la época invernal.

De oveja: quesos característicos de países con pocos pastos, en los que medran mejor las ovejas. El más característico es el manchego, que puede consumirse desde la naciente frescura hasta después de una larga maduración y aun conservado en aceite.

De cabra: quizá los quesos más sabrosamente variables y delicados dentro de su rudeza. El sabor de las «cabras» no complace a todo el mundo y suele ser rebajado mediante la mezcla de leche de cabra con la de oveja o vaca.

De otros animales: se trata de quesos exóticos para el paladar eurocentrista, pero que se consumen en las zonas en donde los animales que los producen son habituales: búfalo, yac, reno, camella. En Europa, el más divulgado es el queso mozzarella, obtenido de la leche de búfala aclimatada en Italia.

Según el proceso de elaboración

Quesos frescos: sin madurar, o apenas madurados, y sin prensar, o apenas prensados. Conservan mucha humedad y, por lo tanto, menos sabor y menos materia grasa.

Sin prensar, pero madurados: no se los prensa, para que pierdan el agua de manera natural y lentamente. Durante el proceso de maduración aparece un moho sobre la superficie.

Sin cocer, prensados: prensados y sometidos a un proceso intermedio de maduración (de dos a dieciocho meses).

Cocidos, prensados: una vez obtenida la cuajada, se cuece en el suero antes de introducirla en el molde. La maduración puede durar hasta cuatro años.

De pasta hilada: una vez separada la cuajada del suero, se echa en un recipiente con agua caliente y se amasa hasta que alcance la consistencia adecuada para el moldeado.

De suero: subproductos derivados de quesos normales de cuajada.

Quesos preparados: mezclas de varios quesos o con otros ingredientes (desde nueces hasta pimienta verde); creados industrialmente por las exigencias del mercado.

Quesos indispensables para la supervivencia

Les Fromages. Guide mondial, de Nancy Eekhof-Stork, representa un viaje por el mundo del queso que es prácticamente todo el mundo: los impensables quesos noruegos, como el Nøokkelost, la desconocida riqueza quesera de una Inglaterra dueña de quesos equivalentes a los mejores quesos franceses, el yugoslavo somborski sir, tan interesante como agrio, el tilsit o gouda soviético, los quesos frescos mexicanos o la industria quesera que Fidel Castro, personalmente, ha impulsado en Cuba porque es quesófilo y además algo había que hacer con el excedente de leche; no es menor la importancia de los quesos africanos de Kenia y Tanzania o el *jupneh* de Arabia Saudí, y el cheddar con el que australianos y neozelandeses imitan el queso padre de las islas británicas.

El mundo es un queso de bola achatado por los polos, y las estadísticas indican que un queso es el alimento básico de los griegos, el famoso y glorioso feta; Grecia es el primer país consumidor de queso del mundo, por delante de Francia, Israel, Italia y Alemania, sus inmediatos seguidores. Y en cuanto a producción, la industria quesera más gigantesca es la norteamericana, con 1410 tm., seguida de la soviética y la francesa. Pero el concepto de «queso indispensable para la supervivencia» está por encima de la dietética, el consumo o la producción industrial. Se trata de seleccionar aquellos

nagistrales que han apadrinado un sabor característi-
ıan universalizado.

El limburger es un glorioso queso belga aclimatado en Alemania, de vaca, cremoso, amarillo, de un veinte a un cincuenta por ciento de materia grasa, de oscura y en ocasiones repulsiva corteza que oculta una de las maravillas queseras del universo.

El fynskt rygeost es un queso danés de peculiar *bouquet* conseguido con una cuajada ácida, sazonada con semillas de alcaravea y después ahumado, que suele servirse acompañado de rábanos y cerveza. El manchego, sin discusión el rey de los quesos españoles, cuando quiere ser el rey y no un virrey adulterado de escasos «posibles», es un queso de leche pura de oveja, magistral semiseco y curado conservado en aceite. El brie, el más antiguo y famoso de los quesos franceses, que compite con el camembert y el roquefort en toda selección nacional de la quesería francesa, fue proclamado rey de los quesos en el Congreso Gastronómico de Viena, y cuenta la leyenda que Luis XVI pidió como último deseo antes de ser guillotinado brie y vino tinto. El feta, queso blanco que sirve de base de la alimentación de los griegos, hecho con leche de oveja, muy salado y sabroso, indispensable acompañante de las ensaladas griegas y los espesos vinos tintos del Mediterráneo oriental. El gouda, auténtico queso nacional holandés; aunque en el extranjero se haya acuñado la imagen del queso de bola como el característico queso holandés, el gouda bien curado es uno de los mejores quesos del mundo. El stilton, inglés, disputa al roquefort, el gorgonzola y el cabrales el primer lugar entre los quesos azules del mundo, y, al decir de Carr, es el mejor, y el que mejores garantías de conservar su calidad original ofrece, debido a la demanda excesiva del roquefort. El cheshire, indispensable queso inglés, blanco o rojo, según la nomenclatura popular, aunque los dos colores extremos que lo caracterizan sean el amarillo pálido y el melocotón oscuro. El caciotta es un queso blando italiano, pequeño, de pasta cremosa, sabor que va de lo suave a lo ligeramente picante; excelente queso artesanal, especialmente bien logrado en Urbino y Toscana. El serra, queso portugués artesano de la sierra de Estrela, industrializado y comercializado con el nombre de Queijo de Serra, pero sin posible comparación entre lo que hace la mano del hombre y lo que hace la máquina. Estos diez quesos, de menor instalación en la memoria universal que los quesos más reputados, hablan de la rareza de los orígenes y sabores de la quesería como gastronomía cerrada. La quesería es un saber gastronómico en sí, suficiente, porque un hombre puede alimentar el cuerpo y el espíritu exclusivamente con pan y queso. Pero si hablamos de la generalización de la producción y de la singularidad de algunos quesos cabeza de serie, hay que dejar constancia del papel desempeñado por la cultura francesa del queso para que esta manufactura del hombre ocupara el lugar que hoy ocupa en el escaparate universal de las mejores obras humanas. Hasta trescientos quesos franceses se cuentan con los dedos de la gula y del respeto ante una cultura que ha sabido hacerse industrial y masiva sin perder la calidad.

Quesos mitológicos como el brie, camembert, cantal, roquefort, no pueden ocultar el esplendor de otros quesos como el banon, beaufort, comté, coulommiers, entrammes, gaperon, laguiole, maroilles, münster, neufchatel, port salut, reblochon, saint-nectaire o valençay, por no hablar de los «cabras» franceses o incluso de los quesos *parvenus,* con toda clase de gangas de sabor, pero que la industria francesa ha sabido mantener dentro de las exigencias de los paladares civilizados. Frente a esta sabia combinación de la memoria del sabor artesanal y de las exigencias industriales que representa la quesería francesa, se ofrece la, en otro tiempo, reputadísima quesería inglesa, excesivamente sepultada por la prepotencia de la fabricación industrial, que ha acabado por ocultar las excelentes singularidades del queso nacional inglés. Es más, el paladar británico está siendo colonizado por toneladas de cheddar fabricado en Estados Unidos y que, sin duda, atraviesa el Atlántico en quesoducto, dispuesto a empastar el cuarto sentido de los ingleses.

Quesos españoles

Hasta ahora se dispone de tres estudios sobre los quesos existentes en España, aunque, probablemente, no incluyen la totalidad de lo que realmente se produce en lo más recóndito de un país que ha conservado muchos de sus quesos más singulares en el secreto aislado de los valles y la sabiduría familiar. Un primitivo catálogo de quesos del Ministerio de Agricultura censaba hasta treinta y seis especialidades: diecisiete de oveja, doce de vaca y siete de cabra. En 1980, Enric Canut y Francesc Navarro publicaban un completísimo estudio sobre los quesos en Cataluña, en el que se demostraba una riqueza de variedades que cuestionaba los treinta y seis quesos que el mencionado Ministerio suponía para toda España. En Cataluña, distinguían ocho modalidades queseras: serrat, de tupí, del Valle de Arán, tierno, tronxon, mató, recuit y brossat o brull. Finalmente, Simone Ortega encabezaba un colectivo de glosadores de una *Tabla de quesos españoles,* publicada en 1983, en la que aparecían hasta ciento veinte quesos diferenciables, clasificados según esta distribución geográfica:

ANDALUCÍA. Alpujarras, Antequera, Calahorra, Grazalema, quesillas de Huelva, queso de los Pedroches, de Ronda, de la Sierra de Arévalo y Aracena, de Sierra Morena, de La Tiñosa.

Aragón. Del Bajo Aragón, de Hecho y Ansó, de los Tambores, tronchón.

Asturias. Afuega'l Pitu, Aranga, Cabrales, Casín, Cuayáu, Porrúa, Peñamellera, Vidiago, Gamonedo.

Baleares. Mahón, Formentera, ibicenco, Llombard, mallorquín.

Canarias. Fuerteventura o majorero, de la Guía o de Flor, de Hierro, palmero de Santa Cruz de Tenerife.

Cantabria. Ahumado de Aliva, de Cabraliego, de Gurriezo, de Cobreces, de Jaime el de la Miña, de Nata, Pasiego sin prensar, Picón, de Pido, quesucos o quesines.

Castilla-La Mancha. Manchego, Oropesa o La Estrella, Sierra de Gredos.

Castilla y León. De la Armada o Sobao, de Burgos, de Chincho, cuajada de Briviesca, Cerrato, de León, de Esgueva, Posada de Valdeón, Sierra de Ávila, Tomillo, Vega Saúco, Villalba de los Alcores, Soria, Villadiego, Villalón, Segovia.

Cataluña. Brossat o brull, Llenguat, mató, Montsec, recuit, de la Selva, serrat, tendre, tronxon, de tupí, del valle de Arán.

Euskadi. Aralar, de Badaia, de Carranza, Duranguesado, Entzia, Gaztazarra, Gorbea, Idiazábal, Lea-Artibai, Mamia o Gaztzatua, de Orduña.

Extremadura. De Casar de Cáceres, de Las Hurdes, de los Ibores, Plasencia, de La Serena.

Galicia. Cebreiro, del país, San Pantaleón de Vivero, San Simón, de tetilla, de La Ulloa.

La Rioja. Queso camerano.

Madrid. Requesón de Miraflores.

Murcia. Queso de cabra.

Navarra. Aralar, Roncal, de Las Bardenas, de Lanz, Ulzama, Urbasa.

Valencia. Alicante, Brulló, de Cervera, de Puzol o cazoleta, servilleta, tronxon.

He cumplido en dar la denominación exhaustiva para sorprender al lector con la variedad de quesos recónditos en los pliegues de la geografía española. Apurando mucho la más reciente popularización de quesos del mercado nacional, llegaríamos a un conocimiento generalizado de los manchegos, la tetilla y el San Simón gallegos, Idiazábal, Cabrales y Roncal. Este conocimiento demuestra el inmenso desconocimiento que deja fuera de sí mismo, y resulta sorprendente que ni siquiera los especialistas en gastronomía del reino hayan llamado la atención lo suficiente sobre los otros quesos españoles y, especialmente, sobre algunos tan singulares como el tronxon, queso ligero de leche de oveja, a veces mezclado con leche de cabra, común en Cataluña, el País Valenciano y la raya de Aragón; los excelentes quesos canarios como el palmero o el majorero, cremoso el primero, de oveja y cabra, y el segundo de cabra de Fuerteventura, con el aroma de la mejorana que el animal engulle al pastar; prodigioso y escaso el de Casar de Cáceres, basado en la excelente y aromatizada leche de las ovejas cacereñas, o el de La Serena, queso de pastor, y por lo tanto limitado, elaborado con leche de oveja; curioso y sabroso el Llenguat, producido por la fermentación de larvas de gusanos, aniquiladas con anís, aguardiente o aceite, que luchan contra el gusano dentro del queso, lo exterminan y contribuyen a proporcionar un sabor fuerte y aromatizado.

La cultura del queso está más arraigada en España de lo que se presumía, como lo demuestran la conservación de diferentes especies y las subastas, que alcanzan notable singularidad en el País Vasco. Se celebran a comienzos de septiembre y en ellas se ha llegado a pagar hasta medio millón de pesetas por algunos quesos artesanos.

La universalidad del queso

Cualquier ciudadano europeo conoce dos grandes horizontes queseros: el propio y el francés. Del propio horizonte quesero se conocen las especies más divulgadas, que son siempre las más industrializadas. Por ejemplo, cualquier español conoce el manchego, el burgos y la teta gallega, y los más enterados asumen el cabrales como el «queso azul» español. Del horizonte francés se toman el roquefort, el camembert, el brie y algún queso cremoso de dudoso origen e infausto paladar; el parmesano italiano para acompañar las pastas, y el «queso americano» (generalmente el cheddar o sus variantes) como recuerdo nostálgico de la ayuda alimenticia norteamericana de los años cincuenta, y no cuenten más.

Junto a este desconocimiento de los quesos realmente existentes en el propio país y en el extranjero, aparece ahora una oferta de queso industrial casi mareante. Cualquier supermercado sumerge al comprador en un mar de «quesos frescos» o lo cubre de lonchas de queso para que «bocadillee» su cuerpo y su espíritu. Tampoco escasean los quesos mestizos, con cuerpo de queso y alma de jamón ahumado, por ejemplo. Quesos que saben a salmón, a aguacate, a cualquier cosa menos a queso. Como siempre ocurre en la civilización que nos caracteriza, toda opulencia esconde una miseria. La opulencia de la oferta de variantes industriales esconde la miseria del conocimiento real de los quesos con padre y madre. Hay una incultura del queso generalizada en todo el mundo menos en Francia. Los griegos consumen más queso que los franceses, pero es un consumo de supervivencia: el feta es la proteína láctica que el pueblo griego tiene a su alcance y la pone en ensaladas y dulces.

Pero el queso es universal como universal es el uso alimentario de la leche y sus derivados. Vayamos continente por continente haciendo un inventario y nos llevaremos la sorpresa de encontrar un queso «azul» en Numidia (Tunicia) o lo más parecido que hay al manchego en Sarde, igualmente en Tunicia. Los quesos del norte de África son de oveja, mayoritariamente, y se consiguen variedades tan sabrosas como desconocidas: el jabane marroquí, el takammart de Argelia o el testouri, igualmente tunecino. El queso latinoamericano es predominantemente vaquero y en ocasiones tan cargado de «peculiaridad local» como el añejo mexicano, especialmente el añejo enchilado, queso esta vez de cabra y ayudado por el chile molido que lo recubre a la manera de los quesos al pimentón característicos de la región extremeña. Importante es el catupiri, queso brasileño de vaca que suele comerse en compañía de mermelada de membrillo, o el cincho venezolano, directamente emparentado con el queso fresco español a la manera del Villalón.

Los venezolanos son buenos consumidores de queso y disponen del «llanero», queso de zona ganadera por excelencia, duro, fuerte, muy apropiado para rallar y gratinar como el parmesano o el picorino. También venezolano el llamado «cuajada», hecho de cuajada de vaca y envuelto en hojas de maíz o de platanero. Quizás el más singular de todos sea el coyolito, queso salvadoreño de cuajada prensada, muy áspero y picante, madurado durante tres semanas bañándolo en una mezcla de salmuera y leche de coco. «Mantecoso» es la característica de un queso que recibe el mismo nombre en Chile y en Perú, aunque el chileno recibe también el nombre de queso de Chanco y tiene características muy diferentes: a diferencia del peruano, el «mantecoso» chileno es semiduro. Ya he dado constancia del auge de la industria quesera cubana por especial empeño de Fidel Castro: industria que tiende a imitar modelos queseros europeos y que ha conseguido perfeccionar el más tradicional queso cubano, el pategrás, que algo tiene que ver con el pategrás argentino.

Tampoco Asia es ajena al queso y los indios obtienen el aarey, queso de búfala; también de búfala el bandal, moldeado en forma de bolas y dejado ahumar sobre fuego de leña o de excremento. En el Tíbet consumen el chura, de leche de yac o de vaca, principal recurso proteínico de los nómadas de las montañas tibetanas. El chura es un queso en forma de bola, que se deja secar y se consume rallado. En su entusiasmo antropológico, Sandy Carr llega a afirmar que las tribus nómadas del Asia central «fueron unos de los primeros fabricantes de queso del mundo, si bien no han progresado mucho actualmente y siguen empleando técnicas muy primitivas. El krut se elabora en Pakistán, Irán, Afganistán y el sur de la ex Unión Soviética, en la zona habitada por tribus turcomanas, con cualquier clase de leche. Se fabrica haciendo hervir leche cortada (a la que se le ha extraído la nata para hacer mantequilla), dejando escurrir el suero y sacando la cuajada resultante. Este tipo de queso puede durar años y antes de consumirse debe remojarse con agua».

No hay que hacerle ascos al queso remojado con agua. ¿Acaso los norteamericanos no remojan los mejores manjares con Coca-Cola? Hay un queso filipino famoso, el kesong puti; y los australianos se han aplicado a imitar los quesos ingleses, creando un curioso mestizo, el cheedam, mezcla de edam y cheddar. También la industria quesera australiana imita quesos italianos como la ricotta, el provolone, mozzarella, parmesano, romano, e igual hacen los neozelandeses. Si los australianos se han inventado un queso mestizo de edam y cheddar, los neozelandeses han mezclado el cheddar con el gouda y les ha salido el egmont. Según testigos presenciales, puede comerse.

Todos estos quesos proceden de antiguos y de nuevos hábitos alimentarios. Los antiguos hábitos partían del principio de sacar todo el partido posible a la leche y fijarla en un alimento no fugaz, en un alimento que pudiera durar. Los modernos hábitos tratan de buscar proteínas donde las haya y el queso las tiene de primera calidad y en abundancia. Asistimos, pues, a un *boom* universal del queso, que Enric Canut y Francesc Navarro justificaban así en la introducción a *Els formatges a Catalunya:* «La moda de las proteínas ha penetrado casi en todas las mentalidades [...] El queso es un producto que crea hábito. [...] El incremento de la variedad de la oferta comporta también un aumento en la demanda. [...] En otro orden de influencias hay que citar las derivadas del turismo, especialmente del francés. [...] Finalmente, la moda del cultivo del comer bien ha orientado el interés del personal hacia productos considerados como superfluos hasta hace pocos años. La época del ascetismo ha dado paso al culto a la gastronomía que habían monopolizado las derechas y las clases pudientes. Actualmente, el desconocimiento de las nociones más básicas sobre los vinos y los quesos es considerado, en ciertos ambientes, como un signo evidente de incultura o de falta de sensibilidad».

Esa cultura del queso empieza, pues, comprendiendo su universalidad y conociendo en primera instancia los quesos del propio país. Pero no termina ahí. El queso es un manjar delicado que requiere técnicas especiales de conservación y un arte especial para servirlo y consumirlo. Ya de muy antiguo proceden distintas culturas de servir y consumir el queso: los griegos sirven queso cortado en láminas, en compañía de cualquier plato o desmenuzado sobre las ensaladas, o en aceite y con hierbas aromáticas a manera de entrante. En Alemania y los países escandinavos, el queso es, sobre todo, un alimento de desayuno, y algunos quesos se sirven con acompañamiento de comino, como el queso münster alemán, que se fabrica incluso ahora con el comino incrustado. En Portugal se consume el queso como aperitivo, al igual que en España, en donde el manchego es muy utilizado como «tapeo» y como soporte material del vino tinto: los españoles consumen el queso como postre o como merienda y en cambio los franceses, al menos hasta la crisis del petróleo, lo han considerado un plato anterior a los postres propiamente dichos. Hay quesos que tienen asignados compañeros de viaje gastronómico de distinta naturaleza original: a los quesos de oveja les va muy bien el dulce de membrillo, a los quesos frescos la miel; los italianos ligan el destino del gorgonzola al de las peras, y los daneses acompañan el fynsk rygeost con rábanos. Al manchego le sientan bien las uvas, y el cabrales hay quien lo ha visto amasado con sidra y luego untado sobre el pan, y ya se conoce el portentoso caso de los triángulos de camembert rebozados, fritos y acompañados de mermelada de tomate muy fluida.

La reciente curiosidad por esta inocente materia, generalmente blanca, promete ampliar el capítulo de conocimientos sobre el uso y el capricho del queso, alimento sobre el que aún se desconoce casi tanto como lo que se conoce. Para los griegos, el queso era un «regalo de los dioses», para los masai africanos, un extraño alimento ritual que conseguían mezclando leche agria y sangre de animal, alimento oscuro emparentado con las redes secretas de la vida en el cuerpo humano; así en las sangres como en las leches. Hoy día pueden censarse mil doscientos tipos de queso en todo el mundo, último resultado de aquella idea inicial que alguien tuvo, en las estepas del Asia central o en Mesopotamia, hace doce mil o quince mil años, de descomponer la leche. Aunque quizá fuese todo más sobrenaturalmente natural y la leche se descompusiera sola. El queso se habría, pues, inventado a sí mismo.

Ritual y cocina del queso

Se aconseja comprar los quesos en establecimientos especializados de mucha venta para que estén en su punto. Con los quesos fermentados, especialmente si son de importación, conviene tomar la precaución de comprobar que la corteza esté blanca y no tenga los bordes oscurecidos. Cuando el queso fermentado huele a amoníaco, está gritando que ya no debe ser consumido.

En cuanto a la conservación de los quesos, es aconsejable que los frescos se guarden en la parte alta de la nevera, los fermentados y tiernos en la parte baja, y los curados en sitio oscuro y fresco. Pero, en cualquier caso, un queso debe ser retirado del frigorífico con el suficiente tiempo como para que pierda el frío y recupere su aroma. El queso es un alimento que admite cualquier hora, aunque no cualquier queso se adapta a cualquier tiempo y lugar. Son aconsejables los frescos y digestivos para los desayunos, y los ahumados y azules para el aperitivo, con pan. Todos los demás y todos los anteriores cumplen una inestimable función como postre o, a la manera francesa, entre el segundo plato y los postres propiamente dichos. En cuanto a la relación entre quesos y bebida, hay que declarar de buenas a primeras, con presencia o sin presencia del abogado, que el queso necesita vino y generalmente vinos tintos de distinta solidez, aunque los quesos muy tiernos y frescos aceptan bien los blancos ligeros. Puede establecerse la regla general de que a mayor fortaleza del queso, mayor oscuridad y densidad del vino.

El inevitable Sandy Carr ofrece otras bebidas complementarias del queso: sidra fresca para el cabrales, oporto seco para algunos «azules» o cerveza para el brick o el brinza, pero también ratifica la opinión generalizada de que los vinos y el pan son los mejores amigos del queso.

Azules fuertes: solo pueden combinarse con vinos dulces de muy buena calidad.

Azules suaves: vinos blancos dulces (Sauternes) o tintos jóvenes (Beaujolais).

Cremosos: cuando son jóvenes, cualquier vino; cuando envejecen, prefieren los vinos más rancios.

Curados: tinto corriente o blancos secos con mucho cuerpo, incluido el jerez.

De cabra, y fuertes de oveja: blancos de carácter, tintos secos y cavas o champañas.

En la cocina, el queso desempeña una función complementaria pero definitiva. Pocos platos lo convierten en el protagonista principal, y entre ellos hay que destacar la *fondue* suiza o *raclette,* queso emmental fundido con ayuda de aguardiente, ajo y especias, en el que se van introduciendo pedacitos de pan mediante un largo tenedor. La *nouvelle cuisine* ha creado algunas recetas singulares de queso, como el camembert frito con mermelada de tomate, compuesto de segmentos de camembert en porciones, rebozados, fritos y acompañados de una mermelada de tomate fría y muy ligera. Tradicionalmente, ha tenido mucho prestigio el *soufflé* de queso o el pastel de queso, como platos culminantes de la cocina quesera, pero insisto en que al queso le cabe la gloria de ser comido por sí mismo o de ser utilizado como sabor complementario, aunque se acerque a lo dominante.

Caracteriza como acompañante algunas pastas italianas, aunque no todas, porque su sabor puede anular sabores necesariamente hegemónicos. El roquefort se presta a excelentes salsas, acompañantes no solo de ensaladas, sino de solomillos y aun de patatas y pastas cocidas, como los macarrones al roquefort. En la tradición repostera española, el queso en su forma de requesón está muy presente en la elaboración de empanadillas dulces con la pasta de harina y miel y rellenas de requesón: los característicos *flaons* de Cataluña y norte del País Valenciano. Y también es un postre catalán eminente el *recuit* con miel, combinación equivalente a la que en Castilla liga el manchego tierno con el membrillo o el uso que la «nueva cocina» española hace de cualquier confitura o mermelada ligera como acompañante de un buen manchego tierno. Ni que decir tiene que la cocina francesa, universalmente hegemónica, ha acuñado fórmulas de platos hechos con roquefort que cualquier paladar patriótico español, o simplemente asturiano, puede sustituir por el queso de Cabrales.

Sin tratar de enmendar la plana a nadie, comparto, y por caso lo propongo, con los caballeros Néstor Luján y el libertino Casanova la creencia de que no hay mejor queso de mesa que un buen «azul» acompañado de un tinto, y, por qué no, Chambertin. Pero los ideales de belleza nunca deben ser absolutos y no sólo Chambertin bebe el hombre. Bueno es el queso solo, mejor con pan, e insuperable si al pan y al queso se les asocia el vino y el jamón. Cuatro culturas misteriosas, milagrosas, mágicas, que hablan de una antigua y olvidada alianza entre el hombre y el instinto de la felicidad.

Jamón: esa momia tan cristiana

El jamón es algo más que una pata de cadáver momificada y comestible, incluso es algo más que una pata gloriosamente momificada de glorioso cerdo ibérico. El jamón forma parte del imaginario español de la abundancia y no se recuerda lo suficiente que el jamón fue prueba de cristiano viejo, porque al hacerle ascos el moro y la judería a la carne de cerdo, prueba de buen cristiano era hincarle el diente al jamón, convertido en una de las infinitas pruebas de Dios en tiempos en que tanta falta hacían. Se llamaba «marrano» al converso sospechoso de no serlo del todo, y al llamarse cerdo se expresaba la macabra intolerancia y desafección del cristiano comedor de cerdo, desagradecido que insulta con el nombre de lo que devora, aunque Góngora llegara a hacer metáforas del cerdo, más que del cerdo, del torrezno.

> … y en vuestra ausencia, en el provecho mío,
> será un torrezno el alba entre las coles.

Y en Aragón, tierra de sinceridades y de lenguas afeitadas, sea copla la más hiperbólica exaltación del cerdo:

Hubo seis cosas
en la boda de Antón:
cerdo, cochino,
guarro y lechón.

El jamón salado es en España el claro objeto de cualquier apetito y los españoles de mi promoción, maleducados gracias a historietas como la de Roberto Alcázar y Pedrín en los llamados años del hambre, recordamos aquellos bocadillos de jamón que Pedrín le pasaba al facha de Roberto Alcázar cuando estaba en la cárcel, como recordamos los jamones soñados por Carpanta o Protasio, con más intención que la puesta por Gérard Philippe en soñar los perniles de Gina Lollobrigida en *Mujeres soñadas.*

Sería precisa la combinación de un semiólogo y de un psicólogo para descubrir las pulsiones que provoca el jamón. País de sexualidades y erotismos de casquería (sobacos, corvas, culos, escotes), era lógico que la pata más que la paletilla de cerdo sedujera, por lo que tiene de asa de los culos tan apreciados por la mirada furtiva, sea masculina o femenina. A esta obviedad psicosexualizante, el semiólogo podría aportar una descodificación del jamón como diseño total del imaginario de la saciedad, olor, textura y sabor incluidos. Cualquiera que haya observado cómo se cala un jamón, habrá descubierto que en el instante de pinchar la momia, recuperar la cala y olerla, se produce la liberación de casi todos los instintos y los sentidos.

Curada la pata de cerdo a la sal, al oreo, al humo o al adobo para ser jamón salado o bien cocida y moldeada para ser jamón cocido, lo cierto es que en España interesa más el jamón salado, del país o serrano, que el dulce, aunque la mitología dietética haya conseguido que el jamón dulce se haya metido en la vida de los españoles como el condón, el café descafeinado, el tabaco sin nicotina, los testigos de Jehová, la cerveza sin alcohol y el *paddle-tenis.* Si no es el español, en todas sus variantes locales, que es el jamón de verdad, hay que recurrir a otros tratamientos jamoneros interesantes, como el de Parma, aromático y de textura equívoca. Tampoco hay que desdeñar los alemanes de Westfalia, ahumados y perfumados al jengibre, o los de la Selva Negra, ahumados y aromatizados a la nuez. En Bayona se salaba el jamón y se dejaba reposar siete u ocho días hasta que se volvía pegajoso. Luego lo lavaban, lo raspaban, lo mezclaban con sal y salitre y lo dejaban sobre un tablero inclinado para deslizar los jugos resultantes y conservarlos en un cuenco, para regar continuamente la carne con sus propios sudores. Y una vez curados, se untan con heces de vino, se ahúman con leña de enebro y finalmente se envuelven en ceniza. Solo una resultante tan mágica justifica una liturgia tan trabajosa.

Pero la verdad del jamón a la española tiene mucho que ver con la aspereza de la verdad ibérica. Por las sierras de Aracena se recuerda que allí estuvo el humanista de Trento, Arias Montano, y descubrió secretamente que el jamón tiene alma, en tiempos en que se dudaba de que la tuvieran las mujeres. Tanto consumo de jamón debió de perpetrar el correoso humanista que hasta Lope de Vega le sacó del buche las glotonas vergüenzas:

> Jamón presunto de español marrano,
> de la sierra famosa de Aracena,
> donde huyó de la vida Arias Montano.

El jamón en España sabe a momia y no resume otros aromas que los de alimentación general básica, prodigioso milagro, pues, que solo con la momia y el alma de lo que comió en vida se consigan jamones como los de Huelva, Guijuelo, Trevélez, Montánchez o incluso algún jamón de la Cerdanya que haya conseguido superar las urgencias del consumo y la condición de carne impaciente y casi cruda. Marcial cantó los jamones de las comarcas catalanas al norte del Pirineo atribuidos por él a Ceret, que tenían su centro en la Cerdanya.

> Del país de los ceretanos
> o manoplanos traedme
> un jamón y los golosos
> que se ahíten de filetes.

El buen catador de jamones españoles sabe que no solo debe tener el paladar abierto a diferencias de aroma y sabor, sino de textura y en toda propuesta gastronómica, la textura es el territorio del sabor. No puede permanecer en el registro mental del Jabugo cuando acepta un Trevélez o una buena pata de la serranía de Ronda o un sincero jamón murciano, gallego o turolense. Es más, lo que fue mágico descubrimiento más o menos socializado, del jamón de cerdo ibérico, se ha convertido en dictadura de un jamón, de un sabor, de una textura, que está imposibilitando el goce de paladear otras propuestas jamoneras. Cada jamón es un balance de la historia alimentaria del cerdo que lo parió.

Esta afirmación no es una hipérbole, sino la impresión que tenemos de que el jamón se ha independizado del cerdo o de las industrias cárnicas para alcanzar su propia metafísica. De la misma manera que el bacalao seco no es ni carne, ni pescado, ni mineral, ni vegetal, sino todo eso a la vez y sus contrarios, el jamón tiene su propia categoría metafísica. Es preferible el jamón en su mismidad, aunque los cocineros han tratado de modificarlo las más veces inútilmente con la ayuda del fuego. Notables algunas tapas jamoneras como las obtenidas en Granada con los jamones inmediatos y la ayuda del ajo y de las habas, aunque no conozco ningún guiso de jamón que supere al jamón en sí mismo. Hay que ser condescendiente con el jamón frito o con algunas recetas voluntariosas: jamón en costrón (jamón picado, con hierbas aromáticas, miga de pan, grasa fundida del propio jamón, capas y capas, horneado hasta formar un pan ajamonado) o el jamón tapado (guisado en tartera, lonchas gruesas, manteca de cerdo, caldeado y ajerezado, para romper sobre el conocimiento tantos huevos como comensales y esperar que cuajen) o la fantasía de jamón (consistente en empanarlo con ayuda de huevo, leche y pan rallado). Perseguido durante décadas por dietistas insuficientes e inquisidores, el jamón ha sido rehabilitado como la sardina y aunque aporte más colesterol del debido, no complica las calorías si se come con prudencia y engorda el alma más que el colesterol o el ácido úrico en tiempos en que tan anoréxica está el alma que sería extrema crueldad prohibirle el jamón. Esa momia tan cristiana.

Hacia una teología de la alimentación

Como resumen de una evolución del gusto habrá que tener en cuenta las clasificaciones de Jean-François Revel en la «conclusión aperitiva» de su obra *Festín en palabras.* Para Revel, desde mediados del siglo XIX cabe diferenciar dos grandes fases culinarias:

1.ª) aquella que se caracteriza por la complicación, la pesadez, la mesa efectista y una gran abundancia de alimentos, y

2.ª) la que se caracteriza por la simplificación y el aligeramiento de las preparaciones, así como por la reducción de cantidades y la presentación sobria y leal. Junto a estas dos fases hay que distinguir sendas tendencias: una hacia la internacionalización de la cocina y otra de vuelta a la cocina regional. A una y otra fase y a las respectivas tendencias hay que añadir dos matices: matización basada en aliños, especias, sabores bien marcados, gustos realzados, aromas penetrantes, emanando los platos un fuerte olor, y la matización sobre el producto natural, su frescor, su naturalidad. Se huye de la mezcla de sabores para buscar aromas discretos, imperceptibles o inexistentes. Añade Revel, como coletilla, que desde el alborear del siglo XIX la cocina, preferentemente la francesa, vive en perpetua tensión dialéctica entre tradición e invención. Igual ocurre con cualquier otra faceta de la creatividad humana, desde la literatura hasta la producción de artefactos bélicos.

Pero si alguna especialidad caracteriza las expectativas de futuro de la cocina, esta especialidad es la dietética, es decir, el estudio de las necesidades alimentarias del ser humano como prototipo biológico, por el que cada hombre o mujer son considerados de acuerdo con su metabolismo, constitución y función social. La dietética original solo ofrecía un régimen dietético para la salud, así en abstracto, o un régimen dietético para la salud particular de cada individuo. La dietética original no tenía imaginación gastronómica: se basaba en la estricta represión de la conducta alimenticia del individuo, en la fijación de decálogos de permisiones y prohibiciones desligados del visto bueno del paladar. La relación entre alimentación y salud se comprende desde la antigüedad, y hay propuestas dietéticas coherentes a partir del mismísimo Aristóteles; pero fue el siglo XIX el que incubó la preocupación moderna por dicho conocimiento, como consecuencia de los avances del saber médico y de la preocupación general en el orden de la cultura por el tema de la alimentación.

El propio Brillat-Savarin, filósofo de la gula, aplaca su posible mala conciencia dedicando unas cuantas páginas a la dieta, aunque deja traslucir un escaso entusiasmo por las restricciones. Se atreve a proponer una «faja antiobésica», algo así como barrer debajo de la alfombra; pero, en evitación de que pueda ser acusado de sectario, busca remedios internos y externos para la obesidad: regímenes muy indulgentes y productos un tanto inesperados, como la quina («Diez o doce conocidos míos han padecido calenturas intermitentes. Algunos se han curado con remedios de viejas, como polvos, etcétera; otros con el uso de la quina, que jamás deja de producir efecto. Todos los individuos de la primera categoría que antes eran obesos, adquirieron su antigua corpulencia, y los de la segunda han permanecido libres de la gordura superflua. Esto me da derecho a pensar que la quina ha producido el último resultado, porque entre ambas clases de enfermos no existe más diferencia que el método curativo»). A pesar del dictado de la experiencia, Brillat somete, no obstante, sus observaciones al definitivo diagnóstico médico: «Varias observaciones me hacen creerlo; sin embargo, consiento todavía dudas y suplico a los médicos que sobre la materia hagan experimentos».

La preocupación por la correcta silueta la instaura el romanticismo, y no es de extrañar que fuera contemporánea de Brillat-Savarin. Pero casi más interesantes que las observaciones del escritor francés son las que sitúa al pie de página el conde de Rodalquilar, su traductor español, en 1869: «Brillat-Savarin, que es tan gran observador, aprecia admirablemente cuanto se refiere a la obesidad, pero hay que tener en cuenta la época en que escribía, pues desde entonces la química, y en especial la orgánica, ha adelantado prodigiosamente. En el día de hoy se conoce un sistema higiénico, seguro, eficaz y rápido para adelgazar. Fúndase en los trabajos del célebre químico alemán Liebig, sobre alimentos plásticos y respiratorios. Estos han adquirido famosa popularidad en Inglaterra, Alemania y Francia, desde que publicó William Banting su notable folleto titulado *Letter on Corpulence, addressed to the Public* (3.ª edición, Londres, 1864). Banting pesaba 93 kg. en agosto de 1862, disminuyendo este peso hasta 77 kg. en mayo de 1863; es decir, por término medio perdió cada semana 460 g». Estaba al día el señor conde y añade referencias sobre las obras que en su tiempo fueron consideradas los mejores tratados sobre obesidad, especialmente la del doctor Vogel, que sitúa por encima de la del doctor Dancel. Todos buscaban una alimentación química que ciento cincuenta años después aún no ha conseguido sustituir esa luz de gas alternante que constituye la base fundamental de las dietas.

Digamos, para cumplir con el expediente culto, que «dieta» viene del griego *diaita* y del latín *dioetam,* términos que querían decir «modo de vida» o «régimen», y, según el diccionario, «dieta» es lo que come y bebe habitualmente una persona o animal: su alimentación diaria. A estas raíces etimológicas recurren los teóricos de regímenes dietéticos para inculcar el principio de que una dieta implica un programa de vida largo, hasta que el cuerpo se sitúa dentro de su propia normalidad. Por ejemplo, el doctor Atkins se coloca en las puertas que separan el paraíso de la libertad de comer del infierno de la comida controlada: «Las personas que consideran la dieta solo como un programa para perder peso averiguan, inevitablemente, tras repetidas y dolorosas experiencias, que la terminación de la dieta no solo hace recuperar el peso perdido, sino que acarrea además todas las incomodidades predietéticas que acompañan a todas las formas de obesidad».

«Obesidad» es la palabra clave, aunque no sea el único concepto relacionado con la dietética. Esta ciencia puede contemplar la alimentación humana como norma, no solo como excepción; pero se ha introducido dentro de la sabiduría convencional como excepción, como ciencia aplicada a estudiar la alimentación de los comportamientos metabólicos irregulares. Y si en Occidente se ha convertido en una obsesión social, es porque la sociedad del bienestar hipernutrida combina esta hipernutrición con pautas vitales cada vez más sedentarias: trabajo-automóvil-casa, habida cuenta de que casi todos los trabajos se han mecanizado, hasta robotizado, y que el esfuerzo físico, incluso en el caso del trabajador manual, no puede compararse con el que desempeñaba su colega apenas veinte o treinta años antes. La sociedad occidental engorda y descubre la relación que existe entre las enfermedades cardiovasculares, por ejemplo, y el exceso de grasa. El pánico dietético se desencadena y pone en marcha ciencias visibles u ocultas sobre el adelgazamiento.

La dietética aplicada a estados de excepción se subdivide según tres objetivos fundamentales:

1) Alimentación destinada a enfermedades concretas.

2) Alimentación destinada a tratar la obesidad.

3) Alimentación destinada a superar la delgadez exagerada.

El primer objetivo responde a una casuística extensísima, pero se ejemplifica con los regímenes más habituales.

a) Régimen sin sal. Contra la hipertensión, en situación de un posoperatorio cardiovascular, contra la nefropatía (enfermedad de los riñones), en el transcurso de los embarazos, durante tratamientos con hidrocortisona. Como el paladar tiene memoria y en el transcurso de los siglos memorizó la sal como aderezo imprescindible, este régimen puede ser tan sano como insípido. Puede paliarse la ausencia de sal con hierbas aromáticas (que no tienen ninguna contraindicación) o con pimienta (que tiene una variada gama de contraindicaciones, especialmente relacionadas con alteraciones gastrointestinales).

b) Régimen para enfermos de gota o afectados por ataques de ácido úrico, que implica una reducción general de alimentos con proteínas animales, y, en especial, de aquellas partes de la bestia más cargadas de ácido úrico: mollejas, hígado, riñones, sesos, pescado azul, extractos de carne. Estos regímenes se decantan hacia un vegetarianismo liberal, con el complemento de pescados blancos o carne de ave.

c) Régimen para diabéticos, que se dividen en diabéticos dependientes de tratamiento insulínico y diabéticos pletóricos: los primeros deben inyectarse insulina diariamente y, desde el punto de vista alimentario, prescindir del azúcar en todas sus formas, así como someterse a una extrema regularidad en las comidas; los diabéticos pletóricos suelen coincidir con esos sorprendidos cincuentones que, tras medio siglo de felicidad alcanzada en el mucho comer y en la ingestión de buen vino y otros alcoholes, deben consagrarse a un serio régimen hipocalórico y prescindir totalmente del alcohol.

Se tipifican también regímenes para las úlceras de estómago, los estreñimientos, las diarreas, y se aconsejan regímenes especiales para los deportistas, escolares, ancianos e incluso para los individuos sanos. Nadie escapa, pues, a esa angustia dietética que se ha metido dentro del alma moderna; pero esta consideración general no oculta la esencia del fenómeno social y cultural en torno al cual gira buena parte de la investigación y la industria dietéticas: la obesidad.

Más vale tener que desear

En muchas culturas antiguas se encuentra el mito coincidente de la salud ligada a la gordura. Todavía hoy, en las islas agrícolas que le quedan al Occidente desarrollado, sobrevive el dicho «Más vale tener que desear», con que los gordos se defienden del ataque racista de los delgados. La gordura ha sido históricamente emblema de mucha alimentación, y el panículo adiposo, garantía de que el cuerpo era insensible al frío. Las estadísticas sanitarias contemporáneas han hecho polvo la ancestral satisfacción de los gordos, mostrando la espeluznante realidad de que los gordos se mueren antes y por múltiples causas patológicas más que los delgados. Una quinta parte de la población masculina occidental tiene exceso de peso, y en Estados Unidos entre un diez y un quince por ciento de los adolescentes pesan más de lo necesario.

La obesidad puede ser congénita, pero en muy pocos casos puede ser considerada congénita la que se adquiere en el vientre de una madre superalimentada que acostumbra al feto a un abastecimiento energético exagerado. Pero sobre todo la obesidad procede de factores alimentarios que el sujeto va adquiriendo a lo largo de su desarrollo: sobrealimentación glúcida del niño (cereales, leche, papillas, dulces); sobrealimentación por hábitos alimentarios familiares, es decir, una cocina familiar demasiado grasa o abundante en pastelería y comidas entre horas; el ritmo alimentario o concentración pantagruélica del buen y mucho comer en el almuerzo y la cena, que deja las restantes zonas del día reducidas a desiertos nutritivos.

La lucha contra la obesidad responde a dos grandes compendios de complejas motivaciones: la motivación sanitaria, que corrige la mala salud del obeso o la previene, y la motivación cultural o estética, que induce al obeso a acercarse al canon de belleza física que le es contemporáneo. El canon lo fija la plástica de cada época, aunque hay que advertir una evolución de la dictadura del canon y su representación plástica. Las tres Gracias de Botticelli representan un ideal físico y espiritual femenino prerrenacentista; en cambio, las tres Gracias de Rubens pesan cada una veinticinco kilos más que las botticellianas y son consideradas como cánones de belleza barroca, llenas de curvas, lomas, pliegues, simas, al servicio de una textura carnal maciza. Son la representación de lo existente o del desiderátum particular del artista. Velázquez y Rubens no están tan alejados en el tiempo como para justificar que la Venus velazqueña tenga un cuerpo casi «moderno» y, en cambio, las gloriosas sabinas de Rubens puedan aparecer hoy como pobres gordas que piden a gritos un régimen hipocalórico. La Olympia de Manet es el anticuerpo de la burguesa del XIX. Y solo cabe asumirla como una ensoñación personal e intransferible del autor.

Nuestra época ha creado una dictadura del canon *a priori* mediante dos poderosos instrumentos: la cultura de la imagen y la industria de la confección estándar. La cultura de la imagen crea puntos de referencia sobre la belleza que las masas tienden a imitar, y por si no bastara el modelo figurativo, ahí está la evidencia de las tallas del *prêt-à-porter* para hacer polvo el subjetivismo más optimista. Aunque el siglo XX ya puede, casi *a posteriori,* caracterizarse por la búsqueda de la santa delgadez, como si del Santo Grial se tratase, observamos que esa delgadez tenía umbrales diferenciales mucho más libres antes que después de la Segunda Guerra Mundial. Recordemos cómo coexistieron las carnes suficientes de Jean Harlow con el aspecto de hermoso lenguado blanco que conseguía Greta Garbo, o la engrasada musculatura de John Barrymore y John Gilbert con la profecía asténica de Gary Cooper. Y, más modernamente, la delgadez de Rita Hayworth no estaba reñida con el erotismo, a poca distancia, de una Marilyn Monroe que no estaba gorda, pero tampoco delgada. James Dean, como peso ligero, y Marlon Brando, casi semipesado, comparten el escaparate de la adoración erótica masculina durante los años cincuenta, y ahí se acaba la coexistencia, porque en los últimos veinte años la dictadura de la delgadez ha sido total, e incluso tolerados «llenitos», como Marlon Brando o Elvis Presley, tuvieron que luchar con la báscula para meterse en la silueta de sí mismos o de sus personajes.

La línea delgada ha acabado imponiéndose en los *sex symbols* universales, a lo sumo flanqueada por la «línea musculada» representable entre los varones por los Burt Lancaster, Burt Reynolds o Sylvester Stallone, y, entre las mujeres, por Ursula Andress y sus derivados. Pero insisto: musculatura, no grasa, aquella suave película de panículo adiposo que ayuda al cuerpo a convertirse en un propicio colchón calórico para la «otredad», es decir, para los demás.

En la medida en que han entrado en crisis las utopías racionalistas o irracionalistas (la propuesta de paraísos terrestres o extraterrestres), los valores de una cultura del individualismo descubren la patria más próxima, más segura, más imprescindible: el propio cuerpo; y a él se aplican configurando una compleja «teología» de la supervivencia que en gran parte descansa en la teología de la alimentación. Psicosis del aspecto. Psicosis de la salud, y no se trata de una preocupación generalizada por el aspecto como reflejo de la salud. No creo que haya una voluntad de vivir higiénicamente como un servicio a nosotros mismos y a los demás. Creo, más bien, que la psicosis del aspecto y su complemento, la psicosis de la salud, traducen más miedo que esperanza, traducen la cultura del miedo que caracteriza al hombre urbano mayoritario en este final de siglo. Miedo a fracasar económica, social y biológicamente. Miedo al paro y a la vejez. Miedo a la pobreza y a la enfermedad. La conquista y el control de la propia belleza no persiguen otra cosa que conseguir y controlar un instrumento de persuasión que ha de ser legitimado por la jerarquía de valores establecida y también en esa búsqueda se establece, implacablemente, la desigualdad social por encima de las evidencias culturales. La panacea del buen aspecto como instrumento de persuasión social requiere una inversión de tiempo y dinero que no está al alcance de la mayoría asustada, sino de la amplia minoría instalada y recelosa. Los higienistas sociales del siglo XIX constataron las enfermedades individuales y colectivas derivadas de la sociedad industrial: concentración humana en las ciudades, relación física con la naturaleza derivada exclusivamente del trabajo mecánico e intelectual, desarraigo y disgregación como factores de agresividad individual o nacional. Y frente a estos riesgos, promovieron el deporte como válvula de escape de la agresividad y compensación fisiológica para cuerpos obligados a un trabajo cada vez más especializado. Pero el deporte requería tiempo para practicarlo, instalaciones y una alimentación adecuada, con lo que su práctica quedó reservada a las clases que gozaban de privilegios o al poder político, dispuesto a convertir la inversión deportiva en una inversión propagandística. Sin embargo, es innegable que el deporte, en todo el mundo, ha experimentado una notable extensión social, aunque todavía no pueda hablarse de un deporte de masas, a no ser que hablemos del deporte como espectáculo, ante el cual las masas adoptan indudablemente un carácter pasivo, eminentemente receptor de sensaciones.

El deporte como asistencia social sería, sin duda, una conquista humanística de primera necesidad, complementaria de todas las enseñanzas gratuitas y obligatorias. Pero, precisamente, en este fin de milenio, con la crisis del Estado asistencial, lo que predomina no es ese deporte social, sino el deporte o el cultivo general del cuerpo como un fenómeno privado. La gama de deportes que reflejan esa filosofía de la «privacidad» aplicada al propio cuerpo van desde el golf hasta el *jogging*, según una jerarquía previsible de inversión económica, y, entre el golf y el *jogging*, aparecen otros deportes como el tenis, el esquí y el squash, como instrumentos de lucha contra la materia y el espíritu, es decir, contra las calorías y el estrés o hipertensión psicosemántica.

Los hábitos alimentarios de las promociones que hoy día protagonizan la vida y la historia (los que habitan territorios ecuatoriales de la cuarentena y la cincuentena) pertenecen todavía a la cultura hipercalórica. El cuerpo, generalmente, está preparado para quemar ese exceso calórico durante la etapa de crecimiento y de actividad física natural, espontánea. Pero en cuanto ese cuerpo se mete en una vida sedentaria llena de ascensores y automóviles, no quema todo lo que engulle y las grasas se meten en los tejidos musculares y, lo que es más grave, en órganos fundamentales como el hígado y el corazón, y en la sangre. Al mismo tiempo, la lucha por la vida multiplica las tensiones, requiere éxitos inmediatos y constantes en cualquier terreno de la actividad humana, y ese mismo cuerpo cargado de grasas superfluas padece de una permanente hipertensión que lo convierte en una bomba de relojería. Las relaciones de producción crean una cada vez más amplia mesocracia del sector de servicios que consigue apreciables niveles de poder adquisitivo, pero ligados siempre a cotas de productividad en incremento. El poder adquisitivo de una familia mesocrática depende de que el cabeza de familia mantenga esos niveles de productividad; no tienen sentido ni el ahorro ni la seguridad en el puesto de trabajo o el nivel de ingresos, y el que la «máquina individual productiva» mantenga el ritmo es la única garantía de conservar un estatus o sobrevivir, al menos, dignamente. Es entonces cuando se necesitan los chequeos y los seguros y cuando se descubren lípidos y colesterol en todas las esquinas del cuerpo y el alma. El patriarca mesocrático, asustado, va a penetrar en la cultura represiva de la alimentación dietética y en el ritual deportivo como herramienta de expiación calórica.

Casi todos los regímenes dietéticos son hipocalóricos, salvo los prescritos para lesiones concretas del cuerpo o los excepcionales regímenes para engordar. La primera referencia histórica contemporánea importante sobre el papel de los «adelgazadores» la atribuye Xavier Domingo, en *Cuando solo nos queda la comida,* al doctor Schweninger, contratado por Otto von Bismarck-Schönhausen, canciller de Guillermo I de Prusia, para que le hiciera adelgazar. El régimen «... se basaba en una gran cantidad de minúsculas comidas para contener el hambre y en la reducción notable de bebidas alcohólicas, ya que el canciller le daba lo suyo al *schnaps* y a la cerveza». El régimen de Schweninger se integra dentro de una incipiente cultura decimonónica del adelgazamiento, de la que se hace eco el conde de Rodalquilar en la citada nota a pie de página de la traducción castellana de *Fisiología del gusto,* de Anthelme Brillat-Savarin.

Eran otros tiempos y otro el concepto de «prisa». Hoy, los medios de comunicación se llenan de proclamas de regímenes de adelgazamiento que prometen hacer perder diez kilos en dos semanas y ofrecen como ejemplo el «antes» y «después» del chocolate de sus clientes más afortunados. Hay tratamientos enérgicos —agresivos, los llaman los médicos modernos—, que van desde las píldoras que activan la combustión de grasas en el proceso metabólico y eliminan la ansiedad que propicia comer a todas horas hasta los ayunos, con o sin cura del sueño, que garantizan perder hasta quince kilos o más en un mes, sin probar otros alimentos que caldo vegetal, zumo de fruta y vitaminas complementarias. Normalmente, estos tratamientos agresivos son paréntesis en el metabolismo del obeso o «paraobeso», y, cuando sale de ellos, vuelve a incurrir en los hábitos alimentarios anteriores o en una peligrosa esquizofrenia alimentaria en la que píldoras y ayunos son excepciones nocivas que confirman la regla de un comer abundante y excesivo.

Sean las clases medias bajas, dadas a una alimentación descalificada de *snack bars* y *self-services* —la «comida basura», como la llaman los anglosajones—, sean las clases medias altas, practicantes de una alimentación irracional, todas han adquirido mala conciencia alimentaria y un saber inquietante acerca de calorías y metabolismos que les quitan el sueño y aumentan las razones de incertidumbre. La sal aumenta la hipertensión; los hidratos de carbono y la glucosa, el riesgo de diabetes; las grasas, el del colesterol y la cirrosis; las especias pueden provocar trastornos estomacales o intestinales; el alcohol incrementa la formación de grasas y lesiona el hígado. Insisto en que estos conocimientos, en términos generales, no dan lugar a una conducta alimentaria racional, sino a una conducta alimentaria angustiada, cargada con el lastre del complejo de culpa y el pecado contra la propia supervivencia, y, por lo tanto, aumentan la tendencia al estrés. Esa disposición al complejo de culpa y la dificultad de cambiar de hábitos alimentarios conduce a coartadas deportivas extremadas y muy agresivas, como el squash, deporte agresivo por excelencia, y el *jogging,* como ritual místico y comprobación misma de que el movimiento se demuestra huyendo.

Salvo los que practican un *jogging* racionalizado, los otros corredores pedestres parecen más bien fugitivos del miedo al colesterol que corren en contra de su propia angustia, perseguidos por los dioses de la dietética.

Regímenes, deportes, masajes, peluqueros, cosmética... El tratamiento se ha dirigido hasta ahora a la «percha», ese esqueleto mejor o peor hecho, más o menos musculoso; pero esa percha hay que vestirla y el narcisismo contemporáneo convierte la moda en el tema de mayor curiosidad cultural entre las personas situadas entre la adolescencia y los treinta años, tanto hombres como mujeres. Es más, la obsesión universal por la moda unifica los apetitos de las clases sociales, sobre todo entre los más jóvenes. La antigua «juventud proletaria» que tanto excitaba a los profetas de la revolución dedica buena parte de su pobre tiempo muerto a contemplar escaparates y a estar al día en las tendencias del vestuario en concreto y en todas las modas complementarias en general mientras convierte la «comida basura» en parte de su mitología. Los hombres jóvenes se han incorporado con verdadero entusiasmo a esta cultura narcisista del aspecto, y, recientemente, en España, han aparecido en el lapso de pocas semanas revistas especialmente dedicadas a los hombres y redactadas según pautas equivalentes a las de las revistas supuestamente «femeninas». Demos una ojeada a un sumario:

1) Estilo, moda y complementos. Elegantes, *workwear, yuppies,* moda sport, los tejanos, guardapolvos para hombres, Armani, carteras de mano, detalles básicos de un guardarropa, plumas de escribir, zapatos, moda para gente famosa, relojes, moda oriental, bañadores, tarjetas de visita.

2) Belleza. Cabeza, cuerpo, cabello, cortes de pelo, colonias y perfumes.

3) Reportajes. Las mejores *boutiques* de hombres en el mundo, las revistas de vestir al hombre. Decoración. Los sillones en casa y en el trabajo. Los elegantes de siempre. El erotismo masculino. Opiniones. Coches. El Rolls-Royce. Viajes de ocio y negocio. Dietética y comidas de negocios. Cómo buscar lugares donde festejar...

Mejor índice imposible para un tratado sobre las obsesiones masculinas en la posmodernidad burguesa. Armani, el orientador italiano de la moda masculina internacional, o el gallego Adolfo Domínguez, el *magister elegantiae* español, son pontífices *urbi et orbi* con una impresionante influencia en la juventud; y este tipo de revistas cumplen el propósito que Lenin atribuía a la prensa: vincular orgánicamente, organizar a las masas. Armani ha conseguido ser portada en el *Time,* y la revista española *Hombres Dunia* aporta los motivos para tan gozosa distinción: «Porque su estilo de ropa supera ya los atributos intelectuales, sociales y carismáticos del hombre. Porque su ropa garantiza algo más que un *look.* Porque su chaqueta desestructurada y sin forro hizo caer barreras culturales y facilitó la actual libertad de movimientos». No se equivoca el glosador al señalar quiénes son los destinatarios masculinos y femeninos de este gran chamán del vestuario: «La ropa de Armani nace con objeto de satisfacer las exigencias de una nueva clase social, los "emergentes", la clase media alta que pronto será altísima».

Es la clase que está imponiendo el culto al cuerpo en todo el mundo. La que juega al squash de espaldas a la historia del siglo xx revolucionario, la que usa las cremas más enérgicas para luchar contra el exceso de grasa en el bajo vientre o contra la celulitis en los muslos. Los «emergentes» norteamericanos gastan veinte millones de dólares por año en productos cosméticos, los «emergentes» italianos consumen diecisiete millones de litros de gel de baño anualmente, los «emergentes» del mundo entero se prestan al *peeling* o masaje rotatorio con las yemas de los dedos y cremas adecuadas por todo el cuerpo, a la caza de las «sequedades más reticentes» y de «las pieles más rústicas». Bruno Dalla escribe: «So pena de quedarnos fuera de combate, ¡descalificados!, los tecnificados ciudadanos de los ochenta nos hemos impuesto como meta un cuerpo técnicamente astuto, vital, joven y eficiente». Dalla decreta la muerte de los tiempos del jabón comprado en la perfumería de la esquina y, por ejemplo, para el mejor de los *peelings,* recomienda que los hombres utilicen la *body exfoliating creme.*

Se peina en Iranzo, se viste gracias a Armani o Adolfo Domínguez, hace gimnasia todas las mañanas y luego se entrega al placer de los masajes, lleva una dieta rigurosa, juega al golf los fines de semana y al squash o al tenis un par de veces en los días laborables...; el «emergente» masculino hace todo lo posible y lo imposible en pro de su cuerpo.

Los que no emergen, los que no son de clase media alta con la esperanza de ser altísima, siempre tienen el recurso de seguir un curso televisivo de aerobic, en España mediante la monitora de guardia, en cualquier otro país del mundo mediante cualquier otra monitora de cincuenta y pocos kilos de peso, grácil, musical, la primavera misma dentro de los estilizados límites de un cuerpo de mujer portátil seguidora de Jane Fonda o Sydney Rome. Todo el mundo, sea emergente o sumergido, puede tener unas zapatillas, unos pantalones cortos y una camiseta, para poder lanzarse al placer solitario del *jogging* o del *footing,* con o sin prescripción médica, a pesar de que importantes pioneros del *jogging* han muerto con las Adidas puestas, es un decir.

El Estado asistencial, a través de instituciones ramificadas como son los ayuntamientos, promueve maratones populares que concentran a cientos de miles de corredores que se tragan el contaminado aire urbano a lo largo de cuarenta y dos kilómetros de calvario para la mayoría de ellos. La religión del cuerpo ha nacido.

Pero no siempre los tratamientos preventivos o de mantenimiento son suficientes. Los cuerpos no siempre son gloriosos y no todos los cuerpos son gloriosos. La lucha contra la herencia genética o contra el paso del tiempo requiere a veces tratamientos enérgicos, medicinas agresivas que avanzan con el bisturí en busca del defecto oprobioso, extirpando años de los rostros arqueológicos, dando formas monumentales a los cuerpos mediocres. Casi todos los desastres corporales tienen arreglo en el territorio de la apariencia. A donde no se llega con el cuidado cotidiano, con la obsesión tenaz y vigilante, se llega con la punta de la espada. La cirugía estética nació para curar almas enfermas por culpa del aspecto del cuerpo, para arreglar los desastres corporales congénitos o producto de toda clase de accidentes. Pero los desastres siempre son relativos. Hay quien solo considera un desastre tener una cara quemada y hay quien está al borde del suicidio cada vez que se mira a un espejo y descubre que tiene la nariz a medio camino entre la de Cyrano de Bergerac y la de un malayo de poca nariz. En un pasado nada lejano, se partía de la sabiduría convencional de que la cirugía estética era una práctica terapéutica excepcional; en cambio, en los últimos años, la reparación quirúrgica del aspecto humano es una práctica cada vez más corriente; casi como ir al dentista.

La exigencia de tener un aspecto joven y estar a la altura de los deseos propios y ajenos ha generado una industria terapéutica muy lucrativa que lucha contra los considerados desastres de la edad. El más popular de los remedios es el *lifting* o estiramiento de la piel, antaño recurso quirúrgico presupuesto en estrellas del espectáculo que vivían de dar la cara al público. Fue rumoroso el estiramiento de piel de Gloria Swanson que le permitió renacer cinematográficamente al comienzo de la década de 1950 en *El crepúsculo de los dioses (Sunset Boulevard).*

Uno de los mitos eróticos del cine mudo reinaba después de morir gracias a un simple estiramiento de piel que eliminaba las arrugas faciales y devolvía a los pómulos la tensión de otros tiempos. Gloria Swanson se llevó la fama, pero otras muchas actrices de Hollywood y del cine europeo cardaban la lana. Era entonces insospechable que los hombres del cine o del teatro hicieran lo mismo; lo más que se les suponía y respetaba era el tupé para la calvicie y los tacones postizos para la bajura, como en el caso de Alan Ladd. La inocencia se perdió años después, cuando el público comenzó a preguntarse por la causa de la eterna juventud de la piel de Cary Grant, entre otros.

En cualquier caso, este tipo de prácticas quirúrgicas de restauración del aspecto eran privadísimas y casi secretos de Estado. Hoy son una prueba de buen tono civilizado, a la que se apuntan figuras no solo del espectáculo sino también de la antes llamada «buena sociedad» y hoy restrictivamente denominada *jet-set society.* Estirarse la piel, borrar las bolsas de las ojeras, succionar la acumulación de grasas en las caderas o bajo vientre mediante la «liposucción», reformar los senos mediante la inoculación de grasa o la implantación de prótesis son recursos bastante compartidos ya por una capa social, que los convierte en propuestas de conducta para las demás capas sociales. Y no se trata de una terapia para necesidades o manías femeninas, sino que los varones se apuntan cada vez con mayor entusiasmo a pasar por los quirófanos del aspecto. Están en vías de experimento la cirugía de la miopía, que eliminará las gafas para miopes; la prótesis de pene, que permitirá superar el trauma andropáusico de la impotencia senil, e incluso el alargamiento de los huesos de las piernas, que aumentará la estatura de los bajos para situarla a la altura de sus sueños más secretos.

Asumir el remiendo corporal científico no solo es un problema de recursos económicos —que lo es—, sino también de prejuicios culturales. Tácitamente se admite que las mujeres, dependientes del valor de cambio de su belleza, se dediquen a estas prácticas restauradoras, pero siempre bajo el complejo de haber perdido culpablemente atributos juveniles. En cambio, la cultura machista aún se resiste a tolerar que los hombres se remienden en la misma medida y con igual intención. Todavía está socialmente mal visto que un hombre utilice bisoñé o maquillaje, y sigue siendo un motivo de orgullo poder decir: «Todo lo que tengo es mío».

Esta prevención cultural está desapareciendo en las clases altas y entre la juventud penúltima y última, afectada por el síndrome del narcisismo. Es más, los brujos de la restauración quirúrgica han pasado a ser culturalmente beligerantes. La cirugía estética era una práctica clínica tan hermética como la confesión y se basaba en una rigurosa cláusula de conciencia que impedía revelar el nombre de los pacientes. Recientemente, una serie de figuras del espectáculo y la *jet-set society* dieron en Barcelona un homenaje al cirujano que los había restaurado, en una operación de salida a la superficie equivalente a la que pueda realizar cualquier minoría oprimida. Y uno de esos brujos, el doctor Antoni Tapia, a sus cuarenta y cuatro años, se hacía operar para que desaparecieran de su rostro las huellas del tiempo y el cansancio y así poder predicar con el ejemplo. Una periodista, que entrevistó al cirujano, aportaba un dato que refuerza el carácter básicamente narcisista de su clientela: «Contra lo que se cree, la mayoría de personas que acuden a la consulta para someterse a una operación de estética son personas satisfechas consigo mismas. En la actualidad, la razón fundamental para acudir al cirujano es el deseo de hacer coincidir el estado psíquico con el aspecto físico. El deporte y otra serie de factores hacen que las personas de cierta edad se encuentren en plena forma física pero sean traicionadas por su aspecto».

El cuerpo, ese templo

Suntuario o funcional, el cuerpo es a la vez dios y templo del narcisismo, vestido con los mejores ropajes. En *De la vida elegante,* Balzac sentenciaba: «El bruto se cubre, el rico o el fatuo se adornan; el hombre elegante se viste». Y Baudelaire lanza, en *El elogio del maquillaje,* el retrato-robot de la actitud del ser que es dueño de su cuerpo y su aspecto: «Es por cierto esa ligereza de porte, esa certeza en las maneras, esa sencillez en el tono de dominio, tal manera de llevar un traje o dominar un caballo, actitudes siempre tranquilas pero que revelan fuerza, las que nos hacen pensar, cuando nuestra mirada descubre a uno de esos seres privilegiados en los que lo bello y lo terrible se confunden tan misteriosamente: he aquí un hombre rico o, más certeramente, a un Hércules desocupado». Este hombre seguro de su fuerza secreta, manifestada en la prestancia de su cuerpo, necesita construir una o varias religiones que la avalen. Las hay estrictamente alimentarias, las hay exclusivamente deportivas, pero también las hay totalizadoras, con sus mandamientos de la ley del cuerpo incluidos.

Los vegetarianos dejaron boquiabiertos a los burgueses comilones cuando lanzaron su ofensiva contra la alimentación carnívora. Ya he escrito que su gran teórico de este siglo, Maurizio, autor de *Historia de la alimentación vegetariana desde la prehistoria hasta nuestros días,* extraía consecuencias sobre la crueldad en la historia ligada a una alimentación que estimulaba la agresividad. Parece respaldar el principio de Feuerbach («El hombre es lo que come»), y comer vegetales significa volver a la naturaleza y no convertirse en un agente destructor de ella. Desde los primeros vegetarianos y naturistas, ligados a la teosofía y el anarquismo, hasta el aprovechamiento de ciertos principios naturistas o naturalistas en toda alimentación para la delgadez, media más de un siglo. Incluso la francesa, la más alta cocina burguesa, ha generado un movimiento de aligeramiento dietético de las recetas tradicionales conocido como *nouvelle cuisine,* y uno de sus más destacados portavoces, Michel Guérard, ha escrito *La nueva cocina de la esbeltez,* obra en la que se demuestra que se puede adelgazar comiendo bien. En las revistas para «emergentes» se ofrecen menús que no engordan para las comidas que engordan, es decir, las comidas de negocios. Incluso se llega a dar el menú dietético depurado con la colaboración de los restaurantes que se prestan a subrayar los platos de sus cartas que menos contribuyen a engordar. El restaurador de Florián, de Barcelona, sugiere un menú a base de ensalada fría de angulas de lomo negro y luego una lubina con verduritas en salsa suave; el de Akelarre, de San Sebastián, propone alcachofas con almejas en salsa y rape al aroma de romero, y el restaurante San Mamés, de Madrid, ofrece una menestra de verduras naturales y un codillo cocido de jamón. «¡Reformismo! ¡Reformismo puro!», exclamaría cualquier vegetariano o naturista de pro. Dietistas como Bircher-Benner han tratado de conseguir una alta cocina vegetariana lo más hipocalórica posible, opuesta por el vértice a la cocina hiperproteínica del doctor Robert Atkins. Pero ni uno ni otro responden a los preceptos y mandamientos taxativos de las iglesias alimentarias más radicales. Los naturalistas aborrecen una variada gama de alimentos que intoxican el cuerpo: carne, pescado, moluscos, pan blanco, pastas, arroz no integral, quesos demasiado fermentados, nata, pasteles, helados, azúcar blanco, bebidas gaseosas, alimentos conservados o sintéticos, frituras, bebidas alcohólicas, grasas animales, vinagre, sal refinada, especias… Y plantean un catálogo filosófico que permite llegar al reino personal e intransferible del cuerpo sano:

1. Comer mucha fruta y verdura, tanto crudas como cocidas.
2. Tener en cuenta las incompatibilidades existentes entre distintos alimentos (farináceos, alimentos nitrogenados, alimentos ácidos y neutros).
3. Comer cuando se tenga hambre y beber cuando se tenga sed, pero nunca cuando se esté cansado, nervioso, irritado o trastornado por algo.
4. Ayunar de vez en cuando.
5. Aprender a seguir las normas básicas de la higiene naturista: respiración, relajación, baños de sol.
6. Vestir una indumentaria que no apriete y permita la transpiración natural.
7. Adoptar el vegetarianismo o, en su defecto, reducir al mínimo el consumo de carne y pescado.

8. No comer nunca fritadas y otros alimentos cocidos de forma insana. No fumar. No beber alcohol ni utilizar drogas o tranquilizantes.

9. Educar a los niños en los principios naturistas.

10. En caso de enfermedad, hay que recuperar la inmunidad natural, olvidando los fármacos por poco que sea posible.

Esta es una de las religiones dietéticas con más adeptos y variaciones, incluso con iglesias separadas y aún más restrictivas, como la macrobiótica, que tienen no diez, sino doce mandamientos:

1.°) Suprimirás los alimentos industriales, azúcar, colorantes, huevos no fecundados.

2.°) Cocinarás los alimentos con aceite vegetal, agua y siempre en recipientes de barro cocido, Pyrex o hierro esmaltado.

3.°) Te abstendrás de comer frutas o verduras cultivadas con abonos químicos.

4.°) Evitarás los alimentos procedentes de lugares alejados de donde vives.

5.°) Comerás preferentemente las frutas y verduras de cada estación.

6.°) Evitarás las hortalizas yin, como son las patatas, las berenjenas y los tomates.

7.°) No comerás con especias ni ingredientes químicos.

8.°) No tomarás café.

9.°) Pasarás progresivamente de la alimentación occidental a la macrobiótica.

10.°) Basarás la alimentación en cereales integrales.

11.°) Hay que masticar cada bocado cincuenta veces, hasta acercarse a la máxima de Gandhi: «Debes masticar las bebidas y beber los sólidos».

12.°) Hay que beber un mínimo de líquidos.

En el extremo opuesto, las religiones alimentarias hiperproteínicas, y, especialmente, las que profesan los culturistas, los sacerdotes más consagrados a la arquitectura del propio cuerpo. Culminación o parodia del culto al aspecto, secta musculosa que trata de imponer un nuevo canon de belleza humana, considerando al hombre y la mujer como seres portadores de valores proteínicos eternos.

El culturismo, una teología

¿Saben ustedes cómo se alimenta Rich Gaspari? Durante el período de «volumen», es decir, cuando se quiere ganar volumen en culturismo, Rich Gaspari consume la siguiente dieta: al levantarse, diez cápsulas de Life Essence; al desayunar, ocho claras de huevo y dos yemas, fritas sin aceite, dos raciones de avena mezclada con fresas, café con leche, una cápsula de Megapak y tres de Weider Dynamic Fat Burners. A media mañana, después del entrenamiento, doscientos cincuenta gramos de pechuga de pollo sin piel; una patata grande cocida; vegetales al vapor con condimento dietético; tres cápsulas de Weider Dynamic Fat Burners; un gramo de vitamina C; tabletas de multimineral y complejo B extra. En la merienda, diez cápsulas de Life Essence y tres piezas de fruta. Para la cena, doscientos cincuenta gramos de filete; arroz integral cocido; vegetales cocidos con condimento dietético; tres cápsulas de Weider Dynamic Fat Burners y un gramo de vitamina C. Después del entrenamiento de la tarde, diez cápsulas de Life Essence y una o dos piezas de fruta. Al acostarse, batido de proteínas (proteína en polvo, doscientos cincuenta gramos de leche desgrasada, un plátano y una cucharada de miel sin procesar). No es un régimen fácil, pero hay que añadir a continuación que se complica cuando el culturista se acerca a las fechas de competición. Primero Gaspari comía de todo, pero engordaba mucho y luego debía seguir una dieta muy estricta antes de entrar en competición. «Cuando me trasladé a California —dice—, conocí a muchos culturistas, como Lee Haney, que no subían más de cinco kilos en su período de volumen, pero que eran capaces de lograr peso muscular. Vi que estaban en lo cierto y cambié mi filosofía de la dieta. Desde entonces, he continuado con una dieta baja en grasa y moderada en proteína que me permite aumentar en vez de mantenerme relativamente seco. Procuro asegurarme una buena ingestión de carbohidratos para que mi energía esté siempre alta y tomo una buena cantidad de aminoácidos para mantener un nivel alto de nitrógeno».

Si vegetarianismo y naturismo han sido religiones consagradas a ligar alimentación con salud, el culturismo es una religión relativamente moderna que lleva a sus últimas consecuencias el culto del cuerpo. Ya no se trata de corresponder al canon estético de la delgadez y de buscar toda clase de ortopedia y afeites para conseguir un aspecto que tenga valor de cambio en el mercado convencional de la belleza. El culturista plantea un canon alternativo en el que tanto el hombre como la mujer han de conseguir el desarrollo de todos los músculos y su exteriorización. La piel es un mero pretexto contenedor, a la manera de los intestinos de cerdo en relación con la *farce* de los embutidos. Sostenido por la estructura ósea, el músculo es lo que cuenta, y conseguir el canon de belleza pasa por un auténtico culto al cuerpo, centímetro a centímetro, por dentro y por fuera. Cada alimento sirve a una filosofía alimentaria que trata de conseguir volumen y fuerza muscular.

El culturista trabaja sus músculos con una tenacidad de obseso y busca ese instante supremo en el que, mediante la contracción, todos los músculos se revelan hasta el estallido. Llevado a sus últimas consecuencias, teóricas y prácticas, el culturismo es una sociedad secreta de iniciados que tiene sus propios códigos, su propia jerarquía de valores y modelos. En un desplegable central de la revista *Culturismo* aparece Arnold Schwarzenegger, un culturista austríaco naturalizado norteamericano, convertido en actor cinematográfico de éxito gracias a la película *Conan el Bárbaro.* La ascensión social y cultural de Schwarzenegger ha sido utilizada por el movimiento culturista para hacer apostolado, y la boda de Conan el Bárbaro con Maria Shriver, sobrina, por parte de madre, de John Kennedy, ha sido, en relación con el culturismo, algo equivalente a la llegada de aquel a la presidencia de Estados Unidos: por primera vez, un católico conseguía el cetro imperial.

El culturismo ha sido durante muchos años una sociedad secreta con una filosofía a la defensiva. Los fisiólogos y expertos en otros deportes acusaban al culturismo de conseguir un mero amontonamiento de músculos para ser exhibidos y le contraponían la práctica de la gimnasia sueca o rítmica. Por otra parte, los ciudadanos de a pie han visto en el culturista un «posturitas», con gestos característicos como exhibir el bíceps congestionado y venoso por el procedimiento de tensar el brazo con la muñeca asida por la otra mano. En los últimos diez años, la práctica de este deporte se ha multiplicado y, sobre todo, ha atraído a las mujeres, en busca de su musculatura oculta bajo la estética de las redondeces y suavidades. Que es una filosofía a la defensiva se nota en sus manifestaciones divulgativas o propagandísticas, cuando recurren frecuentemente a la exaltación de la belleza culturista como si estuviera cuestionada. Por ejemplo, en un reportaje dedicado a «La reina del culturismo canario», el redactor se ha creído en la obligación didáctica de colocar como pie de foto «La bella Ina Brauman», haciendo referencia a una mujer llena de músculos, radicalmente opuesta al canon representado por Brigitte Bardot o Carolina de Mónaco, e incluso muy alejada del modelo más gimnástico de Estefanía de Mónaco.

El culturista es consciente de que su aspecto sorprende, y desde esta sospecha el redactor pregunta a la bella Ina: «¿Qué ha hecho el culturismo por ti?, aparte de ser campeona de España, claro». Y ella responde: «Me identifico con él, me ha dado un físico estético y estilizado que todas las mujeres queremos y buscamos. Me siento satisfecha cuando me miro al espejo y como mujer me llena de orgullo haberlo conseguido». El redactor es consciente de que no todos pueden pensar lo mismo y pregunta: «¿Qué dicen tus amigas cuando te ven entrenar?». «Elogios, admiración y respeto es lo que recibo de ellas».

Como suele ocurrir con la filosofía y las religiones, una cosa es cómo la viven los más entregados sacerdotes del culto y otra cómo se convierten en bienes culturales de consumo. Entre Rich Gaspari, por ejemplo, o Mohamed Makkawy, campeón del mundo profesional, y Sylvester Stallone, existe la misma diferencia que entre los monjes de clausura y los tecnócratas del Opus Dei: los unos están volcados hacia la interiorización de la conducta y los otros a su exteriorización. Stallone o Schwarzenegger, culturistas evidentes y notables, son, sin embargo, los que venden el producto al ciudadano normal, y fruto del renacido prestigio del músculo es la incorporación de la gimnasia de aparatos o la halterofilia a los gimnasios prestigiosos y el estallido de los aparatos gimnásticos domésticos. Arnold Schwarzenegger ha dado aval a un equipo de pesas llamado Equipo B 16, 16 Gold Medialist, «que usted puede tener en su casa». El lenguaje de los utensilios tiene su belleza, naturalmente culturista: una barra cromada de 1,50 m. con collarines, dos barras de mancuernas con collarines, dos zapatos lastrados de vinilo, dos agarres especiales para mancuernas, un cabezal de cuello, enrollador para antebrazos Heavy Duty, cuatro discos de 1,38 kg., seis de 2,3 kg. y dos de 11,5 kg., el sistema Weider de seis pósters de pared... Joe Weider y Rafael Santonja, dos excampeones de culturismo, apellidan una colección completa de equipos de aparatos gimnásticos, un complejo de banco de galera con poleas y remos incorporados desde el que uno puede convertirse en Conan el Bárbaro y con el tiempo en uno más de los Kennedy, o en Sylvester Stallone, el culturista que ha ofrecido a Occidente su musculatura para ganar la guerra del Vietnam a título póstumo. Y en cuanto a las mujeres culturistas, luchan por conseguir sus modelos femeninos exteriorizados, sus Stallone y sus Schwarzenegger femeninos que avalen la idea de que el culturismo no es cosa de hombres, que el músculo es humano, independientemente del sexo. Si bien los culturistas hombres más ortodoxos tienden a buscar culturistas mujeres como compañeras de viaje sexual o familiar, la tendencia mayoritaria entre los culturistas masculinos heterosexuales es buscar la chica con curvas y suave panículo adiposo como funda benévola de la musculatura aplazada. Si aún queda mucho por andar hasta llegar a la igualdad de sexos, no menos camino falta para alcanzar la igualdad de músculos.

Clausurados todos los paraísos prometidos o, en su defecto, aplazada la comprobación de su existencia, el narcisismo posmoderno propone: el paraíso eres tú. Tu cuerpo es tu dios. Su arquitectura, tu templo. Tu inteligencia, el principio espiritual que produce la unidad entre tú, criatura finita, tú, dios de tu destino, y la materia de que estás hecho. Puedes entrar en el culto mediante cosméticos, dietética, moda, deporte…, por cada uno de estos elementos, o por algunos de ellos combinados, o por todos juntos y sumados. Y si sientes la llamada de la musculatura dormida o larvada que llevas dentro, recurre al culturismo y crecerás desde tu centro como crece el pan en el horno del panadero. Y entretente con todas estas cosas durante el tiempo que te sea dado de vida, sin perder la mueca de joven adulto que suele adquirirse a los veinte años. Y lo demás es silencio. No escuches otro lenguaje que el de tu cuerpo. Te pide de todo. Se lo merece todo. Además, fíjate bien en ese espejo: tu cuerpo eres tú. Tú eres tu propio paraíso.

Racismo dietético

Si el culturista pretende mejorar la raza, entendiendo que la raza bien entendida empieza por uno mismo, la sociedad en general mantiene una cruzada contra la gordura que incluye cierta hipocresía higienista, coartada de un racismo estético.

Casi todos los regímenes de la teología de la alimentación se dirigen contra el gordo, considerado como aquella persona que pesa más de «lo debido», como si se tratara de un evasor de impuestos o de un exhibicionista de parque público. Los regímenes de adelgazamiento son hoy día, junto a la presión fiscal, los dos instrumentos de control social que se reserva la organización neoliberal de las relaciones sociales, políticas, económicas y culturales del fin del segundo milenio.

Todas las familias de regímenes adelgazantes se dividen en dos: la hipocalórica omnívora y la hipocalórica vegetariana. En el principio, al reo de obesidad se le condenaba, casi de por vida, al miserable horizonte de ciento cincuenta gramos de carne o pescado a la plancha, acompañados de toda la variada gama de vegetales que la Providencia instaló en el mundo para formar el paisaje y que los médicos arrasan convirtiéndolos en comestibles, o bien se le prohibía incluso el exceso de bestialidad que implica zamparse ciento cincuenta gramos en cada comida de animales terrestres, aéreos o marítimos, encerrándoselo en un comedor con la cosecha completa de hortalizas de la vega más próxima. ¿Cocina? El calor que cuece o asa las mínimas grasas, la mínima sal.

De hecho, no hay régimen más sincero que el que descansa en la represión, pero al fin y al cabo el triunfo o el éxito de un médico no se basan exclusivamente en que diagnostique bien y sepa aconsejar las medidas sanitarias adecuadas, sino también en que el paciente le haga caso. Por la vía de los regímenes áridos, solo los pacientes muy abrumados por el complejo de culpa, aquellos en vísperas de agonía o los muy disciplinados secundaban los regímenes. A la fuerza, pues, la dietética particular, secundada más tarde por la pública, empezó a imaginar una posible cocina dietética que, respondiendo al propósito general hipocalórico, no convirtiera el paladar del paciente en una zona obsoleta del cuerpo. Así nace la cocina dietética propiamente dicha, que llega al máximo esplendor humanístico e imaginativo en la esforzada síntesis gastronómica de Michel Guérard recogida en *La nueva cocina de la esbeltez,* propuesta que merece crédito porque ha sido elaborada por el mismo mago que en *La cocina suculenta (La cuisine gourmande)* demuestra saber cocinar también para seres normales. Del mismo modo que cierta crítica solo depositó su confianza en el Picasso cubista, porque conocía al Picasso de las épocas azul y rosa, la seriedad de la cocina adelgazante de Guérard procede del hecho de que el gran cocinero no solo sabe hacer cocina cubista o abstracta, sino que es muy capaz de pintar al óleo una cocina de personajes como el «bollo de leche con tuétano en mantequilla roja». De la misma raza de reformistas con buenos propósitos gastronómicos, Raymond Oliver, en colaboración con el médico Michel Chast, se aplicó a obtener dietas comestibles y paladeables que sirvieran para no empeorar la diabetes, las enfermedades del hígado, la obesidad en general, las dolencias cardiovasculares o la vejez. Los pepinos al gratén o la sopa de pollo con yogur combaten eficazmente la diarrea, y frente al colesterol se puede guisar un *gravlax* o salmón macerado a la manera escandinava, más sano que el salmón ahumado. Si se tiene el riñón delicado, nada hay como unas peras asadas con miel o unas alcachofas rellenas de legumbres. Bienintencionada, la colaboración entre el doctor Chast y el gran Oliver, padre espiritual de la *nouvelle cuisine,* puede entenderse como una teología de la alimentación más próxima a la teología de la liberación que a la teología de la represión.

La hegemonía de los valores culturales exclusivamente represivos genera reacción y son muchos los intentos de redención de los pecadores facilitándoles expiaciones bien aderezadas. En línea con el eclecticismo positivo de Guérard y Oliver hay que situar la curiosa propuesta de Michel Montignac, especialista en relaciones humanas, conocedor pues del calvario de los almuerzos de negocios y relación, autor de un prometedor libro: *Cómo adelgazar en comidas de negocios.* Un método drástico para compaginar comidas de negocios con delgadez es hacer mucho negocio y comer poco, frente al riesgo de comer demasiado y no hacer ningún negocio. Pero Montignac sostiene que es posible la síntesis, aun a riesgo de que el comensal dedique más atención durante la comida a no pasarse en calorías que a conseguir un pedido o a impedir que se lo coloquen en malas condiciones. En cualquier caso el libro tiene el enorme interés de reflejar una de las muchísimas complejidades gnoseológicas de la posmodernidad: cómo hacer tres cosas al mismo tiempo: no prescindir del placer del paladar, ni de la eficacia de la gestión, ni conseguir el balance final de la salud arruinada. Brillat-Savarin sabía cómo desafiar los dos primeros términos combinados, pero habría tirado la toalla ante el triángulo de condiciones.

No llegan a tanta imaginación los regímenes adelgazantes no necesariamente enemigos del paladar, pero en algo se acercan. Ante todo, en cualquier régimen de adelgazamiento hay que descartar totalmente el azúcar, los pasteles, la mermelada, el chocolate, la harina, las salsas, los caldos concentrados, todos los alcoholes y las bebidas refrescantes carbónicas. Si el régimen ha de ser muy represivo, también hay que prescindir de patatas, pastas, arroz, pan, legumbres secas, carne de cerdo y cordero, charcutería, pescados en conserva, nata fresca, mantequilla, margarina, quesos grasos, frutos secos, exceso de frutas con demasiada glucosa (plátano y uva). Con lo que queda, se puede tratar de cocinar algo, como han demostrado los seguidores de Bircher-Benner en su *Gran libro de cocina y dietética,* aplicado a reeducar la operación de cocinar y comer. El método Bircher-Benner suele aplicarse por algunas escuelas de adelgazadores tras un período de ayuno previo, entre los siete y los veintiún días, durante los cuales el enfermo sólo ingerirá alimentos vegetales casi líquidos y prótidos y vitaminas disueltos en los mismos. En quince días, bebiendo un mínimo de dos litros de agua diarios y haciendo ejercicio, se pueden perder hasta diez kilos. A partir de ese momento, el paciente se incorpora al universo comensal según dietas progresivas que van de las quinientas a las mil quinientas o dos mil calorías, en las que el obeso deberá instalarse hasta que se libre de sus excrecencias adiposas. Por otra parte, tendrá que respetar siempre pautas de reeducación básicas: alimentos vegetales frescos, como entrantes, verdura fresca todos los días, poco pan (e integral), poca carne y algo más de pescado, poca sal, pocas especias, muchas hierbas aromáticas. A pesar de estas limitaciones apriorísticas, los cocineros a la Bircher-Benner, aun cocinando como quien dice con los brazos atados a la espalda, consiguen algunos platos que no inspiran horror. Como ejemplo de la afirmación anterior, las berenjenas rellenas de arroz, previamente vaciadas y rellenas de arroz cocido, aderezado con huevo, queso rallado, hierbas aromáticas y setas; una vez rellenas las berenjenas se cubren de queso y se ponen a gratinar. Incluso aportan recetas de repostería de notable originalidad, como la tarta de cerezas hecha con pan integral remojado, huevos, muy poco azúcar e igualmente poca leche, cerezas, naturalmente, y una pizca de canela.

Es posible que esta cocina tan cargada de buena voluntad siga pareciendo triste a los partidarios de la *poularde à la Bernier,* según la recogió el gran Curnonsky en *Cuisine et vins de France.* Pero hay que escoger entre la relativa tristeza de la cocina hipocalórica y la depresión de contemplar en el espejo cómo uno o una pesa veinte kilos más que Robert Redford o Kathleen Turner.

Entre el autoengaño y la autocompasión

«Frente a la muerte, solo habitamos una ciudad sin murallas». Se atribuye esta frase a Epicuro, padre de una filosofía mal entendida o mal explicada por sus enemigos, reducida a una caricatura de filosofía del placer. Cualquier epicúreo contemporáneo pacta con la negación del placer, con el régimen alimenticio, en este caso, bajo la presión del miedo a enfermar o a morir, mucho más que ante la imagen que le devuelve el espejo. Pero un epicúreo de verdad jamás aceptará ser condenado a la muerte del paladar sin que el brujo que se lo recomienda no se haya esforzado en darle una salida sensorial.

Normalmente, los brujos de la dietética suelen ser más sectarios y dogmáticos que los brujos de la política o de la ética. En todo médico programador de la salvación a través del autocontrol de los sentidos hay un sumo sacerdote pertrechado de una verdad más prepotente incluso que la religión: la Ciencia.

Afortunadamente hay excepciones y de vez en cuando aparecen especialistas en dietética tan reconfortantes como Grande Covián, partidario del potaje de garbanzos, dentro de una medida prudente, o el reputadísimo Arnold E. Bander, flagelador de todas las religiones de la alimentación. Antes de glosar algunas de esas religiones, las más instaladas en el consumo de sectas alimentarias, bueno será curarse en salud en compañía del científico inglés. Bander, en *¿Salud o fraude?,* desmonta todas las dietas de adelgazamiento después de haberlas colocado bajo el microscopio capaz de delimitar lo científico de lo comercial. La manía de las dietas ha generado industrias alimentarias y comercios consecuentes y llega un momento en que esos intereses industriales y comerciales crean opinión, saber, teología de la alimentación. Bander llega a la conclusión de que comer bien es «comer un poco de todo y no demasiado de nada». Para adelgazar basta con reducir las calorías de la comida a mil o mil doscientas diarias, utilizando la imaginación para conseguir dentro de esos márgenes cuantitativos la dignidad de la gastronomía. No es desafío fácil, pero preferible acometerlo antes que rendirse a la aridez monolítica de los regímenes encerrados con un solo juguete dialéctico. Bander no rechaza ningún tipo de alimento, ni el llamado «natural» ni el industrial conservero, pero sabiendo dosificarlos y combinarlos según el esquema de una alimentación plural y total. Sospecho que la filosofía de Bander aparentemente se beneficia de la magia de la cultura liberal: dejar hacer, dejar pasar; pero el aspirante a mártir de la dietética rehúye las religiones demasiado laxas y prefiere aquellas que le desencadenan una conciencia de culpa, que lo maltratan, que le hacen expiar su pecado de gula. Bander desmitifica sobre todo la división entre «alimentos sanos» y «alimentos insanos». «Según el *Daily Mail* del 1 de junio de 1984, un senador de Estados Unidos manifestó que el 75% de los productos vendidos en las tiendas de dietética estadounidenses son positivamente perjudiciales y producen o aceleran la aparición de la ceguera, cáncer, convulsiones, palpitaciones cardíacas, choque insulínico e incluso la muerte. Los productos que se venden en Gran Bretaña son generalmente inocuos, aunque no del todo, y son las propiedades engañosas y extravagantes que se les atribuyen las que provocan a los científicos y a los responsables de la salud pública».

¿Estado de la cuestión en España? Colonización e indefensión del mártir de la dietética, abierto a todas las modas que le lleguen de los míticos países alimentarios del Norte.

Hace algunos años tuvo un espectacular éxito la dieta Atkins, portadora del apellido del médico que la había concebido y ejemplificada mediante *El libro de cocina de la dieta del Dr. Atkins,* de Fran Gare y Helen Monica, libro de recetas supervisadas por el doctor Robert Atkins. Para el médico norteamericano, combatir la obesidad es combatir los hidratos de carbono, responsables de todos los excesos de calorías. Los hidratos de carbono son clasificados en glúcidos directos e indirectos, según el número de moléculas: son directos los azúcares e indirectos las féculas. Hay que huir de los unos y las otras y el régimen hipocalórico está servido, sin necesidad de martirizar al paciente prohibiéndole carnes, pescados, frutas, quesos, etcétera. La tesis de Atkins fue muy combatida por los hipocalóricos para vegetarianos. Atkins explica así su posición:

«Para decirlo en dos palabras, en esta dieta no se vigilan las calorías, sino los hidratos de carbono; uno no cuenta las calorías y ni siquiera cuenta los hidratos de carbono, a menos que le guste contar. Simplemente, "no ha de consumir ninguno" hasta que un test muy sencillo le indique que ya está en condiciones de tomar unos pocos, y luego los mantiene en un nivel que es específicamente el suyo. De este modo, nadie queda atrapado entre los límites de un rígido régimen de dieta; cada cual varía según sus adelantos, y lo que es más, uno come tanto como necesita para evitar el hambre. Nadie pasa hambre, pues si la tiene come más, y nadie se sale nunca de su dieta».

Veamos lo que puede comerse siguiendo las directrices de Atkins. El doctor, a través de sus seguidoras, propone una dieta diaria. Escogiendo, por ejemplo, lo que podríamos comer el miércoles, se tendría la siguiente propuesta gastronómica: tortilla de queso con salchichas de cóctel, ensalada aliñada y café o té, *brochettes* de gambas y beicon, una taza de ensalada con aliño francés, un helado, café o té, budines cremosos, pollo asado al limón, pepinos marinados en hierbas, aceite y vinagre, molde de frutas, café o té. Y si usted tiene hambre entre horas, tome café, salame y queso de Parma. El régimen Atkins permite comer pollo con pimentón a la austríaca o canelones, siempre y cuando la pasta de los canelones se haga con los siguientes ingredientes: soja en polvo, agua, huevos y aceite. Pero coloquemos al doctor ante una prueba más difícil. Tenemos un hambre tan espantosa como concreta, hambre de *gnocchi,* el «no va más» de los hidratos de carbono, la patata y la harina. El doctor Atkins ni se inmuta y propone una receta de *gnocchi* sin hidratos de carbono para ocho comensales: 500 g. de requesón cremoso, 250 g. de queso fresco o boursin, cuatro huevos batidos, dos cucharadas grandes de soja en polvo, un pellizco de sal, pimienta de cayena y nuez moscada, 250 g. de mantequilla dulce fundida y media taza de queso parmesano rallado. Se amasan todos los ingredientes hasta formar una pasta de la que se van separando las porciones, que darán lugar a los *gnocchi;* se cuecen en agua caliente, se escurren, se colocan en una bandeja de hornear con la mantequilla y el queso rallado...

Naturalmente, la dieta de Atkins ha merecido críticas feroces, especialmente desde el panvegetarianismo, sea moderado como el de Bircher-Benner, o drástico como el que defiende Vittorio Mennasé en *El gran libro del naturismo.* El cuadro de prohibiciones alimentarias y de alimentos excelentes que propone el autor italiano forma parte de la filosofía global del naturismo y excede los límites de una dietética del adelgazamiento. El naturismo es una filosofía existencial total basada en la relación lo más libre posible del hombre con la naturaleza, sin apenas intermediarios entre la piel y el sol o el aire, ni siquiera el vestido; y en cuanto al alimento, el naturismo conecta con el axioma de Hipócrates:

«Que el alimento sea tu único medicamento, que tu único medicamento sea el alimento». Todos los regímenes al uso ofrecen al obeso recalcitrante la posibilidad de un vía crucis agridulce a manera de ristra o rosario de fracasos, pero de siempre renovadas expectativas de acertar con la religión verdadera. Además, la filosofía del obeso se impregna de la modernidad que le rodea, y, en tiempos ecológicos, era lógico que los regímenes más «científicos» se vieran desplazados por los más «naturales».

Lo cierto es que el vegetarianismo aparece como la propuesta filosófico-alimentaria represora de los excesos de la carne mejor situada para hegemonizar el paladar culpable en lo que queda de siglo y de milenio. Pero hay varias clases de vegetarianismo:

1) El vegetarianismo plural, que acepta frutas, hortalizas y cereales como alimentos fundamentales, pero transige con pequeñas cantidades de productos animales, como la leche y sus derivados, la miel o los huevos.

2) El vegetarianismo «vegetalista», que no admite siquiera productos derivados de los animales.

3) El crudívoro, que sólo se alimenta de vegetales crudos.

4) El frugívoro, que sólo acepta fruta.

5) El cerealista.

No solo se reivindican razones derivadas de la observación empírica de la historia de la salud, sino también preceptos morales y religiosos, como los que aportan los doctores Madeleine Fievet y Jean-Claude Tymowski en *Dietética y regímenes en 10 lecciones,* uno de los textos más antiguos en lengua aramea de la Biblioteca Vaticana, edición eslava, que fue traducido por Edmond Szekeley con el título *Evangelio de la Paz de Jesucristo, por el discípulo Juan.* En él se encuentran gran número de consejos de higiene y alimentación: «No matéis ni comáis nunca la carne de vuestras víctimas, si no queréis convertiros en esclavos de Satán [...] Ved que os he dado todas las hierbas, cada una con su simiente, que se hallan sobre la faz de la tierra, y todos los árboles en los que hay frutos portadores de simiente; haced con ellos vuestro alimento[...] En cuanto a la carne y la sangre que vivifica a los animales, no debéis comerla».

Con la filosofía hemos topado

No solo la religión y el ajo, como sospechaba Julio Camba, pueden condicionar una conciencia gastronómica. Coincidiendo con la crisis de modelos culturales «occidentales», en la década de los años setenta el orientalismo se convirtió en la chuchería del espíritu de las vanguardias, y con él llegó el zen macrobiótico, denominación que encubre un régimen cerealista ideado por el japonés Oshawa. Aunque la macrobiótica vino de Oriente, la palabra era de etimología rigurosamente griega: *makros,* «grande» o «largo», *bios,* «vida». A esa aspiración de larga vida mediante un régimen cerealista macrobiótico, se unía el zen o meditación budista, la filosofía que preconiza las reglas de vida que llevarán al *satori:* el reino de la libertad, la felicidad y la justicia.

¿Qué tiene que ver la alimentación con el *satori*? Para evitar la infelicidad, el hombre debe luchar contra la fatiga, tener buen apetito alimentario y sexual, dormir profundamente, tener buena memoria, buen humor, poseer rapidez de juicio y ejecución y tener espíritu de justicia.

Según Oshawa, una de las claves para conseguir este estado de ánimo es la alimentación: «Puedes controlar tu conducta con tu alimentación». El zen tiene una visión dietética del universo en el que todo está dividido en yin o yang. En esta nomenclatura maniquea entra cuanto existe en la tierra, trátese de seres vivos o de abstracciones como las estaciones, el clima. Un maestro en macrobiótica zen ha de saber combinar el yin y el yang, porque una alimentación desequilibrada conduce a la enfermedad y a la muerte; asimismo, un maestro zen ha de respetar un código alimentario, previo a la búsqueda del yin o del yang, que se basa en los doce «mandamientos» a que antes aludíamos (véase la página 263).

A pesar del aspecto represivo del dodecálogo en cuestión, su éxito social ha sido extraordinario, siendo miles los paladares occidentales que han cambiado los vicios gastronómicos de la gran cocina burguesa, o de la cocina regional, o de la *fast food,* o de la *nouvelle cuisine,* por la macrobiótica trascendental. Pocas veces comida y religión han alcanzado una síntesis tan perfecta, tan saciadora de vacías neurosis. La cocina macrobiótica, además, es tan sabrosa como posiblemente variada si la maneja un experto, sin que por ello pierda el carácter de religión aterradora que puede llevar al atragantamiento, sobre todo cuando se leen condenas del consumo de carne como las utilizadas por Oshawa: «Los que comen productos animales son explotados o incluso muertos por los demás, y a veces se matan ellos mismos». Comida que sabe a especias blandas, como la canela y el jengibre, y que no está mal como excepción esnob o como obligación dietética. En cambio, como filosofía o como religión peca de un exceso de ambición. Al cuerpo lo que es del cuerpo y al espíritu lo que es del espíritu. Si no lo dijo Confucio, muy probablemente podría haberlo dicho.

Cocina popular o cocina de masas

Los teóricos se han afinado las cabezas para fijar el límite contemporáneo entre cultura popular y cocina de masas. Casi toda la posible cultura popular realmente existente es cultura de masas, y la parte de cultura popular que resulta de la lógica interna de lo tradicional se ha convertido en una porción de cultura elitista, casi arqueológica. Junto a la teología de la alimentación condicionada por la dietética y el narcisismo, aparece una subteología dictada por el valor de la prisa y la necesidad de alimentar lo más eficazmente posible al mayor número de personas posibles. Esta evidencia avalaría la búsqueda de una cocina de elites para salvar un patrimonio de la investigación culinaria y del paladar. Pero la cocina de masas tiene otra conciencia de sí misma y se presenta como una alternativa racional a una gastronomía, a su juicio, de ricos y museos. El respaldo de las pautas culturales yanquis, hegemónicas en la cultura de masas, parece dejar este caso visto para sentencia.

Y es que nos lo han repetido miles de veces: «Siempre fue la lengua compañera del Imperio». Esta frase de Elio Antonio de Nebrija puede aplicarse por extensión a la relación existente entre imperialismo político y colonización cultural. Los imperios imponen su cultura, aunque en el proceso de imposición forcejean con las culturas vampirizadas y se establece un juego de intermodificaciones. Las tendencias dominantes en la cultura gastronómica actual son: la dietética (o una cocina para el adelgazamiento), la «nueva cocina» (o adaptación de la gran cocina al paladar y al concepto moderno de higiene), la cocina popular (o retorno a las fuentes memorísticas del paladar comunitario y colectivo), la cocina de la eficacia y de la urgencia (o la que exporta la cultura norteamericana en compañía de los pantalones tejanos y de todos los ingredientes del *american way of life*. Es más. En estos momentos de hundimiento del Imperio del Mal, del llamado modelo soviético de construcción del socialismo, las tropas del Imperio del Bien, Estados Unidos, aún no han entrado en Moscú, pero sí lo ha hecho su intendencia, bajo la forma de la cadena McDonald's entregada a la alevosa fechoría de corromper el paladar soviético, con la coartada de que los fetiches alimentan, aunque sean en forma de picadura de carnes irreconocibles, aderezadas con mostazas dignas de la pintura escatológica y de cátsup obtenido con pulpas de tomates llenas de coágulos de cadáveres colectivos).

La tensión crítica se establece, sobre todo, entre las dos últimas pautas gastronómicas. De hecho, el gran interés por las raíces de las cocinas regionales representa un movimiento de reacción contra la penetración cultural de la cocina de la eficacia y la prisa. Esta cocina viene de Estados Unidos y no hay mejor resumen de su significación que el que ofrecía la revista *Gourmet* en un número especial que tituló *Comer en USA*: «Muchos de los ejemplos de norteamericanos que lograron el sueño de hacerse millonarios partiendo de cero pertenecen al amplio mundo de la alimentación. Forman ya parte de la leyenda del *american dream* el farmacéutico de Atlanta John Pemberton, inventor de un producto contra los dolores de cabeza que acabó comercializándose como Coca-Cola; el coronel Sanders, inventor del pollo frito al estilo de Kentucky; el emigrante bávaro Anton Feuchtwanger, que presentó en la feria mundial de Saint Louis un tipo de salchicha metida en un bollo de pan casi sin miga que se ha inmortalizado con el nombre de *hot dog*, el archifamoso perrito caliente; Ray Kroc, el viajante que quedó fascinado por la forma de hacer hamburguesas de los hermanos McDonald, les compró la fórmula y puso en marcha una cadena de establecimientos que en 1980 vendió nada menos que tres mil millones de hamburguesas en todo el mundo».

Mejor extracto de la más reciente historia de un paladar nacional, imposible. Solo falta añadirle el *steak sirloine,* las patatas fritas, el cátsup y la leche fría para ofrecer todo el muestrario de la comida de la eficacia y la urgencia. Al servicio de este tipo de comida aparece el restaurante rápido, *snack* o *self-service,* que simplifica la relación espacio-tiempo y crea un ritual gastronómico urgente en sustitución del ritual parsimonioso tradicional. Farb y Armelagos, en la obra citada, condenan, desde un punto de vista gastronómico, este modo de comer, pero lo respetan como un medio de garantizar una alimentación suficiente y equilibrada: «La plétora de restaurantes rápidos del estilo de los McDonald's es el ejemplo mismo de los cambios recientes operados en nuestros hábitos alimentarios. Es totalmente cierto, como se quejan ya algunos críticos, que estos restaurantes perfectamente asépticos y despersonalizados son aberraciones gastronómicas. Por el contrario, sería falso decir que la alimentación que en ellos se sirve solo se compone de calorías vacías, y que, por lo tanto, sería inadecuada. Una hamburguesa normal de un restaurante rápido proporciona entre un tercio y las tres cuartas partes del Régimen Alimenticio Recomendado (RAR) en proteínas para una mujer adulta; suministra también, al menos, un cuarto de RAR, tiamina, riboflavina, niacina, vitamina B12, fósforo, cinc y hierro. Además, solo contiene un poco de azúcar (de hecho no contiene prácticamente ninguna si no se toma salsa). Por contra, el porcentaje de grasa es elevado, así como el de sodio».

Ciento cuarenta mil restaurantes

En 1979 se censaban en Estados Unidos hasta ciento cuarenta mil restaurantes rápidos, y, aunque la expansión del modelo por todo Occidente no ha sido establecida, es evidente que está en pleno crecimiento. El director de cine italonorteamericano Martin Scorsese, el mismo de *Taxi Driver,* realizó una película sobre su familia de origen italiano que tenía como eje vertebrador la elaboración de un plato tradicional a cargo de la madre. El realizador, en torno a los cuarenta años, aún pertenece a una generación hija de emigrantes que conserva la memoria gastronómica tradicional. Pero ofrecía un reportaje en directo hecho entre italonorteamericanos más jóvenes, hijos directos de la hamburguesa y el cátsup, y estos manifestaban su total desdén por los gustos tradicionales y el ritual gastronómico familiar. Formaban parte del ejército de zombis de la hamburguesa.

Y, sin embargo, el éxito de esta cocina de urgencia entre las promociones más jóvenes no se debe a la ausencia de ritual, sino a que ofrece un ritual alternativo, adaptado a nuevos valores de la conducta. Una comida en un restaurante McDonald's, según Farb y Armelagos, puede ser interpretada en términos de ritual social y religioso. «El ritual de la comida para un habitual de los McDonald's se desarrolla bajo el signo del doble arco dorado, en momentos convenidos de desayuno, comida y cena. Un ritual caracterizado por el ejemplo de un vocabulario y de ciertos gestos que han sido prescritos por otros que no son los que utilizan ese vocabulario o emplean esos gestos, y que han sido codificados en algún texto sagrado como la Biblia». En efecto, la multinacional McDonald's ha creado un *Manual de actuación* de trescientas sesenta páginas destinado a sus empleados, para que lo apliquen allí donde cuezan o sirvan hamburguesas, patatas y bebidas carbónicas. Es más, los empleados se forman en cursillos especiales en la llamada Hamburger University, en Elk Grove, Illinois, y cualquier feligrés de los establecimientos McDonald's conoce un idioma que no está al alcance del universo exterior: «Dame un Big Mac». «¿Con fritas o sin fritas?».

Esta cocina y esta comida reflejan un estilo de vida, una tendencia hegemónica, pero no un real saber y poder gastronómico norteamericano. Para empezar, en Estados Unidos sobreviven tantas cocinas como etnias; a ello se suman los mestizajes entre unas y otras, así como una selectísima cocina internacional en los restaurantes de las grandes ciudades. En cualquier resumen de cocina específicamente norteamericana, aparecen platos maravillosos como la sopa *clam chowder,* hecha con almejas, carne de cerdo salada o panceta, patatas, cebolla y pimienta negra; o la *she-crab soup,* sutil maravilla elaborada con carne de cangrejo, huevos de la misma bestia, crema de leche, cebolla picada, todo aderezado con nuez moscada, salsa Worcester y jerez seco; el *clambake* es una original barbacoa de pescados y mariscos, alternados con capas de algas y maíz y asados entre piedras calentadas con fuego de leña, o ese *pot-au-feu* de Nueva Inglaterra, hecho con vaca salada, coles, nabos, patatas, zanahoria y remolacha, y servido con este último ingrediente y rábano picante rallado a última hora.

Sin la voluntad de censar una cocina popular ecléctica, acumulativa de distintas memorias del paladar, bastan unas cuantas recetas para demostrar que, incluso en el centro del Imperio, las raíces gastronómicas resisten el embate de la barbarie de la cocina de la prisa, como dentro del Imperio sobrevive una poderosa tradición humanista y liberal en contra del imperialismo del Imperio, es decir, en plena contradicción con la metafísica.

La restauración de masas

El objetivo inicial de la moderna restauración de masas fue, como dice Miquel Espinet en *El espacio culinario. De la taberna romana a la cocina profesional y doméstica del siglo* XX, elaborar alimentos para centros hospitalarios, establecimientos de restauración colectiva y grandes cocinas industriales. «En realidad, se trata más de fabricar comida dentro de un proceso industrializado y semiautomatizado que de realizar recetas complicadas y elegidas con seriedad profesional para ser servidas a un gran número de comensales. Estamos, pues, en el último eslabón de la cocina industrializada». Este tipo de cocina cuida más del proceso de elaboración que de la calidad de la receta o el punto de cocción según las reglas del paladar.

La restauración de masas condiciona una cocina y una comida sustitutiva, es decir, el alimento que sustituye temporalmente una comida más elaborada, pero que puede acabar siendo una costumbre y con el tiempo una pauta cultural, un modelo. La cocina de las cafeterías, *snack bars, self-services, grillrooms, fast food restaurants,* ha rechazado cualquier posible adaptación de la cocina tradicional calificada como cocina rápida. Los franceses trataron de oponer la *brasserie* a la penetración cultural negativa que representaban los establecimientos arriba reseñados; luchaban contra la corriente, y, salvo excepciones, perdieron la batalla: la *brasserie* ni aportaba el ritual tradicional del restaurante, ni sustituía la fascinante liturgia del *self-service* o el *fast food restaurant.* «Además —escribe Espinet—, y a pesar de la incompatibilidad con nuestros gustos, debemos reconocer que la restauración evolutiva tiene una capacidad de ponerse al día que ya quisieran tener para sí muchos restaurantes tradicionales. La cocina a la vista del cliente, los complejos y perfeccionados hornos de pizzas o el uso exhaustivo de los hornos de microondas son, entre otras cosas, decisivas aportaciones del ímpetu comercial de este tipo de restauración. Y debemos admitir que una gran masa de clientes, con escasa formación gastronómica y menguada economía, acepta casi como única alternativa estos establecimientos».

Distingue Espinet distintos tipos de restauraciones que coinciden y coexisten en la sociedad actual.

Restauración clásica. Cocina dedicada a restaurantes tradicionales, restaurantes de hotel, fondas, hostales y demás residencias de reducida o mediana capacidad, siempre elaborada *in situ.*

Restauración de masas. Cocina dedicada a colectividades, colegios, centros universitarios, residencias de ancianos, centros comerciales, y cocina de fábricas e industrias.

Neorrestauración. Cocina especializada, dedicada a centros asistenciales, hospitales, etc.; cocina de *catering,* restauración industrial, cadenas de autopistas, líneas aéreas.

Restauración evolutiva. Cocinas, *grills,* planchas, hornos, etcétera, dedicados a la cocina rápida, parcial y simplificada. Cocina de los *self-services, fast food restaurants,* cafeterías, *snack bars,* pubs, hamburgueserías y *grillrooms.* Es posible marcar diferencias, incluso cualitativas, entre unas y otras, pero es evidente que todas nacen y se desarrollan bajo el imperativo de una cocina de masas, en lo posible limpia y dietéticamente honesta, pero convertida en sombras chinescas de la cultura del paladar.

Cocina y prisa

La cocina tradicional no tiene nada que ver ni nada que decirse con la prisa. Descansaba en el pilar de una división familiar del trabajo, y, por lo tanto, en la existencia de la mujer-cocinera que podía vigilar la cocción en un puchero durante las horas que hicieran falta. También contaba con un espacio más humano, en el cual el trabajo de los otros miembros de la familia estaba lo suficientemente cerca del hogar como para ir a comer al mediodía y luego volver a trabajar, práctica que aún se sostuvo, incluso en las ciudades industriales, antes de que reventara por los descosidos de la presión demográfica. Vivimos ahora en una época que, por una parte, es el punto culminante en la ascensión de la cultura de la prisa de la cultura de un tiempo omniempleado, mientras los profetas sociales anuncian un futuro de ocio en el que los robots trabajarán y los hombres y mujeres tendrán que inventarse ocupaciones no estrictamente laborales. Demasiada profecía me parece a mí, ante la evidencia de que, hoy por hoy, es difícil separar la supuesta cultura del ocio de la real cultura del paro.

Pero en el supuesto de que las previsiones de los profetas sociales se cumplan, la cocina creada por la prisa no tendrá razón de ser en el futuro si no ha marcado ya el paladar colectivo. Otro asunto es la aplicación de la robótica a la cocina, que hoy ya dispone de un abundante catálogo: frigoríficos, congeladores, batidoras, mezcladoras, cuchillos eléctricos, hornos, el horno de microondas, ollas de presión, baterías para cocinar sin grasas... Parte de este utillaje nació para simplificar la tarea culinaria, y otra parte para contribuir a una cocina a la vez más rápida y no dependiente de las grasas. Este utillaje ha creado una manera de cocinar y ha de empezar a considerarse que esa manera se legitima cuando el resultado es gastronómicamente bueno, mientras que pierde legitimidad si es gastronómicamente malo.

¿Puede adaptarse la cocina popular tradicional a la producción culinaria industrial y competir con el tipo de comida que hoy se produce para el comensal masificado? Hace unos veinte años, la compañía española de aviación Iberia tuvo un ramalazo de fervor patriótico y decidió programar platos de la cocina tradicional española, adaptándolos a la superproducción centralizada que requiere una compañía aérea y a la necesidad de que este tipo de comida llegue recalentada al viajero. Por razones de costos y falta de paciencia patriótica, incomprensible en una época en la que Franco dirigía la batuta del nacionalcatolicismo, aquel experimento pasó a peor vida. Pero el que también pasó a peor vida fue el paladar de todas las compañías internacionales, sometido a una comida que sabe a avión, indescriptible sabor que necesitaría de un Brillat-Savarin para su descodificación. Dice Xavier Domingo en *Cuando solo nos queda la comida:* «Hubo un tiempo en que la publicidad de las distintas compañías aéreas insistía en el valor gastronómico de lo que se servía a bordo de los aviones. Esta insistencia publicitaria ha sido, afortunadamente, abandonada. Conforme crece el número de pasajeros, es decir, a medida que el avión se transforma en un medio de transporte cada vez más popular, decrece el valor de la comida servida a bordo. Está llegando a la categoría de bazofia. La comida de los aviones es, generalmente, preparada por industrias subsidiarias de la alimentación de masas que suscriben contratos con las compañías aéreas. Se trata de un negocio realmente fantástico, que proporciona montañas ingentes de pasta sobre seguro, ya que los negociantes en platos aéreos venden a la compañía, que compra fijo; se juega con la salud de millones de consumidores y se queda en el más absoluto anonimato. Porque ¿han oído alguna vez ustedes a alguien pregonando: "Yo soy el proveedor de Air tal cosa o de Air tal otra"?».

A los hombres del futuro

Alucina, en el sentido antiguo y moderno del verbo, leer el retrato que Brillat-Savarin realiza a mediados del siglo pasado de una comida popular elaborada por las fondas de París, consideradas entonces como el «no va más» de la restauración de masas: doce sopas, veinticuatro extras, de quince a veinte entrantes de vaca, veinte entrantes de carnero, treinta de aves y caza, entre dieciséis y veinte de ternera, doce pasteles, veinticuatro variantes de guisos de pescado, quince asados, cincuenta platos intermedios y cincuenta postres. Habla Brillat-Savarin del efecto gastronómico del cosmopolitismo de París, efecto no sólo sufrido por los sibaritas, sino por el consumo generalizado de viandas extranjeras, aunque comunes; y el inventario es suculento: «Entre las diversas partes indicadas que constituyen la comida de un aficionado, las principales son de Francia, como carnes de vaca, carnero, cerdo, ternera, las aves y las frutas; otras son imitaciones inglesas como el *beefsteak,* conejos de Gales, el ponche, etcétera; otras proceden de Alemania, como las coles blancas fermentadas, la vaca de Hamburgo, los filetes de la Selva Negra; otras de España, como la olla podrida, los garbanzos, las pasas de Málaga, los jamones y los vinos de postre; otras de Italia, como los macarrones, los quesos parmesanos, el salchichón de Bolonia, la polenta, los helados y licores; otras de Rusia, como las carnes secas, las anguilas ahumadas y el caviar; otras de Holanda, como el bacalao, los quesos, los arenques salados, el curasaoi y el anisete; otras de Asia, como el arroz de la India, el sagú, el karick, la salsa del Japón, el vino de Schiraz y el café; otras de África, como el vino de El Cabo, y, por último, otras de América, como las criadillas de tierra, la batata, la piña, el chocolate, la vainilla, el azúcar, etcétera La relación precedente suministra pruebas completas de lo que antes habíamos afirmado, a saber: que una comida, según fácilmente hallamos en París, es un conjunto cosmopolita en el que están representadas, por sus producciones, cada una de las distintas partes del mundo».

Menos Estados Unidos. La correlación de fuerzas ha dado un giro total, y a pesar de que cualquier gran ciudad es un supermercado en donde pueden hallarse todos los productos del universo, la tendencia dominante es la cocina masificada, naturalmente bajo la pauta de la cultura imperial. Se hace, pues, difícil augurar un futuro optimista a una cocina nacida en la casualidad del fuego, pletórica de cultura en *Le guide culinaire* de Escoffier y dividida hoy entre el Pacto Urgente del Atlántico Norte Culinario y la Alianza Morosa de Varsovia o cualquier otra ciudad gastronómicamente morosa. Y por si faltara algo, la amenaza de una crisis alimentaria condicionada por el crecimiento demográfico, más allá del año 2000, nos promete, no ya una cocina de la urgencia, sino una cocina de la necesidad que respondería al siguiente horizonte de materias primas, según el inventario realizado por *National Geographic Magazine*.

Levadura. Se trata de microorganismos que forman colonias con la apariencia de masas polvorientas. Este polvo posee una extraordinaria concentración de proteínas y vitamina B, hasta el punto comparativo de que si una vaca de doscientos cincuenta kilos produce doscientos cincuenta gramos de proteínas diarias, de doscientos cincuenta kilos de levadura pueden salir seiscientos veinticinco kilos de proteínas en el mismo tiempo.

ALGAS. Ya forman parte de la alimentación de los pueblos asiáticos; los mexicanos precolombinos conocían la *spirula,* alga proteínica por excelencia. Se investiga no solo la eventualidad de universalizar el consumo de algas, de fácil cultivo en zonas costeras y en la inmediata plataforma continental, sino también la posibilidad de mejorar su sabor, sin que se tenga la osadía de que alguna vez la *spirula* o la *chlorella* (alga que investigan los norteamericanos y los exsoviéticos, respectivamente) sepan *a poularde Héloïse,* uno de los platos preferidos por el maestro Escoffier.

SOJA. De la soja se aprovecha todo, como del cerdo. Se pueden comer sus semillas o utilizarlas para conseguir grasa vegetal. De la soja puede obtenerse harina, fibras y, por lo tanto, materia básica para obtener «carne vegetal» de gran contenido proteínico, ya utilizada hoy por los vegetarianos. La soja contiene 16% de proteínas más que la carne de vaca, 14% más que la de pollo, 22% más que los huevos y 15% más que el pescado.

CONCENTRADOS PROTEÍNICOS. Producción química de concentrados de origen vegetal o animal. Uno de estos compuestos, el Incaparina, se obtiene con maíz y sorgo molidos, harina de semilla de algodón, lisina y vitamina A. ¿Cómo se come tan mágico elixir? Pues basta diluirlo en un vaso de agua. Otro compuesto en auge es la Laubina —no confundir con la lubina—, compuesto de trigo, garbanzos y leche descremada en polvo, o el Fortifex, de harina de soja y cacahuete. Hay que observar que la Laubina se ha ensayado, sobre todo, en el Líbano, y tal vez haya sido por el sabor que pueden darle los garbanzos, tan queridos en aquella zona, y el Fortifex en Brasil, circunstancia territorial con la que algo tiene que ver el cacahuete. La dietética aprieta, pero no ahoga.

Los INSECTOS. Las investigaciones destinadas al exterminio de los insectos dañinos para la agricultura han provocado el efecto contrario de no acertar a comprender sus fabulosas posibilidades de nutrición. Algo así le ocurrió al ejército colonial portugués destacado en África: fue a reprimir a la guerrilla marxista y acabó marxistizado. He aquí un inventario de insectos, a todas luces comestibles en cualquier posmodernidad: huevos y larvas de mariposas, escarabajos, hormigas, abejas, avispas, moscones, termes y libélulas; consumo directo de saltamonte, chinches, piojos y cigarras, que, al decir del *National Geographic Magazine,* «son particularmente apreciados por su sabor agradable».

Ningún pesimismo hay en las reticencias irónicas que el lector haya podido apreciar. El mismo hombre que ha sido capaz de obtener el bacalao al pilpil a partir de ese cartón inclasificable que es un bacalao en salazón, no se arredrará ante un supermercado lleno de piojos de Birmania o escarabajos de Nueva York y creará una gran cocina a partir de estos nuevos elementos. Siempre y cuando no intervenga la teología, tratando de infiltrar la bastarda lógica de lo religioso en lo que solo debe ser resultado feliz entre necesidad y juego. «El gastrónomo no nace, se hace», afirmaba el magistrado Bugey; y al querer significar el carácter de una elite, ponía al alcance del futuro la concepción del gozador de comida y bebida como un pequeño dueño de su memoria y de sus actos a tenor de un paladar único e intransferible. Curnonsky decía: «La cocina existe cuando las cosas tienen el gusto de lo que son», y abría así horizontes para todos los gustos satisfechos a partir de la operación de cocinar. Ahí está la clave. Cocinar implica una recreación de las materias primas mediante un saber, tan difícil a veces como simple. Si la cultura puede complicar y afinar el goce, que lo haga sin crear dogma, como puede ayudar a ver de mil maneras un cuadro que a simple vista tal vez sólo pueda ser contemplado de una. Otra cosa es que la cultura ayude al gourmet-teólogo a fomentar una cocina «truculenta», tal como la adjetivaba Víctor de la Serna y ponía como ejemplo de truculencia el venado al whisky o las sopas de ajo con caviar, sin que cupieran en su imaginación excesos posteriores como el conejo a la Coca-Cola o los calamares a la salsa de granadina, que este paladar que algún día solo sabrá a tierra tuvo que saborear en aras de la llamada *nouvelle cuisine*. Pero aun con todos los excesos que implica esta filosofía contra la sencillez del cocinar y paladear, los prefiero ante la oferta de un mundo alimentado con la hamburguesa continua, alimento correspondiente a cualquier intento de decretar el final de la Historia, convertido en ariete de la penetración del Imperio neoliberal en las fortalezas peor protegidas de la Tierra. Creo que una cultura democrática participativa otorgará a la reivindicación del paladar tradicional e imaginativo su papel en un nuevo orden racional de los humanos, los pueblos y las cosas. Aunque a la vista de cuántos enemigos exteriores e interiores tiene la razón gastronómica, desde el gourmet a los diferentes teólogos, pasando por la CIA y su hamburguesización del universo, casi vuelvo el rostro en petición de ayuda al optimista Brillat-Savarin. ¿Las fuerzas de la reacción no prevalecerán? ¿Tendrá sentido aquel manifiesto con el que Brillat-Savarin terminaba su *Fisiología del gusto*?

Misiva a los gastrónomos de ambos mundos

Excelentísimos señores:

El trabajo con que os obsequio tiene por objeto desenvolver a la vista del universo los principios de la ciencia, de la que sois ornamento y apoyo. También quemo el primer incienso a la Gastronomía, joven inmortal, que apenas ataviada por corona de estrellas, ya se levanta sobre sus hermanas, parecida a Calipso, cuya cabeza estaba por encima de cuantas constituían el grupo de ninfas hechiceras que la rodeaban. El templo de la Gastronomía, adorno de la metrópoli del mundo, levantará hacia el cielo sus inmensos pórticos. Vuestras voces se oirán en el interior, que enriqueceréis con dádivas. Así que se establezca sobre las bases inmutables del placer y de la necesidad la academia prometida por los oráculos, vosotros, insignes gastrónomos y amables comensales, seréis individuos de número o miembros correspondientes. Entretanto, elevad hacia el cielo vuestros radiantes rostros, progresad con fuerza y majestad, pues tenéis delante, abierto para vosotros todo el universo, mundo alimenticio y suculento. Trabajad, Excelentísimos señores, enseñad el bien de la ciencia, digerid en vuestro particular interés, y si durante el transcurso de vuestros trabajos hacéis algún descubrimiento importante, servíos participarlo al más humilde de vuestros servidores.

Índice

Contra los gourmets

«E il naufragar m'è dolce in questo mare»